数字经济发展创新管理探究

陶小沙◎著

时代文艺出版社
SHIDAI WENYI CHUBANSHE

图书在版编目（CIP）数据

数字经济发展创新管理探究 / 陶小沙著. -- 长春：
时代文艺出版社, 2023.12
ISBN 978-7-5387-7394-1

Ⅰ．①数… Ⅱ．①陶… Ⅲ．①信息经济－经济发展－
研究 Ⅳ．①F49

中国国家版本馆CIP数据核字(2024)第016615号

数字经济发展创新管理探究
SHUZI JINGJI FAZHAN CHUANGXIN GUANLI TANJIU

陶小沙　著

出 品 人：吴　刚
责任编辑：陆　风
装帧设计：文　树
排版制作：隋淑凤

出版发行：时代文艺出版社
地　　址：长春市福祉大路5788号　龙腾国际大厦A座15层　（130118）
电　　话：0431-81629751（总编办）　0431-81629758（发行部）
官方微博：weibo.com/tlapress
开　　本：710mm×1000mm　1/16
字　　数：220千字
印　　张：15.25
印　　刷：廊坊市广阳区九洲印刷厂
版　　次：2023年12月第1版
印　　次：2023年12月第1次印刷
定　　价：76.00元

图书如有印装错误　请寄回印厂调换

前　　言

随着互联网、大数据、云计算、人工智能、区块链等技术加速创新，日益融入经济社会发展各领域全过程，数字经济发展速度之快、辐射范围之广、影响程度之深前所未有，正在成为重组全球要素资源、重塑全球经济结构、改变全球竞争格局的关键力量。数字经济的重要性和影响力已经无法忽视。它正在快速地改变我们的生活方式、工作方式，甚至是社会的运行方式。

从早期的互联网化到信息化、数字化，数字经济依托数字技术创新，贯穿全生产流程，在优化传统生产要素资源配置、孕育新的数字生产行业、催生新产品新业态等方面发挥着重要作用，因此，数字经济的本质就是信息化，将数据通过信息技术化。与早期"数字经济"研究局限于信息技术（互联网）、电子商务（商业）等领域不同，随着数字技术的日新月异和数字经济的深入发展，国内外学者不断丰富"数字经济"的内涵和外延，展开研究探索。在我国，数字经济在经济发展中也扮演着重要角色。可以说，数字经济发展关系到我国经济发展的大局。如今，国际大环境处于百年未有之大变局之中，国际货币通胀、气候恶化等诸多问题层出不穷。在这个大背景下，数字经济依旧保持着迅猛发展趋势，并逐渐成为拉动经济增长的重要引擎。

数字经济发展提出了一系列战略性、前瞻性、创造性观点，为数字中国建设提供了根本遵循，为数字经济发展指明了前进方向。我国重点实施网络强国战略和国家大数据战略，系统谋划、统筹推进数字中国建设。从中央到地方，出台一系列重大方针政策，实施一系列重大举措，构建了既有顶层设计又有具体措施的政策支持体系，形成了推动数字经济发展的强大合力，取得了一系列历史性成就，使得数字经济成为我国经济发展中创新最活跃、增长速度最快、影响最广泛的领域，成为有效推动经济高质量发展的新动能和新引擎。

目 录

第一章　数字经济

第一节　数字经济新特征

发展阶段和发展环境的深刻变化使我国旧动能有所减弱，亟待实现新旧动能转换。数字经济由于其高成长性，成为新旧动能转换的重要推动力量。数字经济具有颠覆性创新不断涌现、平台经济与超速成长、网络效应与"赢家通吃""蒲公英效应"与生态竞争等新特征，这些新特征蕴含着数字经济新动能的形成和发展机制。推动数字经济发展、加快新旧动能转换，应持续优化软硬环境，加大技术创新成果早期市场支持力度，支持数字经济细分领域发展，实施"互联网+"与"智能+"，鼓励数字经济龙头企业走出去。

现阶段，新一代信息技术快速发展，新技术、新产品、新模式、新业态不断涌现。数字经济成为世界各国经济中增长速度最快的部分，在推动质量变革与新旧动能转换方面发挥着重要的作用。

一、数字经济、新旧动能转换及其内在关联

一般认为，数字经济主要包括数字的产业化和产业的数字化两个方面。新旧动能转换既可以看作经济增长内在动力的变革，又可以视为产业结构

的改变。数字经济增长速度快且规模不断扩大，在产业结构上表现出比重不断提高的趋势，成为新动能的主要构成部分和新旧动能转换的主要动力。

（一）数字经济的内涵阐释

数字经济（Digital Economy）最早由 Don Tapscott 在其 1996 年出版的《数字经济》一书中提出。他认为，在传统经济中，信息流是以实体方式呈现的，在新经济中，信息以数字方式呈现，因此数字经济基本等同于新经济或知识经济。美国商务部于 1998 年和 1999 年连续发布两份关于数字经济的报告，使数字经济的概念更加广为人知。但 2001 年互联网泡沫的破灭，使数字经济一度归于沉寂。随着以云计算、大数据、物联网、移动互联网、人工智能为代表的新一代信息技术的成熟和产业化，数字经济重新进入高速增长的轨道，新产品（服务）、新业态、新模式不断涌现。

比较具有共识的数字经济定义是 G20 杭州峰会通过的《二十国集团数字经济发展与合作倡议》提出来的，即"数字经济是指以使用数字化的知识和信息作为关键生产要素、以现代信息网络作为重要载体、以信息通信技术的有效使用作为效率提升和经济结构优化的重要推动力的一系列经济活动"。由于信息通信技术与产业的融合程度不同，对数字经济的理解亦有所不同。Bukht R.&Heeks R. 将数字经济划分为三个层次：第一层是核心层，他们称之为数字（IT/ICT）领域，包括硬件制造、软件和 IT 咨询、信息服务、电信；第二层是窄口径，他们称之为数字经济，包括电子业务、数字服务、平台经济；第三层是宽口径，他们称之为数字化经济，包括电子商务、工业 4.0、精准农业、算法经济。分享经济和零工经济介于窄口径和宽口径的数字经济之间。

在我国，多把数字经济划分为数字产业化即狭义的数字经济与产业数字化即广义的数字经济两种类型。数字产业化等同于传统的信息产业，包括国民经济行业分类中的电子及通信设备制造业，电信、广播电视和卫星传输服务业，互联网和相关服务业，软件和信息技术服务业。由于信息技术与国民经济其他产业部门的融合不断加深，从而在传统产业产生数字经济活动，这部分就是产业数字化或数字经济融合部分。与 Bukht R.and Heeks R. 的划分相比，数字产业化大致相当于数字经济的核心层；产业数字化大致相当于窄口径的数字经济与宽口径的数字经济之和。不同国家、不同国际组织、不同机构在其研究或国民经济统计中会采取不同的口径，由于 IT 或 ICT 产业具有更清晰的边界，因而核心层的数字经济或数字产业化的范畴应用更为普遍。

（二）新旧动能转换的多维考察

2008 年国际金融危机特别是 2010 年之后，我国经济增速有所下滑，从 10% 以上的高速增长进入中高速增长的"新常态"，2015 年以来经济增速回落至 6% 至 7%。尽管经济增长速度随着经济体量扩大、经济发展水平的提高而下降是经济发展的一般规律，但我国仍然面临着人民日益增长的美好生活需要和不平衡不充分的发展之间的矛盾，国际环境复杂多变，产能过剩、僵尸企业、脱实向虚等问题较为突出，需要在经济发展质量不断提高的同时将增长速度保持在一个合理的水平。由于我国劳动密集型产业成本优势削弱，重化工业增长乏力，复杂的国际环境使出口存在巨大的不确定性，因而需要加快培育壮大新动能、改造提升传统动能。推动新旧动能转换对于解决我国经济中的深层次矛盾和问题、实现全面建成小康社会目标并开启全面建设社会主义现代化国家新征程具有重要的意义，"创新驱动、新旧动能转换，是我们是否能过坎的关键"。

对于'新动能"或"新旧动能转换"的内涵，可以从两个角度加以考察。

从内在驱动力来看，新旧动能转换就是经济增长动力的转换。按照经济增长理论，经济产出是资本、劳动力和技术的函数。改革开放初期，我国资本短缺而劳动力资源丰富，通过加入全球分工体系，充分发挥劳动力丰富、工资水平低的比较优势，实现了经济特别是制造业的高速增长。随着经济增长和资本的积累，我国有能力进行大规模的基础设施、房地产等建设，投资又成为经济增长的重要推动力。2001 至 2016 年，资本形成对 GDP 增长的贡献率基本保持在 40% 以上。为应对国际金融危机的影响，2009 年和 2010 年资本形成对 GDP 增长贡献率分别高达 86.5% 和 66.3%。随着我国低成本竞争力削弱、人口红利消退、政府负债率上升、生态环境压力加大，主要依靠投资、依靠自然资源投入的粗放型增长方式已经难以为继，必须转换到依靠创新、依靠知识和技术驱动的经济增长方式上来。

从外在表现来看，新旧动能的转换就是产业结构的转换。国民经济由不同的产业部门构成，有些产业增长速度快，有些产业增长速度慢，在经济发展过程中就会出现高增长行业、带动作用大行业的不断更替的现象，并由此带来产业结构的调整。总体上看，产业结构的转换过程是产业结构不断升级的过程，劳动密集型、资源密集型产业在产业结构中的比重不断下降，技术和知识密集型的高技术产业的比重不断提高。从这个意义上讲，旧动能是低技术、低效益、高能耗、高污染的传统产业，新动能是高技术、高效益、低能耗、低污染、高质量的战略性新兴产业和前沿技术产业。改革开放之初，我国的高速增长产业以纺织、服装、电子装配等劳动密集型产业为主；1998 年后，我国开始了新一轮重化工业化，冶金、化工、建材、机械等重化工业部门保持较长一段时间的高速增长，成为经济增长的重要推动力。但是总体上看，劳动密集型产业处于全球价值链的低端环节、附加价值低，且随着工资持续上涨，竞争力正在削弱，已经开始向成本更低的发展中国家转移；重工业的发展不但产生了大量的污染物和温室气体排放，给生态环境造成巨大的压力，而且随着交通基础设施主体框架的形成和"房住不炒"政策的确立，对以钢铁、建材为代表的重工业的国内需求增速下降，重工业增长乏力。各个地区、城市由于新旧动能转换速度不同，出现了经济发展的分化，旧动能比重大的地区由于旧动能弱化而面临较大的下行压力，新动能活跃的地区则因新动能的高成长性而成为经济增长的亮点。面对经济下行压力，以劳动密集型产业和重工业为主的产业结构需要转移到更符合市场需求和要素优势、技术含量和附加值更高、环境更友好的产业为主的结构上来。

（三）数字经济与新旧动能转换的内在关联

数字经济在世界各国普遍呈现高速增长态势，其增速明显高于国民经济增速。G20 国家中的发达国家 2016 至 2017 年广义数字经济（包含数字产业化和产业数字化）的平均增速为 8.47%，而发展中国家平均增速高达16.83%。2006 至 2016 年，美国实际 GDP 的平均增速为 1.5%，而数字经济增加值的实际增速达到 5.6%，其中，硬件平均增速为 11.8%，电子商务和数字媒体平均增速为 8.6%，电信业平均增速为 3.6%。整体而言，数字商品增加值实际年均增速为 9.1%，超过数字服务 5.0% 的增速。在云计算、人工智能、共享经济等新技术、新模式领域，数字经济的表现尤为突出。数字经济增长速度较快，其总规模和在国民经济中的比重不断提高。根据中国信息通信研究院的数据，2017 年，美国广义数字经济规模高达 11.50 万亿美元，中国达 4.02 万亿美元，日本、德国超过 2 万亿美元，英国、法国分别为 1.68 万亿美元、1.04 万亿美元；德国、英国、美国广义数字经济占 GDP比重达 60% 左右，日本、韩国、法国、中国、墨西哥、加拿大、巴西的数字经济占 GDP 比重也超过了 20%。

数字经济增长速度快、规模不断扩大，对 GDP 增长的带动作用非常显著。在一些地区，一个数字经济细分领域可能就创造上百亿元的营收，对带动当地经济发展发挥着非常重要的作用。因此，数字经济被普遍认为是新动能的三要构成部分和新旧动能转换的主要推动力。数字经济不仅改变了经济增长动能的结构，而且提升了经济增长动能的质量，在科技创新、提高全要素生产率方面发挥着重要作用。例如，阿里巴巴、百度、腾讯等大型数字经济企业的研发规模均超过百亿元，研发强度分别高达 10.6%、14.4%、7.8%。有学者直接将新动能定义为"以互联网、大数据和云计算等新一代信息技术的应用为基础，以新技术的突破为依托，以新技术、新产业、新模式、新业态等'四新'为核心的影响经济社会发展、促进经济转型升级的产业驱动力"，或者将新旧动能转换等同于"高技术制造业、数字经济、共享经济等新兴服务业的加快发展"。数字经济作为新动能重要组成部分的思想在政府政策中也多有体现。2016 年的中央政府工作报告就提出"要推动新技术、新产业、新业态加快成长，以体制机制创新促进分享经济发展，打造动能强劲的新引擎"。习近平总书记在 2018 年 10 月 31 日主持中共中央政治局就人工智能发展现状和趋势举行第九次集体学习时强调，我国经济已由高速增长阶段转向高质量发展阶段，正处在转变发展方式、优化经济结构、转换增长动力的攻关期，迫切需要新一代人工智能等重大创新添薪续力。

二、数字经济的新特征

新产业是新旧动能转换的支撑，而数字经济已经成为世界各国国民经济中最具活力且重要性不断加强的领域。数字经济作为新动能不断发力，是与其四个新特征紧密联系在一起的。

（一）颠覆性变革不断涌现

科技创新是经济发展的根本推动力。任何产业的发展都离不开技术的变革，但是数字经济与传统产业领域的创新存在巨大的差异。克里斯滕森在对传统产业研究的基础上提出了"颠覆性技术"（Disruptive Technologies）的概念。他认为，持续性技术（Sustaining Technologies）是针对市场上主流客户长期关注的性能，对成熟产品性能的改进，而颠覆性技术带来了主流客户所忽视的价值主张。一般来说，颠覆性技术往往从利基市场或新出现的需求起步，通常价格更低、性能更简单、体积更小、便于客户使用。即使颠覆性技术或颠覆性创新对领先企业形成巨大挑战甚至导致领先企业失败，但其着眼点仍在传统企业，创新的频率、影响力和广度都无法与数字经济相比拟。

当前新一轮科技革命和产业变革正在全球范围兴起，数字技术、先进制造技术、新材料技术和生命科技加快成熟和商业化，其中包括互联网、移动互联网、云计算、大数据、物联网、人工智能（AI）、虚拟现实（增强现实/混合现实）、区块链、3D打印等在内的数字技术无疑是新科技革命和产业变革的核心驱动技术。与传统产业相比，数字经济的创新呈现创新频率高、影响大和覆盖范围广的特点。具体而言，体现在如下方面：一是创新频率高。传统产业的技术相对比较成熟，技术突变少，新技术多与原有技术存在相似性和演进上的连续性。即使出现颠覆性技术，当其成为行业的主导技术后，也会进入一段持续时间较长的技术稳定期。例如，液晶电视取代阴极射线管电视、智能手机取代功能手机后，电视、手机的技术路线已经保持十余年的稳定，新技术主要是对产品性能的进一步提升。而在数字经济领域，持续不断地有新技术成熟并进入商业化阶段，形成新产品或新的商业模式。二是影响大。数字技术或新一代信息技术是典型的通用目的技术（general purpose technology，简称 GPTs）。通用目的技术具有得到广泛应用、进行持续的技术改进、可以在应用领域促进创新等特征。也就是说，通用目的技术不仅能够在多个行业甚至国民经济和社会的更广泛领域获得使用，而且会使其他产业的产品形态、业务流程、产业业态、商业模式、生产方式、组织方式、治理机制、劳资关系等方面产生颠覆性变革。三是覆盖范围广。在传统产业，颠覆性创新的发起者大多来自行业内部，是行业的其他在位者对领导者的挑战。而就数字经济而言，颠覆性创新不仅由行业内部的在位企业发起，而且竞争的范围已经超越行业的边界，颠覆性创新经常来自产业之外，形成跨界竞争、降维打击的特点。例如，近年来中国移动的短信发送量严重萎缩不是来自其他运营商的竞争，而是由于微信成为更为便捷的日常沟通方式，取代了短信的功能；康师傅方便面销量的萎缩也不是因为其竞争对手占据了更多的市场，而是蓬勃发展的外卖能够方便快捷地满足人们用餐需求。即使一些看起来市场地位牢不可破的行业龙头也由于颠覆性创新的出现而受到较大挑战。例如，大多数人都曾认为，电商市场已经形成阿里巴巴与京东双头垄断的市场格局，但没有料到拼多多另辟蹊径迅速发展壮大；微信的市场地位也曾貌似牢不可破，是用户停留时间最长的 APP，但字节跳动以今日头条和抖音两款产品抢走了微信的大量流量。

从总体来看，传统产业技术创新的突变较少，且技术仍然主要延续原有的路线，造成传统产业具有路径依赖的特征，在位者的领先地位一旦建立就很难撼动，无论是新企业进入，还是一个新地区要发展，都面临难以跨越的进入壁垒。比如钢铁行业，尽管我国钢铁总产量持续增长，但已经很难有新企业进入，增量市场份额也只是在位企业间的瓜分。相反，数字经济领域颠覆性创新不断涌现，且技术、商业模式的发展方向难以预测，提供相同或相似效用的在位企业在新技术领域并不具备明显优势，甚至由于战略刚性对新的技术变革反应迟钝，因此在数字经济领域无论对于国家、地区还是企业均存在大量"换道超车"的机遇，初创企业总会有机会在某些新产品或新模式创新中取得领先地位并进而发展成为大企业，而后发展国家和地区也有机会在新技术、新产品、新模式、新业态所形成的新产业中占有一席之地，甚至取得世界领先地位。

（二）平台经济与超速成长

在数字经济条件下，平台经济成为不同于传统产业的新型生产组织形态。平台是将不同用户聚集在一起的中介和作为用户活动发生的基础设施，是"一种基于外部供应商和顾客之间的价值创造互动的商业模式"，或者是"一种将两个或者更多个相互独立的团体以供应的方式联通起来的商业模式"。平台是一种典型的双边市场，一边连接用户，一边连接为用户提供商品或服务的供应商，并成为二者的信息撮合媒介和交易空间。典型的平台如网购领域的天猫、京东以及社交领域的微信。根据供应商的来源和性质不同，平台可以划分为不同的类型，其中共享经济是近年来发展尤为迅速的一种。共享经济是"利用新一代信息技术平台，将个人或企业等组织闲置或未加充分利用的商品、技能、时间、生产设施等资源，以较低的价格甚至免费的方式提供或转让给需要的个人或企业使用的一种新型的资源配置方式"。典型的共享经济模式如网约车领域的滴滴出行、的步，房屋出租领域的小猪短租、Airbnb，知识分享领域的知乎、Quora，技能分享领域的猪八戒，时间分享领域的亚马逊劳务外包平台 Amazon Mechanical Turk（AMT）等。生产力的发展特别是计算机、云计算的普及，使普通人得以拥有进行生产活动的工具，从而能够摆脱对企业组织及其生产工具的依赖。再加上生活水平提高后，人们希望追求工作时间上的自由，自我雇佣受到越来越多人的青睐，"一种持续时间不确定的工作"即"零工经济"开始兴起。零工经济的发展同样需要能够撮合劳动的供给方与工作或劳动成果需求方的工作平台。此外，越来越多产品或项目的开发、生产和维护不是企业化运营，而主要通过共同的兴趣爱好把众多分散的个人聚集到一个平台上，形成社会化的生产模式，如以维基百科为代表的众包模式，开源社区、慕课等。可以说，平台已经成为数字经济领域最常见的一种商业模式和生产组织形态。

在传统经济中，企业将具有所有权或使用权的商品或服务销售给其用户，而在平台经济下，平台可以充分调动平台之外的供应商（企业或个人）为平台另一侧的用户提供商品或服务，平台企业自身只需致力于平台这一基础设施的建设。平台企业通过高效运转的平台实现供需双方的对接，其本身并不拥有在平台上所交易的商品或服务。正如 Goodwin 形象的总结："Uber，世界上最大的出租车公司，不拥有自己的汽车；Facebook，世界上最流行的媒体所有者，却不创造内容；阿里巴巴，最有价值的零售商，却没有自己的存货；Airbnb，世界最大的住所提供商，却没有自己的不动产。"

在传统产业中，企业成长主要依赖于自身的资源和能力。即使企业可以通过融资、兼并等活动加快扩张发展的速度，但仍然要受制于企业自身的资源和能力。但资源的积累和能力的形成、发展受到各种各样的限制，且往往需要经历一个较长的时期，造成企业的成长速度有限。但平台企业可以利用外部的个人或企业作为其产品或服务的供应商，而且互联网是没有边界的，只要一根网线相连，分布在世界各地的个人或企业都可以成为一个平台的供应商。因此，平台打破了企业自身资源、能力对成长的束缚，平台企业的成长速度要比传统企业快得多，从而数字经济的增长速度要比传统产业快得多。从 2007 年第四季度的世界 10 家市值最大的公司中，只有微软一家是平台企业，到 2017 年第四季度则有苹果、Alphabet（谷歌的母公司）、微软、亚马逊、Facebook、腾讯、阿里巴巴 7 家公司是平台企业。独角兽（Unicorn）企业是在某个专业领域处于领先地位且估值超过 10 亿美元的未上市公司，大多数独角兽属于初创企业。从独角兽企业的成长同样也可以看到平台企业的超速成长规律。在 CB Insights 2017 年公布的世界独角兽企业中，中国估值排名前十位的独角兽企业成立时间最早的大疆创新也不过 10 年时间，估值最高的滴滴出行只用了四五年的时间就达到 500 亿美元的估值。在传统经济时代，一家公司从成立到成为 10 亿美元以上估值或市值的公司需要长达几十年时间。而 BCG 等机构联合发布的一份报告显示，美国独角兽企业从创立到估值达到 10 亿美元平均需要 7 年，2 年以内成为独角兽的企业约占 9%；中国独角兽企业从创立到估值达到 10 亿美元平均只需 4 年，2 年以内成为独角兽的企业约占 46%。

（三）网络效应与"赢家通吃"

"旧的工业经济是由规模经济驱动的，而新经济的驱动力量是网络经济。"网络效应是网络型产业特别是数字产业的典型特征，简单地说，就是大网络比小网络更具吸引力。网络效应或网络外部性有三种类型，分别是直接网络效应、间接网络效应和跨边或双边网络效应。直接网络效应是指一种产品或服务的用户数量越多，该产品或服务带给用户的价值越大。典型的如电话，当只有一个人拥有电话时，电话对用户的价值为零；随着拥有电话的人数越多，每一个电话订户能够联系到的人越多，电话对用户的价值越大。间接网络效应是指一种产品或服务的互补品的数量越多，它能够给用户带来的价值越大。典型的如计算机操作系统，操作系统本身具有的功能有限，计算机性能的发挥取决于运行于操作系统上的应用软件的多寡，软件越丰富，该操作系统带给用户的价值就越大。跨边网络效应是指平台能够带给一侧用户的价值取决于平台另一侧的用户数量，一侧的用户数量越多，带给另一侧用户的价值越大。典型的如网约车服务，使用网约车 APP 的用户越多意味着更多的需求，更多的需求可以吸引更多的司机，更多的司机的加入使得网约车服务覆盖的地理范围更广，从而司机接单更快、用户打车更容易、价格更低，这又会进一步吸引更多的司机和用户使用。

网络效应的存在意味着当企业在具有网络效应的市场中竞争时，如果一家企业的产品或服务能够更快地获得足够数量的用户或供应商，那么正反馈机制就会发生作用：更多的用户或供应商使该平台的价值更大，从而进一步吸引更多的用户或供应商入驻该平台。反之，如果该企业不能够获得足够数量的用户或供应商，负反馈机制就会发生作用，从而在竞争中落败。传统产业进入成熟期后，虽然也会有一些企业市场份额处于领先地位，但整个产业通常会有多家规模相对较大的企业，形成多家企业共同瓜分市场的垄断竞争格局。就数字经济产业而言，由于网络效应的存在，往往是最早引发正反馈机制的平台成为最终胜利者，而且将会赢得大多数市场份额，即呈现所谓的"赢家通吃"特征。

从国家或地区产业发展的角度来看，人口数量大、购买力强意味着具有数量更多的潜在用户，这就为正反馈机制的启动和网络效应的发挥提供了条件。目前，世界上数字经济发展形成了美国与中国两强并立的格局，美国与中国的数字经济规模分居世界第一和第二位，两国集中了世界上区块链相关专利的 75%，物联网全球支出的 50%，云计算市场的 75% 以上，世界上最大 70 个数字平台市场资本化价值的 90%。在 CB Ingisght 公布的 2019 年独角兽企业名单中，全球共有独角兽企业 391 家，估值总额 12 134.6 亿美元，其中，美国独角兽企业 192 家，估值总额达 6035.6 亿美元，分别占世界的 49.1% 和 49.7%；中国独角兽企业 96 家，估值总额达 3539.7 亿美元；排名第三位的国家的独角兽企业数量和估值额仅占世界的 5% 左右。两强并立的数字经济格局与其经济地位和巨大的人口规模是一致的。中国具有世界最大的人口规模，网民数增长很快，而且网民的年龄结构相对比较年轻；中国政府长期以来高度重视通信基础设施的建设，移动网络基本覆盖到村，而且连续多年的"提速降费"和智能终端价格下降大幅度提高了互联网的普及率；世界最大的制造业能力和物美价廉的制成品价格、相对较低的工资水平，为中国数字经济发展提供了丰富的产品和劳动力供给。人口规模优势在中国数字经济的发展中发挥了重要的作用。需要注意的是，"赢家通吃"并不意味着"赢家"的地位无法撼动，如果"赢家"创新乏力或缺少对用户的关注，也可能会导致产品吸引力的下降；竞争对手也可以在细分市场进行差异化竞争，或者开发出性能更加优异从而技术功效优势能够抵消因自身用户规模小而带来的"网络效应"弱势的产品。

（四）"蒲公英效应"与生态竞争

仙童半导体公司（Fairchild Semiconductor）无论是在硅谷历史上还是半导体产业发展史上都是一家举足轻重的公司。硅谷有 92 家公司可以直接追溯到 1957 年成立的仙童半导体公司，前仙童员工创立或由前仙童员工成立的公司参股、投资的仙童"校友"公司高达 2000 多家，Instagram，Nest，YouTube 等公司都与仙童半导体公司渊源颇深。史蒂夫·乔布斯曾这样形容仙童半导体公司："仙童半导体公司就像个成熟了的蒲公英，你一吹它，这种创业精神的种子就随风四处飘扬了。"互联网产业发展早期出现的在线支付工具贝宝（PayPal）的早期成员后来创立了包括电动汽车后起之秀 Tesla、火箭发射的颠覆者 SpaceX、最大的视频网站 Youtube、最大的求职网站 LinkedIn、美国最大电平网站 Yelp、企业内部社交网络 Yammer 等在内的数十家公司，贝宝的早期成员也被称为"贝宝黑帮"（Paypal Mafia）。同样在中国，也出现了数字经纪公司扎堆聚集的现象，这些公司许多都与早期的互联网公司或目前的互联网巨头有着千丝万缕的联系，正如蒲公英一样，把数字经济发展的种子撒播下去并萌发出一片绿色的田园。

一个国家或地区产业的竞争，不是单个企业之间的竞争，而是包括整个产业链上下游企业和配套企业、基础设施在内的整个产业生态的竞争。良好的基础设施、完善的上游配套、各种类型的生产性服务企业的聚集，有利于促进产业创新、降低生产成本。其中，大企业在一个地方的落户或形成对当地产业生态的完善具有至关重要的作用，在数字经济领域表现得尤为明显。第一，大企业会带动大量配套企业的聚集。在高度专业化的现代经济中，大企业一般专注于产业链的关键环节，其他投入要素通常从市场购买，因此随着企业由小到大的发展壮大，会在其周围聚集一批配套企业；大企业到某个地区进行投资，更会直接将自己的供应商带动过去。第二，大企业是中小企业生成的母体。大企业拥有众多的业务部门和业务环节，这些部门和环节的发展壮大有可能独立出去成为新的企业。近年来，越来越多的大企业开始鼓励内部创业、进行风险投资，从而带动与其在所有权上具有紧密联系的中小企业的发展。大企业在技术、管理、供应链、渠道等方面都具有优势，能够培养大量的科技和管理人才，其中一些高管成为投资人，一些人才离职创业，都会促进中小企业的大量形成。数字经济领域的颠覆性创新层出不穷，许多新领域的创业者来自大型互联网公司。第三，大型平台企业为中小企业搭建了成长生态。为了建立用户基础、实现"赢家通吃"，平台型企业本身需要吸引供应商为平台另一侧的用户提供服务，因此大型平台企业会支持互补品供应商发展，而平台作为一种基础设施也能够降低中小企业的进入门槛。第四，已有的数字经济企业会孕育新技术、新产业。数字经济领军企业为了更好地发展现有业务或更好地支撑生态企业的发展，具有采用新技术的内在动力，新技术与它们既有的优势相结合还可能产生化学反应，形成具有巨大成长潜力的新产业。云计算、大数据、人工智能、金融科技等数字经济前沿技术与新兴产业的领先公司以原有的互联网企业为主。例如，亚马逊、阿里巴巴将它们冗余的计算、存储能力外销，带动了云计算产业的发展；人工智能成为大型互联网公司必不可少的基础技术。

三、数字经济新动能的形成机制

如果将新旧动能转换看作产业结构的变化，那么新旧动能转换主要有三种形成机制：一是新产业的形成，通俗地说就是"无中生有"。一项技术通过工程化、商业化开发形成新的产品（或服务、业态、商业模式），如果新产品的市场反响好，需求不断扩大，那么就会有大量生产企业和配套企业涌入，最终形成一个新的产业。二是传统产业的改造升级，通俗地说就是"有中出新"。虽然产品的基本结构、功能没有发生根本性的转变，但是通过新技术的使用，现有产业的技术水平获得提升、产品功能更加丰富或增强、生产工艺更加优化，能够扩大市场销量或者降低生产经营成本，从而使产业获得较快的发展。要"注重用新技术新业态改造提升传统产业，促进新动能发展壮大、传统动能焕发生机"。三是落后产业的淘汰。在新动能不断发展壮大的过程中，那些缺乏竞争力的企业会退出市场，如果退出成为行业的普遍行为，整个行业就会萎缩甚至消亡，旧动能会被淘汰。新旧动能转换要坚持"增量崛起"与"存量变革"并举。

第一，数字经济领域不断有颠覆性创新涌现，意味着不断有新的市场机会，这些市场机会吸引在位企业和新的创业者推动技术的产业化，开发新产品、新服务、新模式和新业态。如果说20世纪90年代互联网起步阶段的颠覆性创新多集中于新模式且服务对象以终端消费者为主，那么云计算、大数据、物联网、移动互联网、人工智能等技术的成熟则将互联网推入产业互联网时代。颠覆性创新不仅包括新模式，而且包括新产品和新服务；不仅面向终端消费者，而且服务于实体经济和企业用户；不仅催生新的细分产业，而且会为传统产业赋能，使之在技术、质量、效率、效益等方面产生巨大改变。

第二，当新技术与市场需求相契合，颠覆性创新进入商业化、产业化阶段后，企业可以通过建立数字化平台，发挥平台经济、分享经济、零工经济和开源经济等模式的优势，吸引并充分利用企业外部丰富的资源提供产品和服务，打破自身资源和能力的限制，实现超速成长。特别是要重视发展"产销合一"模式，将平台广大的消费者变为消费者，实现外部资源利用范围的最大化。近年来发展迅速的微信、微博、抖音等，都是消费者直接参与内容生产的典型。用户的直接参与不但丰富了平台的内容，而且增加了平台对用户的粘性。

第三，由于网络效应的存在，巨大的人口规模构成我国数字经济发展的基础，这也是我国相对于大多数国家的数字经济发展优势。一旦一种数字技术获得成熟走向商业化，就会获得足够多的用户基础，引发正反馈机制而发展壮大。但是也要看到，互联网无论在供给方还是需求方都打破了地域空间的限制。从企业的角度来看，将会面对来自全国甚至更广泛范围内的激烈竞争，很难像传统产业一样偏安一隅而生存。因此，企业在推出一项新技术、新产品、新模式、新业态后，要尽可能快速地扩大用户基础，形成相对于竞争对手的网络价值优势。这也是数字经济领域一项新业务在起步初期采取免费甚至补贴策略、价格战比传统产业更为激烈的重要原因。从中央或地方政府的角度来说，如果能够给初创数字经济企业提供一定的市场支持，就能够加快企业发展，帮助其成为市场中的头部赢家。

第四，当一家初创的数字经济企业发展成为行业领先企业特别是平台企业后，"蒲公英效应"会开始发挥作用。全国性和全球性的平台将会为作为平台供应商的中小企业创造更好的发展条件、提供更好的市场机会。对于一个地区来说，更重要的是该企业培养的技术和管理人才、实现财务自由的高管团队、带来的外部资金和人脉，将会促进更多的数字经济初创企业发展，使该地区成为数字经济的集聚地，甚至会在数字经济的某些细分领域成为全国的领先地区。在我国互联网领域，以 BAT 为代表的互联网公司衍生出一大批创业公司，深圳、杭州等城市成为互联网创业的热土和互联网重镇。

以云计算、大数据、物联网、移动物联网、人工智能、区块链、虚拟现实 / 增强现实 / 混合现实为代表的新一代信息技术是当前技术创新和商业投资最活跃的领域，数字经济成为新旧动能转换的重要机遇和动力。具体来说，数字经济推动新动能的形成主要有三条路径：第一，新技术成为新产业。随着一些新的数字技术逐步成熟、成本持续降低，市场需求会不断被激发，而市场需求的扩大会吸引大量的企业进入，并为企业提供发展壮大的空间。当新技术的产业化形成一定规模后，新产业就会形成。云计算、大数据等产业都经历了从无到有、从小到大的发展壮大过程。第二，新技术催生新模式，新模式成为新产业。有时不是新技术本身发展成为新产业，而是在新技术的推动下形成新的商业模式或产业业态。这些新模式、新业态往往是新技术与既有产品或服务相结合的产物，但是由于解决了用户痛点、迎合了新的需求而获得快速发展。例如，电商降低了实体店铺的成本，极大地扩展了销售范围，使"长尾"产品的价值得以发现；网约车提高了车辆与乘客之间的匹配效率，减少了车辆的空驶率，缩短了乘客等车的时间。第三，新技术赋能传统产业。数字技术是通用目的技术，也是重要的赋能技术，能够帮助传统产业驱动产业效率提升、推动产业跨界融合、重构产业组织的竞争模式以及赋能产业升级，通过降本、提效、创新路径实现传统产业业绩提升目标。面对新一轮科技革命和产业变革带来的历史机遇，我们"要推动产业数字化，利用互联网新技术新应用对传统产业进行全方位、全角度、全链条的改造，提高全要素生产率，释放数字对经济发展的放大、叠加、倍增作用"。

四、推动数字经济新动能加快培育的政策建议

颠覆性创新不断涌现、平台经济与超速成长、网络效应与"赢家通吃""蒲公英效应"与生态竞争等新特征使数字经济创新活跃、成长迅速，成为当前新旧动能转换的重要推动力，特别是对于后发国家和地区更是寻求新动能、加快经济发展的契机。进一步推动数字经济发展、加快新旧动能转换，可从五方面着力。

（一）**持续优化软硬环境，促进创新创业创造**

加大对数字技术基础科学与产业共性技术研究的投入力度，并鼓励企业加大投资，除大数据、物联网、人工智能、5G 等外，还应重视 6G、虚拟现实、区块链、量子计算等更前沿的技术的研究，对已有产业化基础的要进一步推动其技术向前发展，通过前沿数字科技的率先突破抢占数字技术产业化的先机。在国家"新基建"战略中，应加强数字经济基础设施的建设，加快 5G 和 WIFI6 的商用和覆盖，制定物联网标准，对包括制造业在内的实体经济进行数字化改造。继续推动孵化器、加速器、创业园等"双创"载体建设，不断完善注册、招聘、融资、专利申请、法务等相关配套服务。进一步规范厘清大学、科研院所科研人员和学生科研成果的知识产权归属，支持科研人员以休假和停薪离职、在校学生以休学等方式进行创业。

（二）**加大技术创新成果早期市场支持力度，加快新动能发展壮大**

在技术创新成果工程化、商业化的早期提供市场支持，是基于该技术的产业加快形成的重要手段，在许多前沿技术产业的发展中发挥过重要作

用。由于网络效应的存在，通过早期市场支持使前沿数字应用获得用户基础，进而发展成为主导设计尤为重要。具体来说，包括在国防军工领域加快最新数字技术的应用，促进数字技术的成熟和将来向民用领域的扩散；加强对数字产品和服务的政府采购力度，推动智慧医疗、智慧交通、数字政务、智慧城市等发展；坚持包容审慎的监管政策，为数字经济发展创造宽松的环境，间接创造市场。

（三）支持数字经济细分领域发展，形成产业自生能力

比较优势既可以来自土地、资源、区位、人口等天然的生产要素，又可以来自后天形成的产业分工与配套、高素质人才以及蕴含整个产业生态系统之中的科学技术、知识能力，而后者的形成需要对该产业领域持续的资金和人才投入。从这个意义上说，产业的发展并不一定完全遵循比较优势路径，产业政策在其中能够发挥重要的作用。如果一个国家或地区对某个数字经济细分领域进入早、投入大，就有可能取得领先地位。贵阳市就通过较早地实施大数据发展战略，成为国内重要的大数据产业集聚地。由于前沿技术的不确定性较大，由政府采取"选择优胜者"的做法对特定产业加以支持存在一定的失败风险。但是政府可以在专家充分论证分析的基础上，选择那些即将进入产业化阶段且进入企业（或地区）较少的产业加以大力扶持，以政府产业引导资金、优惠政策带动社会资本的投入。

（四）实施"互联网＋"与"智能＋"，赋能传统产业

数字技术的经济发展带动作用既包括自身的产业化，又包括为其他产业赋能，而赋能传统产业的影响更广，而且反过来又会进一步带动数字技术产业的发展。因此，应大力推动新一代信息技术向传统产业领域的扩展、应用与融合。由于新一代信息技术在传统产业作用发挥的程度不仅取决于信息技术的发展水平，而且取决于传统产业本身的信息化基础和技术水平，因此需要支持传统产业中的企业加强信息化、数字化改造，如"以机器换人"、采用数控设备、实施"企业上云"，为信息技术赋能奠定基础；加强

对具体细分产业的产业技术的基本科学原理的研究和生产工艺的开发改进，打好产业基础高级化、产业链现代化的攻坚战；推动对传统产业与数字技术融合的产业共性技术研究，打破制约传统产业数字化转型的技术瓶颈，及时总结传统产业数字化转型的成功经验，组织示范遴选与宣传推广。

（五）鼓励数字经济龙头企业走出去，扩大数字经济全球影响

当前我国国内面向终端消费者的互联网红利趋于耗尽，消费互联网发展遇到瓶颈，"走出去"成为数字经济企业的重要方向。我国在云计算、人工智能、5G等新一代信息技术的科技水平、产业化程度、产业规模等方面已居于世界前列，新模式创新活跃且涌现出一批热门应用，为数字经济企业"走出去"奠定了基础。一方面，要支持数字经济龙头企业与发达国家企业开展合作，输出我国在人工智能、5G等领域的先进技术，同时也要积极在发达国家建立研发中心，强化我国企业的技术水平；另一方面，借助共建"一带一路"倡议的契机，帮助发展中国家完善信息基础设施，推动与我国的信息基础设施互联互通，促进大数据、云计算等基础设施业务的发展；同时将我国成功的数字经济商业模式、业态在"一带一路"沿线国家和地区进行推广，为我国数字经济企业开拓更广泛的成长空间。

第二节　数字经济时代的企业转型

信息技术日新月异的发展所形成的新技术革命，使人类社会进入了"数字经济时代"，大数据、云计算等支撑的人工智能、共享经济等成为前沿概念。中国的现代化目标必须在此背景下以创新发展来实现。企业在竞争与发展中，应当认识与把握"互联网＋"与"＋互联网"所形成的发展大趋势，力求在"共享经济"取向上锐意创新，争取捷足先登。关于企业在数字化转型方面的进取思路，本节区分了高新科技企业、传统产业中的企业、融资平台等特殊企业，分别讨论了其转型的思路与基本要领，并专门考察了阿里钉钉公司的数字化转型、专业化创新案例。

作为市场竞争与创新主体的企业，在数字经济发展的大潮流中如何转型发展，关系着大量企业的生存前景。本节分三个层次简要探讨数字经济时代的企业转型问题。

一、怎样看待我们时代的特征

我们所处的这个时代，就全球范围而言，人们给出的一个表述是"新技术革命时代"，也叫"信息时代"。20世纪70年代后期，笔者有幸参加恢复高考后的第一次全国考试，进入大学殿堂之后，就知道那个时候人们已经在说，我们进入了信息爆炸的时代。这个信息时代发展到现在，最典型的称呼是什么呢？是世纪之交人们开始普遍使用的"数字化生存"，一直推进到现在所说的"数字经济时代"。在数字化的生存，数字化的连通，数字化的互动和数字化的发展中，由"互联网"发展到现在普遍的"移动互联"——社会生活中大多数人手上已有智能手机，它就是移动互联情况下每个人生活的一个具体的物质载体。移动互联到了商业活动、经济活动中间，更是已经发展出移动的商务，移动的银行（比如手机银行就是移动状态下银行业务可以便捷办理的系统），移动的保险，移动的其他经济活动和文化生活。经济社会生活的种种组成部分，都在移动互联的状态下运动着，支撑它的是大数据、云计算的概念——技术上可能很多人并不知道更详细的那些道理，就像很少有人说得清楚为什么这个液晶显示屏能在薄薄的一层物质上给我们这么多绚丽多彩的图景，但它正是在大数据和云计算支持的情况下通过数字化的处理，不断地给我们表现出这些信息。还有现在大家特别看重的"人工智能"这个前沿概念，也展现出共享经济时代离我们已越来越近，现在很多的领域里改变过去的经济规则，在淡化"排他性"而实现"共享"。

日新月异的发展，我们可以称为"数字经济的时代"，也就是创新发展、升级发展的时代。中央最高决策层对我们给出的现代发展理念，是系统化地表述以创新发展作为第一动力带出协调发展、绿色发展、开放发展，还要使人民群众对美好生活的向往变成我们大地上现实的共享发展。在这个发展过程中，中国的实际进程是我们走过了站起来和富起来的时代，现在正在进入要完成现代化历史飞跃的强起来的新时代。中国这个强起来的现代化时代，和前面所说的席卷全球的信息时代、新技术革命时代、数字经济时代，是并行的，中国的奋斗被国际友人称为世界的奋斗，这个全球唯一的古老文明从来没有中断过的民族国家、世界上最大的发展中经济体，要通过和平发展实现自己在工业革命落伍以后从追赶到赶超的现代化过程，我们的目标——所谓"中国梦"，就是要在2049—2050年这个时点上，在新时代的发展过程中达到伟大民族复兴。这个伟大民族复兴绝对不是狭隘的民族主义，是和全球其他经济体寻求共赢的发展，摒弃"你输我赢"的旧思维而实现"人类命运共同体"的共享发展。这就是我所理解的时代特征。

二、如何认识和勾画发展的大趋势

在实际生活中，经济社会"升级发展"的大趋势可以直观地说是"互联网+"与"+互联网"结合在一起。有一些创业创新者，自己的定位是在互联网这个行业，互联网的创新要加上其他行业，相互渗透结合的过程中可以出现发展的新境界，比如前几年大家注意到的互联网金融。互联网不光要加金融，还要加方方面面的各个行业，而原来很多和互联网似乎没有直接关系的行业、企业、市场主体，现在不得不面对加互联网这个潮流，在实际生活中表现的就是所谓线上线下的结合越来越热势在必行。

　　基于调研，原来被称为电商——就是在互联网领域里做电子商务平台的企业（典型的是在中国被称为"风口上的猪"一飞冲天的阿里巴巴公司），马云说现在电商和非电商的界限正在模糊，他自己不愿意再被称为电商了。为什么呢？就是它的线上线下的结合现在有很实际的推动。比如我们在一些城市看到阿里巴巴公司已经推出的盒马鲜生，它有实体店特点，在这个实体店里把线上线下结合起来，实体场景里的展示使人们认同这种有效供给以后在线上可以下单，这个店周边半径3公里之内的居民，在线上下单购买对他们很有吸引力的、鲜活的产品，包括波士顿的龙虾和挪威的三文鱼，半小时之内送到顾客下单指定的具体地点。这种线上、线下的结合，增加了有效供给，可更好地适应人民收入水平提高以后生活质量提高的需要。有阿里这种线上线下结合，行业中就有跟它竞争的京东7-fresh，模式是一样的，在一些具体的条款上几乎也是相互仿照。在北京的亦庄相隔不远的几公里，各有一个地方，是划出3公里半径在那儿唱对台戏的这两家过去有明显电商特点的企业，他们在做线上线下结合的盒马鲜生和7-fresh唱对台戏的竞争。当然这种竞争处理得好的话，是消费者受益，老百姓受益，而整个的业态是在升级发展。这里面有进一步的各种探索，供应链上怎么适应升级需要，没有信息技术是不可想象的：在他们店里你会看到，随便拿一个供给品，比如一条活鱼，它上面会有一个小的金属片标记，可以让你扫码，一扫就知道这个鱼是什么时间在哪里捕捞上来的，它的培养程序有什么特点，捕捞的人员是谁，是谁接过来通过运输保证质量地在多长时间段内运到你现在所处的这个店面，一清二楚，这是信息时代才能提供的让消费者放心的信息支持。颇具知名度的苏宁，过去是实体店，现在在竞争中也是推进到线上线下结合。所以，从这个角度来说，"互联网+"和"+互联网"在作为先驱的这些企业里，已经看得很清楚。

　　另外，我们可以举实体经济里制造业的例子。格力这个企业现在正在做什么？过去格力是生产空调起家，现在可是发展了整个一套产品系列，它还想到要做新能源汽车。它的空调和其他可提供的家用电器以及现在推出的格力手机，要组成一个什么样的状态呢？线上线下结合在一起，消费者家庭的所有电器，可以纳入一个智能化的调节系统，这个家庭主人的手机里连通的是家里的空调和家里所有的电器，在智能手机的界面上，可以非常便捷地做具体的调节，选择采用最节电、绿色的方式。在生活质量方面，一边是适应升级发展，实现所有的电器在家庭里便捷地调节运用，另外一边是适应低碳、绿色发展的要求，节电、节能、环保。在新能源汽车方面，往前的境界是什么呢？这就是作为研究者而特别推崇的较典型的共享经济的一种场景。以后这些新能源汽车、电动汽车，人们会越来越多地拥有，可以设想一下，未来不太长的时间段之内可能就会出现这样一种场景：一家一户各自拥有的电动汽车晚上停在自己的停车场、停车位的时候，接入充电桩，这时所得到的电能供应是夜间电网上成本最低的电。你用这种最便宜的电能充完电以后，第二天白天如果车主不使用这个车辆的话，智能手机上会有一个界面跳出来提醒你，你留一个备用的电量以后，可以卖出多少电到电网里——分布式能源、智能电网可以让你对接上去卖电，而且可以卖个好价钱。这样一来，一家一户的私家车，不仅是个消费单位，同时又变成一个生产单位，而且是一个盈利单位。

在这个连接里，造车的、卖车的、用车的和产电的、输电的、配电的、用电的，方方面面没有一个是利益受损的，统统都是赢家，大家在一起没有排他性地利用新的信息技术提供出来的可能，一起做资源最优化的配置。这个场景离我们已经不远了。像格力这样的企业，它把自己的产业链条一直连通到智能化的控制系统去对接它要生产的新能源汽车，就是努力以创新发展迎接新的时代。当然，它在市场竞争中的奋斗到底成效如何，我们还得拭目以待。很多其他的企业家，也都在这方面力图捷足先登。这是我们时代发展的大趋势。

三、企业转型中怎样在新时代特征之下顺应和追赶数字化大趋势，处理好在竞争中生存和发展的转型问题

笔者所特别强调的是定制化。因为我们各个企业、各行各业都具有自己的特色，各自要特定地考虑，在认清时代特征和发展大势之后，自己到底怎么办。我觉得最粗线条地说，至少要分三类：

第一类是新技术企业或者叫高新科技行业的企业。在以新技术开发和运用为定位的高新科技企业这方面，要结合现在必须匹配上的绿色低碳导向，所需要应对的竞争，就是在"烧钱"式的做大量投入、争取把成功的希望变成成功的实际结果的过程中，实现自己不仅生存下来，而且发展起来的目标，而且这种发展一定是升级的发展。依我的理解，这种高新科技企业实际上并不太强调转型，它本身就处在已经转型的高新领域里，更要强调的是，转型过程中怎么样升级，怎么样冲破瓶颈期而获取成功。在实际生活中我们也必须承认，成功的概率是不高的。在20世纪因特网的概念到中国以后，对接互联网创新，那时笔者在北京已有观察，北京公主坟环岛旁边的写字楼里，已经有一家叫瀛海威的公司投入资金、租了大量工位在那里对接互联网创新，当时它是业界的龙头，但现在可能很少有人知道瀛海威这个企业。后来的阿里、腾讯等这些互联网创新成功的企业，是在瀛海威等这些先行者引领带动的过程中，他们跟上走的，但是成功的毕竟是少数。在这个过程中，对应这种"烧钱"式竞争的高新科技企业发展转型和升级，你必须找到它的投融资机制，按国际经验，从硅谷开始就必须有天使投资、创业创新的风险投资。现在欧洲和中国想学习借鉴硅谷经验的时候，需要再努力加上产业引导基金——这个方向上还在继续探索。企业在这个领域里的创新发展，也可以进一步推到这些高新科技企业有可能和另外一些我们所称的战略性新兴产业合流。高新的科技到了战略性新兴

产业里，所定位的新能源、新能源汽车、信息技术的升级发展，大型成套设备制造的升级发展等等，一定要有定制化的"互联网+"和"+互联网"的解决方案，争取在创新的过程中能够冲过瓶颈期。社会又必须对失败者给予容忍，要有尊敬和容忍失败者而且给失败者以出路的制度安排。比如在硅谷，大量的失败者不会失败以后就倾家荡产，支持他们的天使投资、风投、创投也早就准备着，支持100家不求成功10家，其中只要成功3家、5家，全局皆活。失败的案例也不是没有价值，而是给人们留下经验、教训的积累，有些探索证明此路不通，后面就可以注意绕开这些阻碍和暗礁，等等。这是在高科技这个类型里，要观察和把握怎样定制化实现创新发展、升级发展的一些基本要领。

　　第二类是传统产业中的企业。传统产业里，转型升级的需求就特别明显了。原来那个形态必须转，这和第一类是明显不同的。这种传统产业里要解决的问题，往往跟实际生活中衣食住行有直接关系，和社会成员（老人、小孩、男人、女人）所需要的日常有效供给有直接关系。这类企业转型升级不光要注意引入高科技，还需要适当把握所谓适用技术。不是所有传统产业都要往高科技转型，有些餐饮业，要更多注意企业组织生产经营和市场竞争中的一些窍门与要领。在实际生活中我们已经注意到，在保证食品安全和一定风味、口感得到社会接受与肯定的同时，要对接现在的外卖，在外卖这方面想方设法扩大市场份额。如果能在产业园区内提供餐食的后勤支持，市场份额便会显著扩大。这是传统企业怎么转型升级的一个例子。

　　在实体经济层面的服装加工企业，它未来的前景（可能就在时间不长的未来）变成在市场上有一定份额、一定市场形象的企业，生产的衣服内侧或某个适当位置会带有一个小的标记，亲戚朋友聚会的时候，感觉你穿这衣服效果不错，可能翻开内侧看到这个小标记，拿手机一扫就可以知道它所有的信息，以及厂家能给这个新的潜在消费者提供什么样的定制化服务，然后在连通信息以后随即考虑下单，这是把原来的实体店和像阿里这样的电商平台，统统甩在一边了，这是一种可能的发展。这种传统产业的发展要对接转型和升级，是我们可以观察、预测的这样一种可能前景。

在住的方面，早已经有分时度假酒店。在信息技术支持之下，现在全球最大规模的酒店系统不是希尔顿、喜来登、假日，它是那种通过互联网连接、没有实体店的供应商，它是在全球提供分时度假这种形式下的便捷选择。谁有这种可能的需求，就可以在网上搜到对应的有效供给。这些都是在发展中的传统产业。

第三类是一些特殊的企业。比如在现实生活中，有不少融资平台，现在要求它们转制，不能再像过去那样单一地按照地方政府意图发行市政债、公司债和向银行贷款，来服务地方政府的一些隐形融资需要。现在转制的过程中，怎么转，也要结合现在数字经济时代的转型升级。比如有一些可能要转成相对单一、做公共事业的地方特殊企业，供热、上下水、垃圾处理、绿化等等，这是一类。另外一类可能要更开阔地做城市建设的运营，对一个城市，或地方政府辖区里相当大的一片区域，甚至整个辖区，考虑各种各样的不动产和相关的产业、社会方方面面的经济、社会活动如何供给配套条件，从事这种城市建设运营。还有一种可能，就变成了地方政府政策性的投融资机构，它要通过自己的专业团队，通过配合政策性信用担保、产业基金、产业引导基金等等这样一些投融资的创新形式，以及对接PPP等等创新形式，更多地以金融定位去支持产城融合，去打开地方发展的新局面。可能还有较彻底转制以后"走出去"的类型，不限于自己原来的地域——原来的地方融资平台可以真正彻底市场化，加入全国的乃至全球的企业竞争。这些特殊的企业定位，也必须有定制化的方案，它们也无一例外地要考虑怎么处理自己的"+互联网"。

在此，可以简要地做个认识上的小结。我们现在企业转型的共性，就是要对接大数据、"互联网+"，关键是要在不同的行业、不同类型的企业，有一个高水平的发展战略的规划，然后对应形成一个高水平的定制化的转型升级解决方案。各位创新创业者以自己的特长与知识积累，就可以对接这样一个创新发展的过程，找到自己人生价值实现的特定路径。而整个社会中这些定制化解决方案合在一起，就是我们构建现代化经济体系必须抓住供给侧结构性改革这个主线。我们所有的这些定制化的解决方案，都要顺应制度创新的供给侧改革，带出我们的技术创新、管理创新，带出我们整个供给体系质量和效率的提高。

四、转型案例：阿里钉钉公司的开创意义

在新技术革命苛来"新经济"与"数字化"特征日新月异发展进程中，成为"独角兽"的阿里钉钉，秉持服务各类企业全面进入数字化时代的宗旨，以其 2014 年底上线以来在市场拓展方面的近 4 年深耕与精细化服务，兼顾学校、医院等事业单位和政府工作系统的数字化 (信息化) 业务管理与办公要求，已经完成了其所开发的组织机构中"人财物事数字化闭环"的专业化创新，将在中国"强起来"的新时代创新发展中，一显其不同寻常的身手。

钉钉提供的独特的企业 (机构) "数字化转型"解决方案，来自其开发团队的创新敏感性、独到的开发思路、工作者的"拼命精神"和阿里巴巴集团的支持因素。在数字化转型路径上所形成的有效供给，展现了适合企业与用户发展需要的强大吸引力。据悉截至 2018 年 3 月底，钉钉所服务的企业组织已突破 700 万家；从 2015 至 2017 的三年，钉钉平台个人用户数突破了 1 亿。Questmobile 最新数据显示，在移动办公软件领域，钉钉的活跃用户数量排名第一，超过第二名到第十名活跃用户数的总和。

20 世纪以来，从半导体到互联网，再到移动互联、大数据、云计算、人工智能的发展潮流来认识新经济，我们从中国企业发展视角看，实现数字化转型，既是拥抱移动互联网时代的全球化竞争、实现高质量发展和升

级发展的严峻挑战，又是重大的成长机遇。尤其需要指出，现实生活中总数已上升至近 1 亿户的我国市场主体，绝大多数是中小微企业和民营企业，他们已成为中国特色社会主义市场经济不可或缺的重要组成部分，在近期更是由于实际生活中的相关矛盾凸显，成为国家从大政方针到管理部门各项政策支持的重点对象。在这种对于民营企业前所未有的政治有利因素的旁边，满足民营经济创造创新的需求，我们就更为迫切地需要抓住机遇、迎接挑战，冲过挡在广大民营企业家面前的"数字化转型解决方案"这道门槛。这一问题如解决不好就是"危"，而解决得好便成"机"。

阿里钉钉在几年间助力为数众多的民营企业、中小微企业冲过门槛的事实证明，转型为数字化企业，第一步也是最核心的一步，就是要从观念的创新开始，使工作与原已既成的生活习惯分离，借助"五个在线"（组织在线、沟通在线、协同在线、业务在线、生态在线），把企业、组织中的人与数字连接在一起，使传统工作方式全面转型为数字化的工作方式，从而把人的价值、人的本性中的自我实现潜能，转化为创造力的发挥和工作绩效的提高。现实案例中，正因为如此，远大科技公司可以"纵身一跃"而进入面目一新的移动智能办公时代，"从前领导赶着员工跑，现在员工催着领导跑"；朝阳橡胶公司国内的 9 个制造基地和泰国的 1 个工厂，每天的生产监测数据都通过钉钉及时汇总，手机端自动生成图表，一目了然；浙医二院得以使员工们"用互联网思维在指尖上创新医院信息化建设"，极大方便了医院的多院区综合管理，"现在要找任何一位同事，在手机钉钉上 5 秒钟就能找到并直接沟通"；还有浙江省政府系统已有超过 100 万公职人员使用钉钉软件，极大地促进了省、市、县、乡、村五级实现"扁平化"的即时通讯，也极大地优化了队伍的执行力和工作综合效率，打造出"24 小时在线型政府"。创新工厂的李开复博士评价："钉钉进行了大胆的突破式创新！"

创新是一个民族的灵魂和我们时代的关键词，是中国奔向现代化宏伟战略目标的"发展第一动力"。阿里钉钉的"数字化转型"创新，可谓顺应时代召唤、企事业单位及政府信息化建设升级要求的前沿案例。我们也注意到，在这个创新方向上，不乏国内外一些市场竞争对手，在有意效仿并追赶阿里钉钉的步伐。阿里钉钉2018年的秋冬发布会，以其"完成人财事物数字化闭环"的供给侧创新，将形成一个标志性事件，意味着中国企业将正式进入数字化时代。我们也愿阿里钉钉和企业数字化转型之路上的所有开拓者，继续乘新经济时代的浩荡长风，于奋斗进取中踏平挑战与机遇交织而成的万顷浪涛，创造无愧于数字化新时代的卓越业绩。

第二章　数字经济的赋能与转型

第一节　行业发展：重点行业数字经济发展

一、总体情况：数字经济在重点行业的发展状况

随着互联网、大数据、云计算、人工智能、区块链等新兴技术源源不断地注入各行各业的各个环节，无人车间、黑灯工厂、数字园区等，正潜移默化地重塑着企业的运营体系、运营机制，而且使传统产业逐渐变得时尚、轻盈、高效起来。以数字产业化为支撑，以产业数字化为根本，顺应数字化、网络化、智能化的发展趋势，数字经济极大地推进了传统产业的转型升级，使各行业领域走在了高质量发展的路上。下面以传统制造业、教育、网上零售为例，介绍数字经济在这些重点行业发展的总体情况。

今天，数字化转型已经不是一道选择题，而逐渐成为传统制造业企业紧急部署的一项长期战略。以大数据、云计算、人工智能等为代表的新一轮科技革命和产业变革正在世界范围内孕育兴起，一国的竞争力在很大程度上主要体现为拥有数据的规模、质量，以及运用数据的能力。而数字经济时代恰好正在改变传统产业赖以生存的基础，森严的产业壁垒日渐松动，产业融合的趋势不可阻挡，制造业向数字化延伸，数字化引导制造业变革，

新的技术体系支撑起了制造业产生新业态、新模式。可见，作为国民经济的脊梁，制造业也应抓住数字化机遇走在变革的前列。

自改革开放以来，中国制造业一路披荆斩棘，成为行业领头羊，但与此同时，高增长下面也隐藏着生产管理粗放、效率低下等问题。2016 年，华为正式启动了数字化转型工作，经过改革，华为应用从开发到上线的时间，过去需要 6 至 9 个月，如今可以在一周或者一个月的时间内满足一线需求，而库存周期从 7 天缩短了 1.2 天，交付进度提升了 30%。可见，智能制造的应用与发展是一个不断演进和创新的过程。在这一进程中，传统行业的界限已经被打破，与此同时跨界创新就展现出了巨大的生机。

当然，制造业在数字化转型过程中也存在一些的问题。例如，企业对于数字化生产管理模式的认识不够深入，仅仅停留在生产环节的自动化、高效化，缺少对企业管理、支持服务等环节的重视。因此，面对产业变革的新态势，我们必须认识到挑战与机遇并存，把握住制造业的数字化转型是未来发展的大趋势。

近年来，我国已经高度重视制造业的数字化和智能化转型升级，包括服装、家居等领域的个性化定制，航空、汽车等领域的网络化协同设计等。以贵州航天电器股份有限公司生产麻花针为例，公司每天要生产成千上万根麻花针，而且长度不到 1 厘米，但这种细如铅笔芯的产品广泛应用于探月工程、国产大飞机等重大工程。因此，对其精确性的把握要十分严格。过去，麻花针主要由工人靠肉眼进行手工焊接；而如今，每一个工序都上了云。具体来讲，工人们每一次手工打孔的力度、位置和设备的操作都会上传到云平台，每一针松紧度的数据也会实时上线，然后通过数据模型慢慢固化下来，最终固化到每个麻花针上，这样就使得生产效率和质量都大幅提升。

因此，让企业更加关注大数据、关注智能化生产，积极推动其建设智能生产线、数字工厂等重大举措，不仅助力了企业全流程和全产业链走向数字化和智能化转型，而且也助推了数字经济的大发展。

据国家工信部数据显示，截至 2019 年 4 月，全国已经有 11 个二级节点实现上线运营，标识注册量突破 5300 万，二级节点布局范围涉及机械制造、汽车制造、物流、供应链管理、纺织等行业。可见，标识应用领域不断深入，产业各方共同加速标识应用场景探索，应用范围也拓展至食品工业、日化业、热力行业等领域。通过标识打通了产品生产环节、销售环节、流通环节、服务环节等重要运营环节，实现了现代供应链管理、智能包装、全生命周期追溯管理等新功能。

总之，我国制造业的数字化转型已经进入了高速发展期，以数字化、智能化不断推动着产业商业模式的创新发展，实现产品、模式、业态的新探索，使产品质量、服务质量都得到显著提升，最终实现制造业效率和质量的变革。

工业品 B2B 行业进入快速成长期，已入局的平台正逐步建立起规模优势，目前正处于盈利可期的状态。入局者根据自身禀赋资源寻找发挥比较优势的切入机会，抓住入场时机。2018 年，中国工业制造品 B2B 市场规模约为 2700 亿元，线上渗透率约为 2.7%。中国工业品 B2B 市场规模将持续增长，未来五年工业品 B2B 市场规模年复合增长率约为 43%，预计 2023 年中国工业品 B2B 市场规模约达 1.58 万亿元。总之，制造业实现线上运营、数字化转型已势不可挡。

随着数字经济时代的到来，互联网技术与智能技术协同飞速发展，在信息的生成与表达、处理与传播方面表现出空前繁荣，给人们的生产、生活方式与社会的经济发展都带来了巨大变化，同时也在很大程度上重塑着人的认知与思维方式，甚至人类文明。具体到教育领域，数字技术将以何种形态、何种方式、何种节奏影响教育的发展，正在成为全社会关注的问题。因此，探究数字技术如何重塑教育的意义十分重大。

数字技术驱动的创新已成为各国发展的重要推力，也给教育带来了深刻的影响。发达国家纷纷出台发展规划，围绕的核心均是如何最大限度地发挥本国的资源优势，最高的关注点要属以提升人力资本的质量来推进本国经济发展了。就教育领域而言，目前，前沿技术与相关理论的研究正在学术界如火如荼地开展，相关技术企业和社会力量也在与教育实体进行合作探究和实践试点，当下教育领域对于数字技术变革教育的需求很是强烈与迫切。同样，在我国，教育信息化也已被提到引领教育变革的战略高度，相继出台了一系列的教育信息化政策，并在实践中探索着前进，争取能让数字经济的浪潮席卷到教育这片天地。

其实，教育领域几乎是最后一个被技术重塑的行业。大部分的偏远学校仍然是普通授课辅导的教育模式，整体运转还是老样子。随着数字技术的不断融入，轻松便捷的学习方式方法已然成了传统教育的补充者，如在线课程、知识服务，还产生了一些多样化的学习方式，如混合学习、自适应学习。从教育生态重塑的角度来看，重新思考数字技术对教育变革的影响，会有助于更全面地看待技术在推进教育变革过程中的重大作用，进而在数字化发展的后续进程中，培养越来越多的数字化人才，推动我国央速走向数字强国的战略高度。

随着数字经济的发展和互联网的广泛普及，我国许多经济产业的发展规模和模式丰富程度都已经遥遥领先其他国家，尤其在电子商务的网络零售交易额方面，我匡已经连续多年稳居世界第一，并且还在持续增长。

在拉动消费方面，电子商务的作用巨大，而且已经成为促进消费升级的重要力量。回顾过去几年中国电子商务的发展成就，无疑与新一代信息技术的进步是分不开的。4G 技术的发展，给移动互联网带来了便捷性，也带动了手机端消费模式的兴起。5G 技术的到来将会带来更大的应用市场，万物互联隐藏更大的商机。我们所有的社会活动，都可以做到零延时的信息传递，未来在 5G 环境下也会有更多的直播短视频，通过视频的角度，就能够初步了解商品的功能，精准找到消费者的需求，这对于带动销量有很大的帮助。可见，数字经济带来的数字化浪潮，为网上零售提供了不竭的发展动力。

从 2009 年苏宁易购开始，实体零售商大多参与了电商销售，自 2017 年飞牛网退出网购市场后，我们就应该重新重点审视一下这个已经到来的数字经济时代，它将为我国带来怎样的变化和发展。描述了 2018 年中国网购市场的市场份额，其中阿里占比 58.2%、京东占比 16.3%。可见，这样的市场集中度已经是非常高了，前面两个企业几乎拥有了最大份额的数字资产，包括消费者的 ID 数据、商品 SKU 数据、ID 与 SKU 的消费匹配数据以及相关的线上流量，这些数据资产对于网上零售具有很大的支持作用，不仅可以对消费者进行精准营销，还可以通过大数据分析制定稳准狠的营销策略。总之，面对中国积极推动的数字化转型，我国零售行业已经大踏步进行转型，跟上了数字化发展的时代，并且可以看出拥有巨大的发展前景。

大家非常熟悉的经济模型，上面是毛利率，下面是费用率，它们之间随着规模增加，差额也增加，代表了传统经济下的规模经济，而在数字经济下，前期费用率大于毛利率，当过了某个时间节点，费用率快速下降，两者差额迅速扩大，这就是所谓的数字经济的经济性。前文提到的京东的毛利率和费用率变化就可以验证这个模型，京东 B2C 的成本结构已经与实体零售商的成本结构有巨大的区别，"关键"生产要素以及与其相关的劳动力、资产有了"效率优势"，这是实体零售商退败 B2C 的主要原因。可见，中国的零售业已经走向了网络化、数字化的时代，逐渐形成新的市场格局，企业自身的数字能力已成为所有业务建立的大前提，其行为和绩效都会受到其影响。

对电商平台而言，基本上已经实验了赢者通吃的现象，阿里和京东两大巨头的市场份额已经达到 70%，长尾企业数量众多，竞争激烈。即使对于头部巨头，活跃用户增速也在不断放缓，以营销费用、新增活跃用户数来计算，2018 年两大巨头获客成本均已超过 300 元。对商户而言，电商商家持续增加，商家间的竞争越来越白热化，2018 年中国网络购物交易规模达到 8 万亿元，增速 28.2%，品牌及商户在综合平台推广、曝光的费用日益走高，并且预测 2019 年和 2020 年中国网络购物交易规模将持续保持增长态势。以"淘品牌"御家汇为例，2016 年其销售费用率为 30.8%，显著低于上海家化等传统品牌，2018 年其销售费用率达到 37.7%，基本与传统品牌持平。可见，网上零售的发展已经迈入高速阶段。

电子商务的飞速发展也为农村带来了福祉。每年丰收季，中国一些偏远地区的农产品都会因为销售渠道不畅通而面临产品滞销的问题。2013 年，商务部通过多种方式已帮助超过 350 个贫困县开展网上销售农产品，主要通过举办贫困地区特色农产品品牌推介洽谈会、专场促销活动等多种方式，同时帮助农产品生产经营企业培养电商思维，掌握品牌的管理方法，商务部还会提供一些农业创新创业平台，便于农民建立自己的电商店。在这样的新形势下，许多民营企业也纷纷走向农村，帮助农民建立电商运营团队，部署一些网络新型推广手段，打造绿色健康的农业特色产品，从而增强供应链整合能力，提升农村可电商化和规模化水平。

二、路径差异：重点行业的数字经济发展路径

数字化是当今世界发展的大趋势，是推动经济社会变革的重要力量。由数字经济衍生出来的传统产业的数字化和智能化，新兴产业集群的深度发展，要求我们要采取不同的路径去分析与发展，以拓展数字经济的发展空间。

当前，我国发展数字经济面临着政策红利持续释放、产业格局深刻调整、经济转型步伐加快的三大历史机遇，同时也存在着传统产业生态尚未成熟、数据价值挖掘不足、核心技术突破受制约、数字人才缺乏等诸多问题，机遇与挑战共生，弯道超车与掉队风险并存，但传统产业肯定有其固

有的生产与发展模式，因此需要着眼全球、立足国情，对于传统产业的数字化转型升级要总结出其特有的发展路径，从以下几方面协同推动我国数字经济的发展。

首先，加强数字经济的宣传引导，为其发展营造良好的氛围。虽然数字经济在消费领域已经深入人心，但在农业和工业等一些传统领域，人们对数字经济的认识和理解还不够深入，一些中小企业对数字经济的发展还处于观望状态。因此，政府需要加强宣传引导，让全社会都能够深刻认识到发展数字经济的作用和意义，积极参与到数字经济的建设中来。例如，政府可以发布相关行业数字经济具体行动计划，对针对性行业进行企业试点，然后通过利用企业典型的成功案例进行宣传推介，形成明星企业示范效应，吸引各类企业加入实践。同时，政府还可以通过资金引导，创建产业基金或创投基金等，给传统企业数字化转型升级提供资金扶持，从而缓解传统企业的资金压力。

其次，加强核心技术研发，为传统产业转型发展提供新动能。技术的发展和应用在数字经济发展中占据着极其重要的地位，而企业在产业链中的地位也往往是由于核心技术的差距所决定的。中国想要更好更快地发展数字经济，传统产业想要在国际竞争中占据主导地位，就必须提升自身的技术创新水平，尤其是计算机、通信和微电子技术领域中拥有自主知识产权的技术。因此，政府和企业要高度重视核心技术的研发，加大研发资金的投入，吸引高科技人才。这样，才能够为数字经济发展提供基本保障，促进我国传统产业的数字化转型。

最后，进一步完善基础设施，为数字经济发展、传统产业转型升级提供重要基础。互联网的快速发展和普及应用是发展数字经济的基础条件，也是传统产业数字化转型的必要条件。只有基础设施牢固，我国的传统产业才能稳步地走向数字化。经过这么多年的建设，中国在信息网络建设上取得了一定成就，可以说已经为数字经济的发展奠定了一定的基础，但是还存在地区发展不均衡的问题。传统产业的数字化转型要求基础设施建设均衡发展，这样才能满足数据的全面性覆盖，充分发挥数字技术在传统产业中的应用。要继续加大对基础设施建设的投入，缩小地区发展差异，同时提升贫困地区的基础保障能力，助力传统产业转型升级。

新兴产业的发展规律不仅遵循产业发展的一般性规律，还有其自身特殊的成长规律和发展路径。重要的一点就是，资源条件、科技水平等产业资源以及机制体制、地区文化等外部支撑条件构成了新兴产业的成长动力。因此，要想把握好新兴产业发展新动能、新优势这一关键领域，就需要深刻认识新兴产业发展的演进规律和发展路径。

新兴产业中期会形成重大的产业关联性，技术的提升可能会优化局部或全局的产业结构。新兴产业技术更新速度快于传统幼稚产业，是以升级产品技术为动能，以上游研发产业向下游产品制造加工和市场推广为特点的产业链延伸，整个产业结构的形成是遵循着技术的逐步提升。高质量的新兴产品客观上要求一定的"技术根基"进行产品创新，或者以创新替代品开始新一轮产品生命周期，这样就可以通过技术的协同作用进一步激发产业结构的改善优化，推动新兴产业转型升级。因此，重视新兴产业关联性，技术优化全结构的产业特征至关重要。

同时，新兴产业相较于传统产业在萌芽阶段具有较长潜伏准备，一般后期会主导新兴产业集群的发展。相对于传统产业，只有对科技革命和技术发展趋势具有长期深刻的把握，才能够在新兴产业领域占有一席之地。在市场竞争作用下，创新效应是逐步发挥的，而且企业间的交易协作是频繁的，逐步引起从事创新活动、产品开发、生产销售等全产业链空间聚集。因此，只有充分有效地利用集聚优势和创新引擎，才能够引领新兴产业集群的大发展。

要充分发挥政府作用提供新兴产业发展支撑。主导性、创新性和关联性的特征需要政府根据产业演化规律，在不同的阶段制定相应的政策工具，采取不同的措施：在产业成长初期，要加强基础研究，选择适宜技术和适当产业进行发展；在产业发展中期，要加强科技成果转化，侧重提高创新技术转化率，形成全面提升融资水平和模式、知识产权保护、基础设施配套等环境体系；在产业成熟期，加强新兴技术和产品产业层级，规范市场秩序，避免市场垄断。

在发挥政府作用的同时，还要更加重视市场的力量，进一步强化市场需求拉动：通过技术改造、产品服务和品牌推广，改善消费习惯，增强消费者产品信心；实施"走出去"战略，引导战略性新兴产业攀升高端市场；要下大力气创造良好的营商环境，实现国内、国外市场开拓。

以陕西省为例，该省科学谋划在"追赶超越"中努力抢占数字经济制高点，从高质量促进基础型数字经济发展、高效益推动融合型数字经济转型、高标杆引领产业体制机制创新三大方面着手，全力推进数字经济发展壮大的未来路径。首先，积极完善基础设施建设，实施宽带网络提质扩面，加快宽带网络光网化，不断提升骨干网络、支线网络、入户网络传输网速和质量，努力普及企业单位、城镇商业楼宇和住宅小区、农村行政村通光纤，并且提高移动网络的稳定性。其次，持续壮大融合型数字经济产业，促进农业、工业、服务业的数字化转型。最后，健全和完善数字经济产业治理体系和健全优化数字经济产业评价体系。总之，陕西数字经济成长发展的根本路径在于，以互联网和数字经济为引擎，发挥信息化和数字经济驱动引领作用，加快完善政策体系，提升信息基础设施建设水平，支持实体经济加快数字化转型。

企业的基础不同，数字化转型的顶层设计和转型路径也不完全一样。为了寻求不同数字化阶段的企业转型成功之道，金蝶 KBS 根据对数字化客户的调研，综合行业评估标准，设计了企业数字化转型成熟度模型。

三、效率变革：数字经济推动重点行业全要素生产率提升

全要素生产率是指在各种生产要素投入水平既定的条件下，所达到的额外生产效率。比如，一个企业或国家，如果资本、劳动力和其他生产要素投入的增长率都是 5%，而产出或 GDP 增长率是 8%，多出来的 3% 就是全要素生产率对产出或经济增长的贡献。全要素生产率主要包括技术进步、组织创新、专业化和生产创新等，是用于衡量经济效益水平和集约化增长程度的综合性指标。"提高全要素生产率"的提法首次出现在党的代表大会报告中，这是以新发展理念引领新时代经济发展的新思想新举措。

在新一轮科技革命、产业变革的背景下，整个经济社会运行模式正在发生根本性改变，全要素生产率提升的途径也正在出现新的变化。完全沉浸在以往的宏观经济架构和既有的研究思路方法，可能无法很好地分析考察新经济、新模式，因此，在提升全要素生产率以及提升增长动力方面，要深入进行创新思考。

2012 年前后，可以说是我国处于国际、国内两个重要时期的交汇点。一方面，全球新一轮科技革命与产业变革加速演进，数字经济蓬勃发展；另一方面，恰好在这个时间节点上，中国经济逐步进入以降速、换挡为特征的新常态。大数据、云计算、人工智能等数字技术在商业活动中的大量应用正是新一轮科技革命的标志性事件，新经济、新模式、新业态也突然涌现出来。这些新形态的涌现首先带来的就是效率的提升，就相当于是给提高全要素生产率提供了一个新途径、新方向。而数字经济这一种新经济形态的快速发展，也给我们的宏观经济的全要素生产率增长提供了新的动力源泉。

理解数字经济提高全要素生产率背后的作用机制，就需要从它的经济特性来进行分析。数字经济具有三个重要的经济特性。

第一是渗透性。以数字技术作为其经济活动的标志和驱动力，导致包括生产、交换、分配、消费在内的各个经济活动环节的数字化，作为通用目的技术它能够渗透到经济社会的方方面面。

第二是替代性。从1971年英特尔出了第一款4004的芯片开始到现在40多年，摩尔定律一直存在，每隔两年左右，芯片处理器的实际价格降低一半。在过去的40多年里，数字技术产品价格处于持续快速下降状态，生产过程中会尽量多地去用数字技术，数字资本会对其他的资本形成一个替代。

第三是协同性。数字产品一旦形成资本渗透到生产过程中，它便能够提高其他要素，如劳动者和机器设备之间的协同性，增加其他要素之间的配合，最终结果是带来生产效率的提高。

通过上述论述，我们不难理解数字经济在推动行业的全要素生产率提升中的作用。下面从制造业、农业、生物医学三个重点行业介绍数字经济如何推动其全要素生产率的提升。

当前，新一代信息技术与制造业融合不断深化，"互联网＋制造""智能＋制造"成为制造业发展新常态、新形势。随着我国资源环境和要素成本约束趋紧，制造业原有的比较优势正在逐渐消失，因而加快制造业转型升级迫在眉睫。数字经济在中国的快速发展使制造业也逐渐迈入高速、高质量发展阶段，并且能够明确未来重点发展的领域。要实现制造强国目标，就必须在着力扩大需求的同时，通过优化产业结构有效改善供给，释放新的发展动能。这就要求我国制造业必须加快转型升级步伐，提升全要素生产率以及提升经济长期持续发展能力，推动制造业向智能化、绿色化、服务化转型，从而重构国家竞争新优势。

我国农业的发展，除了长期受人多地少、自然灾害频发等一系列资源刚性约束外，还因为化肥、农药和农膜等的大量使用而付出了沉重的环境代价。新时代中国经济进入新常态，但下行压力加大，资源环境压力凸显，这对农业发展提出了更高要求，过去以高投入、高产出和高废物为典型特征的"三高"型农业发展模式已经不可持续。但是，农业在加入了不断革新的数字技术后，很好地适应和消化了工业化与城市化所产生的冲击，避免了经济快速发展过程中可能产生的农业衰退，农业发展也逐渐找到了提升全要素生产率的出路。

数字经济的发展带来了农业前沿技术的进步。在智能新时代，农业逐渐由高产为导向的数量型发展阶段转向品质型为导向的高质量发展阶段，技术进步逐渐向资源节约型技术与劳动节约型技术并重的方向发展，加快推进了农业机械化。同时也发生了许多重大的转变，例如，由生产者目标导向逐步转向消费者目标导向，由增产转向提高质量、数量、效益并重的方向。随着数字技术逐渐渗入农业领域，农民的数字素养得到了提升，为劳动者提供科学文化知识、职业技术知识、技能等的人力资本也随之增加。另外，农村教育、医疗卫生、文化体育等公共服务水平得到了全面提升，城乡义务教育得到一体化发展，标准化村卫生室也加快了建设，同时落实更加积极的就业政策，促进农村劳动力多渠道转移就业等。可见，数字技术与农业生产的融合大大提高了农业发展的全要素生产率，使农村、农业、农民一同走向了效率变革的新发展、新时代。

2017年是人工智能元年，人工智能的一个经济特性就是能够促进经济增长，提高全要素生产率。在生物医药、材料科学等领域，研发过程具有"大海捞针"的特点，即能够确定创新存在于已有知识的某种有用组合，但有用知识范围却广泛复杂，要找出来极不容易。而人工智能技术的突破性进展，则使得研究人员能够大大提高识别效率，找出那些最有价值的组合。例如，在生物医药领域，应用深度学习技术和已有的数据，可以较为准确地预测出药物试验的结果，对于早期的药物筛选来说，便可以减少一些不必要的检验，从而提高筛选效率，识别出那些成功概率更大的候选分子。结合新增长理论，这相当于知识创造的过程加速了，必然能带来全要素生产率的提升。虽然目前人工智能很多经济特性可能还没有全面显现出来，但未来一旦这种效应充分发挥出来，必将对我们经济发展产生前所未有的促进作用。

第二节 赋能实体：实体经济的数字化转型

一、赋能农业：农业的数字化转型

农业是人类衣食之源、生存之本，是一切生产的首要条件，为国民经济其他部门提供粮食、副食品、工业原料和出口物资。同时，农业也是与人们生活最息息相关的实体经济。数字技术和智能技术被推广运用到农业产业中，引发了数字田园、数字牧场、智慧农业等一系列农业数字化转型，深刻改变着农业的面貌。我国目前已成功地将现代电子技术、控制技术，农机工程装备技术集成应用于精准农业的智能装备中。在农业生产中也经常应用到自动导航技术、播种监控技术和农药变量喷洒技术等。除此之外，新能源的应用也逐渐转向农业领域。可以说，我国农业的数字化发展现状是良好的，但全方位、全覆盖地实现农业数字化转型还有待进一步提升。

精准农业是指在现行农业生产方式的基础上，利用卫星导航、遥感、地理信息系统等现代空间信息技术，实现农业生产精准作业的一种生产方式。它从技术上保障了农作物生长需求与农业生产要素投入的及时、定位、平衡，构建了资源节约和环境友好型的生产方式，可以说是现代农业数字化转型的动力和载体。之所以要在数字经济时代倡导精准农业，是因为精准农业是农业现代化的重要表现形式，是数字农业发展的实现路径，也是数字经济发展的本质要求。具体来讲，与传统的现代农业方式相比，精准农业不仅节约了资源、降低了成本、减少了排放，而且成功地构建起绿色农业生产体系和实现农业的可持续发展。目前，我国发展精准农业的基本条件已经成熟，形成了空间基础设施、农业空间数据和大数据分析系统的有利条件，需要进一步加强数字经济和数字农业知识的宣传普及，提高数字农业发展必然性的规律性认识，加强精准农业示范应用，加快构建数字农业经济体系。

在数字和智能时代，我们所讨论的一切根本前提都是要数字化，但即使机械代替了人力，如果没有具有高数字素养的人力，机器也无法工作。因此，未来农民的内涵将发生重大变化，他们会更加专业化、职业化、年轻化、高学历、懂农机、掌握新一代信息技术和人工智能技术，更易接受新生事物。整个"农民群体将逐渐分化：越来越多有农业专业背景的大专院校毕业生将从事田间管理，未来懂操作农机、维修农机的劳动力需求越来越多；未来农民更懂市场，有互联网和大数据思维的新农人将从事农业的营销、流通相关工作；老一辈会逐渐淘汰，或从事基础性工作。与此同时，专业大户、合作社、公司将会越来越多，并发挥更加重要的实际作用。在北方地区，尤其是东北地区，生产经营主体将以专业大户为主，而合作社将变得更加规范化、实心化，公司下乡将不再急功近利化。

随着我国人口红利的逐渐消失，以及资源环境约束压力下的粗放式发展难以为继，农业科技将成为农业领域发展的主动力、主引擎。使用了基因工程技术的产品，在抗病、抗虫、抗旱、抗逆性等方面都比传统作物要优秀，既可以大幅提高作物产量，也能提高产品品质。如果我国公众能更科学、理性地看待这项技术，则政府放开转基因作物种植的步伐将会更快。

目前，无人机植保在农村已成星火燎原之势，尤其是在湖南。因为湖南属于丘陵地区，且田块分散，过去农民靠背负式喷雾器打药费时费力还危险，如今有了无人机植保技术，对农民帮助很大。虽然无人机植保目前仍存在药剂漂移、大风改变作业轨迹、电池续航差等问题，但有理由期待，在未来的农业植保领域，无人机将发挥主要作用。

用互联网、人工智能、大数据等新技术能更好地帮助猪场实现科学化管理，同时也会为未来科学养殖技术的突破提供数据基础。自 2018 年 8 月中国确诊首例非洲猪瘟疫情以来，全国已扑杀百万余头生猪，使得生猪价格出现了持续上涨。面对人们想吃上安全、平价猪肉的需求，让"每一头猪健康"成了人们最关心的问题。

根据阿里云披露的论证数据，AI 可以让母猪每年多产 3 头小猪仔，且猪仔死亡淘汰率可降低 3% 左右。京东数科则介绍其智能化养出来的猪平均出栏时间可缩短 5 至 8 天。这种智能养猪的手段还包括通过传感器实时监测温度、湿度、粉尘、氨气量、氮气量等，改善猪的生活环境。在物流环节，运用测温等技术，对运输中环境卫生的变化进行监控、猪脸识别等。

新技术的加入能够更好地控制猪的生长过程、健康状况，排除影响人类生命安全的疾病因素。同时，智能化的运营方式提高了生产率，减少了成本，使猪肉价格也能保持在合理的波动区间。

农业生产方式、经营主体的变化，也在倒逼流通形态不断进化和升级，传统的农资厂商、经销商也在谋求转型，农资电商也逐渐成为农业流通体系的有效补充。

阿里巴巴的普惠式发展实践始于 2009 年电商扶贫。其核心思路就是用商业模式扶持贫困地区经济发展，通过电商用能使贫困地区具备致富脱贫的能力。2015 年，832 个国家级贫困县在阿里零售平台上，完成销售 215.56 亿元，同比增长 80.69%。贫困地区根据自身实际，充分利用互联网平台，实现数字化经营：有的依靠传统产业线上转型；有的依靠本地资源，将土特产品卖向全网；有的根据需求找资源、促生产，实现增收脱贫。

阿里巴巴除了提供消费品下乡和农产品进城的双向商品服务外，还在农村地区展开了众多生活服务的创新实践。譬如，农村淘宝搭建的 18000 个村级服务站，通过与当地联通、电信等运营商合作，为村民提供充值、上网等服务，通过与支付宝合作，给村淘合伙人授信，为村民提供生活缴费、小额提款等服务。此外，还帮助农村建立起电商基础设施，包括交易、物流、支付、云计算等。未来各类经营主体、创业者都可以借助这些基础设施，为农村和农民带来了更丰富的信息化服务。

农村各类经济主体和大型电商企业协同发展的格局初步形成，对农村，特别是贫困地区的经济发展、农民收入的增加和生活的改善发挥了积极的作用。中国农村电商的成功经验均可复制、可推广，实现农村发展和共同富裕。

京东的"跑步鸡"项目就是京东集团开展的创新型电商扶贫项目。具体的操作流程是，将鸡雏交给已在扶贫办建档立卡且征信记录良好的贫困户养殖，将每只鸡的自然生长周期进行智能监控，养殖4个月以上上市销售。对批量屠宰、加工运输等环节进行智能化运作，为消费者提供绿色健康的"跑步鸡"食品。一万只"跑步鸡"出栏后，除去成本，贫困户平均收入至少为3000元以上。

扶贫"跑步鸡"通过前期的养殖、屠宰环节，确保在纯天然、无污染的环境下，使其成为天然无公害的肉鸡。在营销过程中，以每只188元的价格通过京东自营销售，一经推出，就被抢购一空。通过扶贫"跑步鸡"的试点，证明建立农村电商产业精准扶贫是有成效的。

二、赋能制造：制造业的数字化转型

制造业是国民经济的主体，是立国之本、强国之策，更是实现创新驱动、抢占未来的关键制高点，决定着实体经济的质量和效益。只有做强中国制造，才能振兴实体经济。

我国制造业的规模巨大，已经成了世界制造业的第一大国。一方面，经过改革开放40多年的积累和发展，我国制造业综合实力和国际竞争力显著提高，制造业带动就业的效果也十分突出，它的发展可缓解交通运输、批发零售、住宿餐饮等各行业的就业问题。另一方面，制造业也是创造社会财富的主要源泉，已经成为国家安全的保障和国防实力的重要支撑，成了人民幸福安康、社会和谐稳定的物质基础，是实现我国工业化、信息化、城镇化、农业现代化同步发展的主要推动者，对国民经济和社会发展做出了重要贡献。

作为实体经济的骨架和支撑，制造业也是振兴实体经济的主战场。随着"互联网＋""大数据＋"和"智能＋"的推进，数字技术和制造业的深度融合成为必然趋势。大力推动制造业数字化转型，不仅有助于经济转型升级，而且有助于培育经济增长新动能。

那么，面对数字经济时代，实体经济将如何转型升级？这里有三个关键：其一是拥抱不断革新的数字技术。全球新一轮的产业变革的重要特征是以互联网、大数据和人工智能为代表的新一代信息技术的持续创新，及其与传统产业的深度融合。互联网开放、共享、协同的特征正推动着制造业创新主体、创新模式的深刻变革。例如，工业互联网是制造业数字化转型的前沿技术应用，发展工业互联网也已经成为各主要工业强国抢占竞争制高点的共同选择。其二是开发新资源。随着经济的快速发展，也同时伴随着资源的滥用而导致枯竭，不当的尾料处理导致环境污染。数据资源的利用水平和成效，日益成为企业、国家拥有强大实力的证明。其三是营造良好的政策环境。企业创新能力、创业热情的进一步释放，有赖于营商环境的精心营造。

下面进一步探讨这三个方面如何能促进制造业的转型升级。

首先，拥抱新技术，促进制造业的数字化转型。以互联网为例，其之所以日益成为制造业转型的新动力，是因为互联网不断创新资源的优化配置，激发全社会的创新活力。移动互联网、工业互联网、开源软硬件、3D打印等新技术的应用，推动着创新组织的小型化、分散化和创客化，面向大企业及中小型企业的各类创新创业平台不断涌现，支持万众创新的产业生态正在改善。企业创新资源的配置方式和组织流程正在从以生产者为中心向以消费者为中心转变，构建客户需求深度挖掘、实时感知、快速响应、及时满足的创新体系日益成为企业新型能力。正是因为互联网发挥着这些特性，才有助于促进制造业的转型升级。

工业互联网是拓宽制造业新空间的重要引擎。处在产业发展前沿的工业互联网应用在不断拓展，规模也在不断扩大。工业互联网技术主要应用在产品开发、生产管理、产品服务等环节。工业互联网的主要应用模式和场景可归纳为以下四类：一是智能产品开发与大规模个性化定制；二是智能化生产和管理；三是智能化售后服务；四是产业链协同。在产品开发和服务环节应用工业互联网技术的企业，一般致力于开发智能产品，提供智能增值服务；在生产管理环节应用工业互联网技术的企业，一般主攻发展数字工厂、智能工厂。目前，我国在产品和服务环节应用工业互联网技术的企业，远远多于在生产管理环节应用工业互联网技术的企业。工业互联网与传统制造业的融合发展，进一步提升了劳动力、技术、管理等要素的配置效率，增强了产业供给的能力和水平，这也将同时为经济增长持续注入新活力。

互联网也催生制造业的新模式、新业态。制造业与互联网的深度融合，可以有效激发制造企业创新活力和发展潜力，也将产生诸多的新模式、新业态和新产品。其中，个性化的定制已经出现在人们的生活中。作为传统工业向智能制造过渡的重要标志，个性化定制是用户介入产品的生产过程，将指定的图案和文字印刷到指定的产品上，用户获得自己定制的个人属性强烈的商品或获得与其个人需求匹配的产品或服务。利用互联网和大数据平台，以及智能工厂建设，将用户需求直接转化为生产订单，开展以用户为中心的个性定制和按需生产，能够有效解决制造业长期存在的库存和产能问题，实现了产销动态平衡。

通过个性化定制，消费者深度参与生产制造全过程，传统的大批量集中生产方式向分散化、个性化生产方式转变，传统商品将被智能产品所取代，服务型制造逐渐渗入到制造业之中，加快我国制造业从传统单一的制造环节向两段延伸，提高了产品附加值，推进制造业从生产型制造向服务型制造的转变，对促进我国制造业转型和重构制造业产业体系具有重要价值。

开发新资源。人口红利的消失、环境问题的严峻、自然资源有限，经济发展依赖的传统资源正在慢慢走向衰竭。在寻求传统资源高效利用的同时，新资源的开发也是刻不容缓的。大数据正是目前最为热门的新资源，数据挖掘、数据驱动都可以让生产运作、科技研发更加的有效；数据孵化，让新产品和服务脱颖而出。中国拥有比美国互联网平台更为丰富的场景，在数据这一新资源的开发利用上具有得天独厚的优势。

另外，新能源汽车的开发也是制造业近几年发展得比较好的，我国汽车行业可以说逐渐迎来新拐点。随着5G、车联网、人工智能、大数据等新兴技术的快速发展，各类品牌纷纷确立电动化、智能化为战略方向，并提出向移动出行服务商转型。

营造良好的营商环境促进制造业的数字化转型。数字化转型是制造业自身发展的现实需要，这一进程中遭遇的大多数问题会由市场解决，但只用市场的能力去解决可能并不能达到真正的改善，这就需要政府的积极推动，所以也要更好地发挥政府的作用。

中国作为全球第二大经济体，制造业的进一步增长不可避免地要靠创新驱动和创业促动。创新的出现，需要各领域知识充分交流和碰撞，创业的热潮需要宽松的环境，企业创新能力、创业热情的进一步释放，有赖于营商环境的精心营造。为了能让企业获得公平、公正的发展和竞争环境。我们应进一步增强对小微企业的扶持力度和政策优惠，可以通过技术改造贷款贴息、搬迁补助、职工安置补助、产业引导基金投资等方式支持和鼓励企业进行数字化改造；通过政府购买服务等方式鼓励中小企业与服务平台合作，引导中小企业通过"上云"提升数字化水平；通过试点示范，培育工业互联网平台。鼓励、支持优势企业提高工业互联网应用水平，推广网络化协同制造、服务型制造、大规模个性化定制等新模式、新业态。

同时，也要加强国际合作，提升国际影响力。当前，美国、德国正在合作探讨工业互联网参考架构（IIRA）和工业 4.0 参考架构模型（RAMI4.0）的一致性，最终有可能形成统一的架构。我国应发挥产业门类齐全、市场规模大、数据资源丰富等优势，谋求与其他国家的深入合作，并引导行业组织在国际合作方面进一步发挥作用。

我国制造业规模庞大、体系完备，但"大而不强"问题突出。尤其是传统制造业，自主创新能力不强，生产管理效率较低。在我国制造业低成本优势逐步减弱的背景下，必须着力提高产品品质和生产管理效率，重塑竞争优势，数字化转型正是提升制造业竞争力的重要途径。当前，需要更好顺应数字经济发展趋势，解决好制造业数字化转型进程中的难点问题，切实推动制造业高质量发展。大家熟知的海尔，就是制造业成功转型的一个典型例子。

历经 30 多年的创新发展，海尔从一个濒临倒闭的集体所有制小厂，到今天的全球白色家电第一品牌。面对互联网、大数据和人工智能迅猛发展的浪潮，海尔积极主动推进互联网化转型，从战略方向、管理模式、研发体系、服务体系等方面开启全方位变革，从传统制造家电产品的企业转变为面向全社会孵化创客的平台，构建起互联网时代企业、员工、用户、合作伙伴的新型生产关系，引领制造业变革。可以说，海尔利用互联网实现了全方位的转型，引领了时代变革。

三、赋能电商：跨境电商的数字化转型

跨境电商是指利用跨境电子商务平台发展起来的跨境网络贸易，是在"互联网＋"发展到一定程度出现的跨境贸易与电子商务的有机结合的新型

贸易形态。跨境电子商务凭借其便捷性、普遍性得到广大民众的认可，是普通百姓参与国际贸易的渠道之一。我国跨境电商最初的模式是海淘、个人代购等模式。随着互联网的不断发展，跨境电商也不再是固定的这几种形式，而是逐渐向企业化、规模化转化、数字化发展，而且越来越多的企业踏进跨境电子商务市场，跨境电商凭借其便捷性逐渐成为电商业的主体。

随着数字经济在快速发展，全球网络零售规模保持快速增长。2018 年，全球网络零售额、全球总零售额分别达到 2.8 万亿美元和 23.9 万亿美元，同比增长依次为 23.4% 和 5.8%，网络零售在总零售中占比由 2017 年的 10.2% 上升至 2018 年的 11.9%，网络零售对全球居民消费的影响力日益增大。

全球物流和线上支付的发展进一步促进了跨境电商的发展。2018 年，约 92% 和 75% 的受访者表示使用过信用卡和借记卡进行线上交易，这一数字与上年相比分别降低了 5% 和 4%，但信用卡和借记卡仍然是线上支付的主要手段。与此同时，2018 年，PayPal、银行转账、手机支付使用比例分别达到 61%、33%、29%，相比上年分别提高了 5%、25% 和 7%。

从电子商务地理范围看，电子商务跨境化发展趋势明显。PayPal 数据显示 2018 年，全球主要经济体中，奥地利、以色列、新加坡消费者进行跨境线上交易的比例最高，分别达到了 82%、79% 和 73%；金砖国家中，俄罗斯、南非、巴西、中国、印度也分别达到了 70%、62%、48%、43% 和 34%。而中国已连续多年成为全球规模最大的网络零售市场，网民数量也急剧增加。从当前各大电商企业的采购计划和数据来看，跨境电商的数字化转型、消费升级正成为趋势。对于海外商家来说，中国跨境电商的蓬勃发展，为海外商品进入中国市场提供了新的营销渠道，同时也为中国产品走向世界带来广阔的商机。

具体来讲，跨境电商的数字化升级为买卖双方提供了精准的"人、货、场信息匹配服务和交易信用保障，使买卖双方同时具有高效的履约体系，从而完成商家数字化信用和数字化体系的构建，实现跨境贸易的数字化重构。目前，全球外贸链路环节有 20 多个，国际站平台只是其中的一个营销场景，如果国际站将更多的外贸环节数据沉淀于平台之上，就会更清晰地将买卖双方的画像勾勒出来，更能进行精准匹配。比如，来自印度的厂商买家，他如果在国际站沉淀的数据中发现有一位曾出口过印度的卖家，且其产品质量、发货速度、买方评价等信息都有很高的好评率，那么他就会倾向于选择这位卖家交易，这便是数据反哺平台，做到"人、货、场"的重构。

阿里巴巴国际站——跨境电商"一站式服务管家"就成功诠释了"人、货、场"的信息匹配服务。成立于 1999 年的国际站是阿里巴巴集团的第一个业务板块，现已成为全球领先的跨境贸易 B2B 电子商务平台，也是中国与"一带一路"沿线国家跨境电商贸易往来的优质"一站式服务管家"。每天，包括"一带一路"沿线国家在内全球 200 个国家和地区，有 1000 万海外采购商活跃于国际站，并产生超过 30 万笔的循环订单。近几年，'一带一路'沿线国家在国际站上的活跃买家实现了大幅度增长，从 2015 年的 232 万家增长到了 2017 年的 474 万家，平均一年增长超过 40%。

同时，在国际站最近两次的采购节中，"一带一路"沿线国家表现出了良好的发展趋势：2018 年 9 月 "采购节"，交易额增速超过 200% 的国家，除去类似美国这样的传统交易大国，俄罗斯、越南、印度表现抢眼；2019 年 3 月 "新贸节"，卖家数增幅最大的前 10 个国家中，"一带一路"沿线国家占到一半，交易额增幅超过 100% 的国家，几乎均为"一带一路"沿线国家和正在推进"一带一路"合作的国家。可见，我国跨境电商发展势头良好，未来一片光明。下面是中投顾问对 2018—2022 年中国进口电子商务交易额推测。

我国跨境电商虽然发展时间不长，但是发展速度较快；虽然相关的管理和法律法规还不够完善，不能完全适应跨境电商快速发展的需求，但政府正在积极推进相关政策，新技术、新模式也在不断创新。所以，我国跨境电商的数字化转型有望得到新一轮的大发展。

一方面，政策"红利"持续释放，使跨境电商数字化迎来了新的发展机遇。日前召开的国务院常务会议部署完善跨境电商等新业态促进政策，提出支持跨境电商新业态的发展，是适应产业革命新趋势、促进进出口稳中提质的重要举措。下一步要在现有 35 个跨境电商综合试验区基础上，根据地方意愿，再增加一批试点城市。试点城市的增加，有助于将前期跨境电商园区的先进经验进行复制，完善和推动中国跨境电商的发展成熟。

另一方面，"无票免税"政策。对跨境电商综合试验区电商零售出口落实"无票免税"政策更便于企业的所得税核定征收。所谓"无票免税"，是指出口企业只要登记相应的销售方名称、纳税人识别号、货物名称、数量、单价和总金额等进行信息，就可以享受免征增值税的优惠。这一政策的落实大大减轻了跨境电商企业的人力、时间成本，加快了退税进程。

不断创新的智能分拣系统、CT 智能审图判图等高科技装备以及不断革新的数字技术为跨境电商的出口积极赋能。就拿深圳机场国际快件运营中心海关监管区为例，跨境电商出口正在变得越来越便利，规模也逐渐增大，从入园到出园的车辆无须检验，仅仅只需要 30 分钟。来自深圳海关的数据显示，2019 年前 5 个月，深圳海关共验放 786 万票跨境电商零售出口货物，总货值 20.5 亿元，从事相关业务的物流企业也从最初的 3 家增加到 14 家。

其实，无论是在发达国家还是在新兴市场，网购都在覆盖更广的人群，而中国制造也逐渐向普及化发展，同时，"一带一路"建设也为中国跨境电商卖家提供了快速布局沿线国家市场的机会。国家统计局数据显示，2018 年，我国出口跨境电商交易规模为 7.1 万亿元，同比增长了 12.7%，明显快于工商行业整体 8.5% 的规模增速。其中，3C 电子产品、服装服饰配件等传统优势消费品一直是全球跨境电商平台最畅销的品类。可见，国内传统优势产业基础和产业带正在快速赋能跨境电商走向更好的发展。

与此同时，跨境电商出口的模式和方式也在不断创新。其中，出口 B2B 平台普遍由纯信息服务模式向在线交易模式及综合服务商角色转变，从提供单一的服务向多种服务并举转变，满足中小外贸企业线上化发展需求，增强平台用户黏性及盈利能力。

另外，海外仓的方式也在提升国外消费者的体验。所谓海外仓，就是卖家准备好货物，然后整批发到海外仓，通过海外仓的后台系统下达订单，然后操作人员根据卖家的订单指令做终端派送，这种方式对于优化电商供应链体系、提升物流配送时效和降低单件物流成本都有助益。

跨境电商的数字化成为制造业国际化的要道。近年来，我国跨境电商发展迅猛，成为制造业企业拓展海外市场的重要通道，大批制造业企业积极搭乘跨境电商的快车，市场触角延伸到全球各个角落。一方面是因为跨境电商能够有效化解产能过剩的平台，另一方面是因为跨境电商能够有效协助企业连接国际市场的通道。例如，浙江奥康鞋业通过兰亭集势，实现对200多个国家的广泛销售；福建九牧王服装集团通过使用跨境电商平台，市场边界得到大范围拓展，实现了全球近30个国家男装市场的部署；广东鹰牌陶瓷集团通过TradeKey跨境电商平台开展网络销售，将业务拓展到全球180多个国家。可见，跨境电商发展势头强劲，将逐渐演变为制造企业国际化的主要渠道。

第三节　赋能民生：民生行业的数字化转型

一、赋能教育：教育行业的数字化转型

随着数字技术的不断发展，大数据、互联网、人工智能等新技术的应用范围也在不断扩大，其智能、便捷和普惠的优质特性已经逐步渗透到教育领域，推动着教育走向数字化、智能化，这不仅有效地促进教育公平，而且重塑了教育新业态。目前，随着人工智能技术的不断成熟，它与教育

领域结合得更加紧密，赋能教育行业转型升级呈现出显著的优势。

人机协同的教育可以促进学生个性的成长，激发教育个性化发展。随着人工智能时代的到来，人机协同的教育方式使学校无论是教还是学，都让学习形式变得更加个性化，我们一直追求的"因材施教""关注每个学生的成长"，由于有了技术的支持而变为现实。

在教的方面，教师是教育中的关键要素，教师的专业能力、对学生的态度是决定教育质量的重要因素，教师质量差异也是导致教育不均衡发展的因素之一。

在目前的班级授课制下，即使优秀的教师也无法准确地了解每个学生的学习障碍和进行一对一的精确辅导，而人工智能虚拟教师会成为教师的得力助手，帮助教师完成很多工作，如答疑、批改作业、心理辅导、日常管理等。另外，人工智能还可以汇聚、叠加更多专家智慧，增强教师的工作能力，使其能够突破传统班级授课制的局限，创造性应用多种教学方法和工具，实现对每一个孩子的个性化和精细化关注。因此，在人工智能虚拟教师的帮助下，教师可以花更多的时间与学生交流沟通，从而促进学生更好地成长。

在学的方面，人机协同可以改变学生的学习方式。大数据的精准教育可以为每个学生提供更精准的学习诊断和分析，通过建立个人学习成长档案，满足学生个性化发展的需求，进而提供最适合每个学生的学习方式。人机协同还能实现泛在学习。例如，重构学习社区、智能学习平台和终端可以让学生随时随地进行学习，学习社区的构建打破了原有的班级、年级概念，学习群体可以任意选择不同的学习内容、学习时间、学习等级等，同时还可以实现远程协作学习。

智能教育的共创共享、跨界融合促进了教育生态重构，也引发了教育的供给侧改革。随着智能学习环境的逐步建立，自由学习成为可能。无论是从知识技能的获取，还是从育人的角度，学校都不再是孤立的，学习的时间与空间打破了学校的界限而扩展到更广阔的社会、企业、博物馆等，它们都将成为学习内容的提供者和学习场景的承载者，教育资源会更加开放共享，教师和学生都可能是学习资源的提供者和使用者，形成共创共享的教育生态。

教育供给也将变得更加多样化。人工智能和大数据技术的应用可以更好地突破物理空间和实体条件的限制，使得学习受众群体的广度和知识信息的跨度发生巨大的变化，每一个学习者可以得到更加个性化的学习内容和方式。在知识大爆炸的当今时代，可以通过人工智能算法，更好地为每一位学习者制定出合适的内容、合适的难度、合适的方式等个性化策略，为实现"因材施教"提供了无限的可能性。

人工智能对教育领域可谓全方位赋能。人工智能对教育的赋能具体表现在以下几个方面。

首先，人工智能赋能管理。人工智能技术会帮助学校和机构实现智能化管理，从招生到日常管理、从考勤到校园安全、从选课到学生过程性数据的采集分析，支持学生的职业生涯规划等。智能管理不仅提高了工作效率，也使教育管理基于数据分析实现科学决策。

其次，人工智能赋能学生。智能时代对适应未来的人才的培养目标提出了新要求，从而带来教育内容、教育结构的调整，但人工智能对教育最直接的影响还是学习方式的转变，使个性化、定制化的学习成为可能。

最后，人工智能赋能教师。如同上述人机协同的教育，人工智能技术使老师从繁重、重复的工作中解脱出来，如利用机器学习、图像识别、自然语言处理、大数据分析等技术从词汇、句子、段落、语法等多个角度批改学生作业，学生得到分数后根据所给建议和标注的错误修改作文，得到进一步提高。同时，人工智能还可以使优质教师资源以更适切和个性化的方式辐射更多的学校，解决资源与学情不匹配、难以发挥作用的问题，从而更好地促进优质教育资源均衡，推进教育的公平发展。

人工智能与教育的深度融合展现出了很大的优势与发展前景，未来教育发展趋势必定是与智能相结合，才能更好地利用人工智能发展教育，提高教育质量和效率，促进个性化学习，面对教育的数字化转型，应高度重视人工智能的教育培训。

第一，推进人工智能素养教育和实践活动。良好的学生培养方案是素质教育的起点，首先要做的就是遵循教育教学规律和中小学生身心特点，注重基础人工智能教育的培养，与此同时，增强创新能力和应用能力的锻炼，改变"填鸭式"教学方式，从而提升人工智能素养教育水平，促进学生全面发展。在实行人工智能素养教育时，也要将人工智能的综合社会实践活动和开放性科学实践纳入学习范畴，将理论联系实际，突破优质均衡发展的瓶颈。对于传统教育资源不合理分配的问题应该予以解决，要扩大人工智能教育覆盖面，缩小中心城区、远郊区和校际差距，精准推进基础教育携手并进，最终实现兼顾个性化和规模化的高质量人工智能教育发展。

第二，对于学校的学科设置方面，加快人工智能领域学科专业建设，努力实现人工智能与传统教育的融合，提升各类人才的创新精神和实践能力。目前，很多高校已经设置了人工智能学科方向，加大了人工智能领域学科投入，这样不仅推进了人工智能方向复合型人才的培养，而且加快了人工智能领域成果和资源向教育教学转化。同时，很多高校也推出了人工智能与计算机、控制、数学、心理学等专业的交叉融合，逐渐形成"人工智能+X"的人才培养模式，即培养贯通人工智能理论、方法、技术等的纵向复合型人才，以及掌握人工智能与经济、社会、管理等的横向复合型人才。通过学校与学生的努力协作，会把人工智能建设成为高精尖的学科，助推教育行业的数字化转型。

第三，教师人工智能的教学水平对于学生的提升也是至关重要的，要加强教师对人工智能知识的学习。首先需要加大教师人工智能知识和技能培训，推动高校教师与人工智能行业工程技术人员、高技能人才双向交流，并且支持高校教师参与到中小学人工智能素养教育及相关的研究工作，以不断增强教师应用人工智能的能力。同时，可以引进和培养人工智能领域高水平创新人才，面向人工智能领域重大问题和关键技术，会聚国内外人工智能高端创新人才，进而打造高水平的人工智能创新团队。

第四，深化人工智能科技创新平台建设。政府要通过政策引领和激励措施，鼓励人工智能相关机构加大创新力度，组织机器学习、计算机视觉、深度推理等人工智能前沿核心技术攻关。企业可以基于人工智能领域的基础理论、核心关键技术等需求，统筹部署人工智能科技重大项目，鼓励和引导高校对大数据智能、跨媒体感知计算、群体智能等人工智能基础理论的研究。深入推进人工智能领域"政产学研用"合作和科教融合，引导高校、科研院所和企业等主体协同创新，从而推动人工智能技术创新与转化应用。

人工智能对传统教育领域带来的颠覆性变革，使各国都高度重视人工智能高端人才的培养，不仅高等院校设立相应学科、打造复合型人才培养模式，改变教学方式，而且也加强了基础教育的配合，在基础教育中重视数学和理科，改变学习方式、培养审辩式思维与创造力。全社会积极推进产学研合作，打破校企的边界，共同打造培养人才的实践平台。

总之，人工智能技术与教育的结合更好地促进了教育发展，培养了社会所需人才。随着生物识别技术、自适应技术、大数据等技术的发展，会进一步推进人工智能与教育的融合，使人工智能时代的教育更关注学生成长，以人为本，促进学生全面发展，从而大力推动教育的数字化转型。

二、赋能交通：交通行业的数字化转型

数字交通是数字经济发展的重要领域，以数据为关键要素和核心驱动，促进形成物理和虚拟空间的交通运输活动不断融合、交互作用的现代交通

运输体系加快交通运输信息化向数字化、网络化、智能化发展，为交通强国的建设提供重要的支撑。数字交通既包括对交通的精细、动态和智能控制，也涵盖了便捷且安全的交通出行服务，是数字经济在民生领域与社会治理的交集。数字交通的发展极大地改善了民生，创新了社会治理，方便了人们的生活，提高了居民幸福指数。

构建数字交通，毋庸置疑，是以"数据链"为主线，构建数字化的采集体系、网络化的传输体系和智能化的应用体系，这样便可以加快交通运输向数字化、网络化、智能化发展，实现交通的数字化管理。下面介绍这三个体系。

首先是构建数字化采集体系。第一是布局交通重要节点的全方位感知网络，构建数据采集系统，这就需要掌握所有交通点的情况。所以，布局交通重要节点的全方位感知网络是首先要做的，具体要推动铁路、公路、水路领域的重点路段、航段，以及隧道、互通枢纽等重要节点的交通感知网络覆盖，这就需要进行交通感知网络与交通基础设施同步规划建设，深化高速公路 ETC 门架等路侧智能终端应用，建立云端互联的感知网络。第二是构建载运工具、基础设施、通行环境互联的交通控制网、基础云平台，载运工具、作业装备的智能化设施，这样才能更好地融入数字化的采集体系。第三要多应用具备多维感知、智能网联功能的终端设备，提升载运工具的远程监测、故障诊断、优化控制等能力，同时推动自动驾驶与车路协同技术研发，鼓励物流园区、港口、铁路等运输站点广泛应用物联网、自动驾驶等技术，加强信息共享和业务协同。

其次是构建网络化传输体系。网络化的传输效率主要依赖于数字基础设施的建设，所以要加强交通运输基础设施与信息基础设施一体化建设，促进交通专网与"天网""公网"的深度融合。安全的信息传输方式也至关重要，一般数字化传输从两个方面完成：一是信息的加密和编码，工作人员在发送信息之前对信息进行特殊的算法处理，使信息加密；二是信息的解码和还原，接收到信息后，工作人员需要将经过加密处理的信息还原，得到原始的数据信息。同时，推进车联网、5G、卫星通信信息网络等部署应用，更好地完善全国高速公路通信信息网络，力争做到多网融合的交通信息通信网络，这样便可以提供广覆盖、低时延、高可靠的网络通信服务，强化网络化传输。

最后是构建智能化应用体系。在构建智能化应用体系的内容上分为三个方面。

一是打造数字化出行助手，即促进交通、旅游等各类信息充分开放共享、融合发展。平台型企业要深化多源数据融合，整合线上和线下资源，同时各类交通运输客票系统充分开放接入，为旅客提供全程出行定制服务，打造数字化出行助手，使出行成为一种按需获取的即时服务，让出行更简单。要推动"互联网＋便捷交通发展，鼓励和规范发展智能停车、智能公交、网络预约出租车等城市出行服务新业态。

二是推动物流全程数字化，即大力发展"互联网＋"高效物流新模式、新业态，加快实现物流活动全过程的数字化。推进铁路、公路、水路等货运单证电子化和共享互认，提供全程可监测、可追溯的"一站式"物流服务。同时，各类企业加快物流信息平台进行差异化发展，推进城市物流配送全链条信息共享。依托各类信息平台，加强各部门物流相关管理信息互认，构建综合交通运输物流数据资源开放共享机制。

三是推动行业治理现代化，即完善国家综合交通运输信息平台，提高政务服务、节能环保等领域的大数据运用水平，实现精确分析、精细管理和精心服务。要建立大数据支撑的决策与规划体系，推动部门间、政企间多源数据融合，从而提升交通运输决策分析水平。同时，进一步推进交通运输领域"互联网－政务服务"，实现政务服务同一事项、同一标准、同一编码，进而推进交通运输综合执法等系统建设，提高执法装备智能化水平，如在线识别和非现场执法。

举一个成功发展数字交通的例子：乌鲁木齐市沙依巴克区利用数字技术解决道路拥堵。沙依巴克区的高峰拥堵路段主要集中在宝山路、西北路、自治区中医医院等，天山区高峰时段拥堵路段主要集中在西大桥、北门、南门等，根据监测的数据，乌鲁木齐市建设局交研中心一方面梳理出突出问题，制定对市民出行影响大、投入少、见效快的疏堵改造行动方案；另一方面结合本市总体规划的发展目标与城市格局定位，系统研究本市的城市结构、出行特征、交通系统供给能力，寻找拥堵产生的根源和深层次原因，确定长期治本的城市交通发展策略。通过对数据进行分析、现场实地查看后发现，宝山路与哈密路交叉口为畸形交叉口，未进行有效渠化交通，标线识别性不强，四个方向比较拥堵，行人过街距离较长，过街困难，所以对整个交叉口范围的标线重新施划，加强地面标线的识别性，有效保障行人过街安全，整体改造使得交叉口交通组织更为人性化。

同时，通过道路平面优化、交叉口渠化交通等方式，将原五路交叉口优化为四路交叉口，大大提高了交叉口通行效率。目前，每个月全市路网运行平稳，全路网工作日高峰时段平均交通指数为"基本畅通"等级，全路网工作日早、晚高峰时段拥堵路段主要集中在高新区、沙依巴克区和天山区，晚高峰日平均拥堵里程大于早高峰。可见，基于交通运行与拥堵指数分析系统监测的数据，再结合乌鲁木齐市交通规划模型，更加容易地分析城市居民出行需求、出行分布和出行方式等，并且能够将其应用于乌鲁木齐道路交通新建、改建规划方案研究，以及公交线网优化等的量化分析与方案评估之中。

同样，兰州市也将数字技术应用到交通治理过程当中，实现了交通的数字化转型。兰州市面对人口激增，机动车数量剧增导致的交通拥堵、安全事故频发的问题，传统的交通治理体系已无能为力。恰逢交通数字化转型的大趋势，近年来，兰州市不断完善智慧交通体系，强力推进智慧交通建设，探索构建"云端＋数据＋应用"的交通大数据决策应用体系，逐步推动交通管理由"人海战术"向"智慧管理"转变，提高了城市交通拥堵疏解能力，使交通管理水平得到有效提升，产生了良好的社会效应。这样的转型升级既减少了人们出行时间，又提高了出行的效率，为居民出行提供了极大的便捷，也使得交通运行与交通管理效率大幅提升。

可见，随着人民生活水平的不断提高、城市化进程的日益加快，交通行业数字化转型的发展对于解决城市道路交通问题具有重要意义。数字交通技术的应用给我们带来了许多的便捷服务，但同时也存在许多的挑战需要克服，只要我们能做到加强对交通数据信息系统规范，并提升其整体服务能力；确保智慧交通系统中数据的真实性，完善管理制度，加强对数据的管理，我们的道路交通问题就会越来越少，城市交通的智慧化程度也会越来越高。

三、赋能医疗：医疗行业的数字化转型

医疗是重要的民生领域，它直接关系到人民群众的健康安危。随着大数据、5G、人工智能新技术的快速发展，医疗逐渐走向数字化转型，现已打造了健康档案区域医疗信息平台，利用最先进的物联网技术，实现了患者与医务人员、医疗机构和医疗设备之间的互动，逐步达到信息化。数字技术在医疗领域的应用也取得长足发展，实现医疗过程透明化、医疗流程科学化、医疗信息数字化和服务沟通人性化，达到提升医护工作效率，为数字医疗注入了新活力。这样的转型必将振起医疗领域的大变革，重塑医疗领域新业态。

传统的信息化技术程度不高的医院存在很多的问题，如患者就医不便、医护工作效率低、内部管理制度落后等。面对数字经济带来的新机遇，医疗的数字化转型迫在眉睫，这不仅是解决这些问题的好时机，还是重塑医疗行业的重大历史机遇。

首先，增强了患者就医的便利性。传统挂号方式是排队，这样不仅花费的时间长，而且效率也非常低，可能经常出现长时间排队后无号可挂情况。但是现在增设了手机预约挂号和医嘱查询服务等网上服务功能，可以利用信息化技术建立信息查询系统，只要病人或病人家属将住院号或者手机号输入查询系统中，就能够查询从入院到现在所有的费用支出清单，而且还能查到疾病的具体情况，这使得就医难的问题得到了有效缓解。

其次，提高了医护工作的效率。通常，传统医院录入病人的关键信息时都采用人工笔录，纸质版存储病例内容可能会出现漏记或者管理不善的问题，导致无法进行信息共享和整合，从而难以支持跨领域的综合分析。随着互联网、大数据等新技术的发展，医院加入了电子病例的使用，电子病例具有查询方便、保存完整性高等优点，电子病例的使用可以利用信息化技术实现。在此过程中，利用计算机软件对病例内容展开实时保护和管理，使得记录方式更加简洁，管理更加方便，避免出现病例内容丢失等现象。

最后，提升了医院内部管理制度。传统医院信息化系统虽然比较完善，但是设备的数据化应用和智能化改进进展较慢。常用的系统包括医院综合管理系统、医院信息系统、OA系统、实验室信息系统、医学影像归档及传输系统、放射学信息系统、远程会诊系统和后勤能耗监管系统等，但整合度不高、数据不统一。

整合的智慧医院系统平台能除去不同系统间的壁垒和各种重复环节，在降低医院运营成本的同时提高运营和监管效率。整合的智慧医院信息系统，能对就诊量、患者检查及出入院情况、医生用药情况、医保基金使用、财务结余、后勤能耗及运维费用等涉及业务运作的每项数据做到实时监控，合理进行内部管理。

另外，传统医疗资源分布不均，跨地域就诊难，一直是医疗领域发展的痛点。但是，随着5G时代的到来，这些摆在眼前的就医难题似乎有了化解的希望。2019 年，5G 因其特有的高速率、大连接、低延时等特点成了世界各行业的焦点，而它在医疗行业的应用，将有效赋能远程医疗、医疗影像、医院数字化服务及医疗大数据等多方面，切实提升广大患者在医疗健康领域的获得感。

2019 年 7 月，大连某医院举办了 5G 临床应用演示会，成功演示了与基层医院实时的远程会诊、病例讨论、手术指导等医疗过程。在急救车辆运送患者途中，5G 网络也充分支持了急救中心专家的实时监护、指导。此前，医院在实施远程医疗演示中发现经常出现视频卡顿、图像不清晰、沟通不流畅等影响因素，这些问题最终导致整个过程中医疗支持质量下降，所能做的查房、示教、手术指导等大受局限。但对于专家而言，出诊、手术、查房、会诊等已经占据了每日的大部分时间，甚至有时精力和体力都难以应付，因此很少有时间深入基层进行指导，但基层医院技术的提升又离不开上级医院的支持，为了平衡两者的关系，"互联网＋医疗"应运而生。"互联网＋医疗"的健康服务模式是指以互联网和信息技术为载体，以医疗信息查询、在线疾病咨询、电子健康档案、电子病历处方、远程视频会诊等多种形式的线上医疗服务方式为表现形式，在疾病筛查、预防、风险评估和诊后康复等阶段发挥健康监控作用，这也将成为优化医疗资源配置、推动优质医疗资源纵向流动和改善劳动力就医体验的重要支撑。

可见，在 5G 技术出现前，互联网能够支撑的是将个别点布上好的网络条件，上级医院与基层医院间只能通过对应点交流，但实际上，基层医院需要的是一个面的支持，而每个点都布上网络却是难以实现的。但 5G 覆盖后，每个基层医院与上级医院科室之间、病房之间、医疗单元之间，甚至专家教授和基层医生之间，顺畅地交流和探讨将成为可能。与 4G 环境下远程会诊最直接的不同之处是—图像非常清晰，且来回切换时反应时间大大缩短，许多检查、影像信息等也实现了共享。总之，在不久的将来，基于 5G 技术的优异特性，将带给医疗健康领域更多超出想象的智能应用，真正满足百姓的健康和就医需求。

广为人知的"悬崖村"四川凉山彝族自治州昭觉县阿土列尔村在脱贫前启动了健康扶贫"5G+智慧医疗"试点项目，以 5G 网络为基础，结合物联网、大数据等技术，缓解"悬崖村"等贫困地区因交通不便导致的看病难、看病远问题。该试点项目是由四川省卫生健康委员会、中国电信四川公司联合启动的，试点内容包括在"悬崖村"建设 5G 网络、提供省州县多级远程诊疗服务、提供 20 套健康体征实时监测设备用于 5G 随访、建立灾难急救无人机送药模式等。基于 5G 网络，"悬崖村"正在建设电视轻问诊系统，村民不用出村，通过 5G 网络可以在电视上向四川省人民医院、凉山州第一人民医院的医生进行看病咨询，通过健康体征实时监测设备，还能有效开展健康管理和随访工作。另外，政府还积极探索 5G 技术与医疗卫生行业的融合应用，促进优质医疗资源下沉，加快解决像"悬崖村"这样的贫困村医疗服务欠缺难题，为贫困群众提供更加公平、可及、有效的卫生健康服务，促进贫困地区医疗健康事业的发展。可见，5G 的这些特性不仅解除了 4G 时代的制约，而且恰巧适合未来的医疗需求。

医疗的数字化转型是将互联网、大数据、5G、物联网等新的信息技术融合到医疗行业，实现医疗信息共享的目的。传统的医疗带来了各种各样的现实问题，造成了人们看病难等各种后果，但数字医疗可以将网民、医生、患者联系起来，让其实现有效互动，在实践中互联网医疗可以利用其数据分析或者资源整合的能力将信息以及数据进行综合分析后整理，实现有效资源的合理配置甚至是最优配置。

第四节　赋能金融：金融行业的数字化转型

一、金融生态：数字金融的生态体系

在大数据和人工智能时代，对于金融业这种数据资源最密集的行业，毋庸置疑，也迎来了数字化的发展机遇。互联网、大数据、人工智能、云计算、区块链等新技术的不断渗透，使传统金融的生态体系发生极大的变化，加快了融合数字技术的创新发展，数字金融的生态体系便是数字科技与传统金融的深度融合的结果。

下面简单介绍支付、外汇、财富管理、保险、零售银行等数字金融生态体系中的金融服务。

"支付"一直是金融服务的重要领域，在数字金融的形成过程中，"支付"也发生了数字化转型升级。数字金融中的支付业务融合了大数据、区块链、云计算等新技术，其中使用大数据技术可以对海量的交易数据进行精准分析，云计算进行数据资源的汇总整合，打造出更为场景化和便捷的支付平台，还能开展其他相关业务。目前，阿里、腾讯推出的第三方支付等非传统金融支付方式，已经占据了很大一部分前端客户市场份额，如微信支付、支付宝、京东支付等。可以说，谁掌握了支付端口，谁就会在金融市场中赢得先机，而银行由于很少推出这种快捷的支付方式，已经逐渐转变为支付的后端通道，而且随着区块链技术的发展应用，银行很可能还会失去支付后端通道。

在外汇方面，国家外汇管理局打造了跨境金融区块链服务平台。这是目前国内金融领域涉及范围较广的区块链平台，也是国内少有的由国家监管部门牵头组织建设的区块链平台。平台的建立既方便了企业，也提高了银行开办业务的效率，有效缓解中小企业跨境贸易融资难问题，对城市外向型经济的发展也起到了促进作用，更好地服务于实体经济。

在传统出口贸易融资中，传统银行主要依赖于企业提供的线下纸质单据审核办理业务，缺乏核验渠道。如今，平台以区块链技术整合了出口报关数据，利用区块链的数据不可篡改特性，通过"货物流、信息流、资金流"三流合一推动资金"脱虚返实"，这将为银行出口贸易融资真实性审核提供新渠道、新手段，大幅度提升银行出口贸易融资业务的审批效率。

以厦门市成为国家外汇管理局跨境金融区块链服务平台试点为例，作为试点城市，平台上线试点首日，中国工商银行厦门集美支行率先利用该平台为厦门宸展光电股份有限公司办理了出口发票融资业务，全流程线上操作，企业 10 分钟就获得融资 145 万美元。中国建设银行厦门分行也为所辖 70 家网点设置平台使用功能，并为 4 家客户办理了 6 笔跨境金融区块链上链业务，合计金额近 190 万美元，客户群体涵盖国有、外资和民营企业。可见，厦门引入了区块链技术，不仅增加了办事的效率与效能，而且还能鼓励中小企业积极融资，最终助力实体经济的飞速发展。

财富管理是对客户的资产进行管理，通过向客户提供保险、投资等一系列的金融服务，来满足客户不同阶段的财务需求，帮助客户降低财务风险，最终实现财富的增值。随着云计算、大数据、人工智能等新兴技术的应用，银行这种传统金融机构的财富管理业务已经向数字化的服务方式转移，不断创新商业模式，如利用数据分析提高投资准确性和客户个性化定制。以智能化投资顾问为例，利用云计算、大数据等技术，可以低成本、快速精确地获得市场信息，基于最基础的资产理论和其他衍生模型，再结合投资者的风险偏好、财务状况，通过算法自动为用户提供资产配置建议。可见，智能投资顾问不仅改变了客户和理财顾问面对面的传统服务模式，具有成本低、易操作的优势，而且可以避免投资人受情绪化的影响，分散投资风险、信息相对透明，从而使普通客户也能享受到过去只有金融机构高层才能享受到的数字化金融服务。

保险也是金融领域比较传统的一项服务，随着物联网、大数据、人工智能为代表的新兴技术的快速发展，极大地促进了保险行业的创新发展。金融的本质就是面对风险的跨期资源配置，所以商业保险活动当然是金融行为，金融科技在保险业变革中的作用是重中之重，可能会从根本上改变和颠覆商业保险模式，更为保险业创新发展提供源源不断的动力。支付宝作为移动支付领域的龙头，旗下的功能也是日益完善，深受网友喜爱，而且支付宝的出现结束了繁杂的现金时代，进入了更为先进的移动支付时代。

互联网保险提供的销售和服务形态，使保险服务渠道从线下的实体网点发展到线上，打破了获取保险服务的时空限制，使客户更经济、方便、高效地享受优质保险服务。而且保险业充分利用线上渠道，得以不断创新保险产品和服务模式。随着数字经济社会的不断发展，保险行业也走向了创新之路。

零售银行在传统的银行业务中一直是最赚钱的业务之一，而在近几年，金融科技创新企业正在一步步侵蚀零售银行业务。很大一部分原因是银行实体网点投资回报率正在逐渐下降，人力成本正在逐渐上升，而大部分业务成本可以通过自具有交易金额小且分散的特点，主要通过银行网点、ATM、网上银行、手机银行等方式进行。在当前技术和制度环境下，科技与金融深度融合，新型零售银行正在探索纯上线的数字银行，不设立任何的物理网点，实现远程开户，借助现代科技提供体验更佳的金融服务。

中国数字金融起步于公益性小额信贷，后来扩展为支付、信贷等多业务的综合金融服务，并由于网络和移动通信等的广泛应用而得到长足发展。中国数字金融的发展极大地提高了金融服务的可得性和便利性依托于互联网、大数据、人工智能、云计算、区块链等新兴技术，使得对于原先无法接触到金融的群体来说有更多的机会去接触。尽管中国的传统金融也在迅速发展，但由于数字金融的普及性更高，现在的人们又基本上人人一部手机上网，数字金融便提高了人们使用金融服务的便利性，推动了金融的数字化转型。

二、赋能金融：金融行业的数字化转型

金融行业是一个很容易被技术牵动的行业，几乎每一次技术的进步都会使金融业随之发生变化，在如今的数字经济时代，数字技术也将给金融业带来伟大的变革。数字科技将在金融行业中得到充分应用，但这并不会使金融的本质发生变化，而是一定程度上大大降低金融的交易成本、创新交易方式和种类，最终实现金融行业的智能化、普惠化发展。

在数字技术的作用下，中国金融业可谓是跑步进入数字金融时代。数字金融泛指传统金融机构与互联网公司利用数字技术实现支付、财富管理、保险等其他的新型金融业务模式，在中国主要有两种表现形态：一种形态是强调数字金融的科技属性，与金融科技的概念比较接近，指利用移动互联网、大数据分析、人工智能、云计算等数字技术来帮助金融机构解决传统金融业务模式中的痛点，这也是发达国家数字金融的主要表现形态；另一种形态强调其金融属性，与互联网金融的概念更为接近，即互联网科技公司利用数字技术提供以移动互联为主要特征的替代性金融服务，弥补传统金融服务的短板。

中国金融的数字化转型经历了几个不同的发展阶段。

第一个阶段是从 20 世纪 90 年代开始的传统金融机构的互联网化，中国的商业银行最初开始将互联网技术应用到金融服务中。主要体现在大力推行后台服务实现 IT 化，如通过自动取款机、网上银行手机银行等多种终端向用户提供金融服务。到了 1988 年年底，中国工商银行在上海推出自动取款机；1997 年，中国银行和招商银行在国内率先推出网上银行，同时推广借记卡和信用卡支付。当时人们就发现，数字技术不仅可以帮助金融机

构提高工作效率和降低服务成本，而且能够突破其物理服务网点和营业时间的限制，从而加快资金融通的速度，给用户带来便捷省时的服务。但这一阶段的数字金融主要集中在简单的业务咨询、存取款、支付等基本的金融服务，用户和金融机构的连接相对薄弱，所以用户信息和金融交易数据的价值没有得到充分体现，仅仅反应在账户安全保障和金融产品销售方面。

第二阶段是中国的互联网金融时代，结合数字技术的优势，金融科技企业如蚂蚁金服、腾讯金融利用自身的海量用户，提供了互联网移动支付、网络借贷、互联网财富管理、互联网保险、网络众筹等金融服务。自 2013 年起，中国互联网金融业抓住了智能手机快速普及的历史机遇，积极推进技术和产品的不断创新升级，使业务规模持续增长。北京大学互联网金融发展指数显示，自 2014 年年初起，互联网金融规模在以每年翻一番的速度增长。在支付领域，中国第三方移动支付交易速度快、规模效应高的成本优势不断凸显；在网络借贷领域，数字技简化贷款流程，降低借贷风险。另外，我国中小企业普遍存在显著的外部融资约束，而互联网金融的发展能够降低中小企业对内部现金流的依赖性，起到缓解中小企业外部融资约束的作用，从而在一定程度上解决中小企业融资难、融资贵的问题。

这一阶段互联网金融的发展弥补了用户与金融机构连接相对薄弱的劣势，金融服务与人们的衣食住行等生活场景紧密结合，从而使人们更加积极地参与各种金融类产品和服务。在互联网金融发展过程中，我国逐渐产生了许多企业致力于研究人工智能、云计算、区块链等前沿技术，这对于数字技术和传统金融的结合也有显著的帮助，创新出了许多金融服务类产品。可见，金融的数字化转型逐渐显示出了强大的发展优势，对于驱动全球金融科技进步和市场发展提供了新动能。

互联网金融的快速发展给商业银行带来了巨大的竞争和转型压力，这就推动中国金融进入第三个发展阶段—数字金融时代，金融的数字化是一种新的金融服务体系，具体来说，它以新技术和数据为驱动力，以信用体系为基石，克服传统银行服务成本高、金融服务效率低的弊端，使所有社会阶层和群体平等的享受金融服务，并且它与日常生活和生产紧密结合，促进所有消费者在改善生活、所有企业在未来发展中分享平等的机会。换句话说，商业银行、中国银行等其他传统金融机构与金融科技企业展开深度合作，在战略、组织和金融产品层面上全面推进金融业的数字化转型，打造更加数字化和智能化的综合型金融服务平台。

由于目前商业银行在中国金融体系中仍然处于主导地位，是提高金融服务实体经济效率的关键，并具有服务集团客户的经验和流动性风险管理的优势。因此，以商业银行为代表的传统金融机构全面拥抱数字金融，就意味着中国的金融业开始进入数字金融时代。

从金融一步一步走向数字化转型可以看出，金融科技并不是突然产生的新事物，而是随着数字金融的发展而不断创新的。也就是说，技术创新与金融创新始终紧密地相连。数字金融发展以来，传统的支付业、财务管理业、保险业、消费金融业、证券交易等传统的金融服务发生了重大转变，国家积极投入大量资金将数字技术应用到传统金融业务服务中，不断促进金融的数字化转型，实现金融与科技的深度融合，从而带动金融企业与科技企业的进一步融合。

2018 年，我国金融机构技术资金投入达 2297.3 亿元，其中投入到以大数据、人工智能、云计算等为代表的前沿科技资金为 675.2 亿元，占总体投入比重为 29.4%。从金融机构技术资金投入结构来看，支付业务投入占比最高。艾瑞咨询预计 2019—2022 年，中国金融机构技术资金投入将继续增加，到 2022 年预计将达到 4034.7 亿元，其中前沿科技投入占比将增长到 35.1%。

在支付领域，根据央行数据统计，2018 年银行金融机构共处理支付业务 1751.92 亿笔，而非银行支付机构发生网络支付业务 5306.1 亿笔。非传统的支付方式已经赶超传统金融机构。例如，支付宝、微信等第三方支付模式的广泛应用，这些新形式的支付交易模式推动着我国支付业务技术资金的投入规模增长。2018 年，我国支付业务技术资金投入达 1033.6 亿元，其中前沿科技投入仅为 152.6 亿元，占比较低。但随着支付数字化、智能化的发展，艾瑞预计 2019—2022 年，支付企业对前沿科技的资金投入将快速增长，到 2022 年支付企业前沿科技投入预计增长到 337.2 亿元。

在银行理财领域，传统银行理财业务除了选择与具备流量优势的互联网金融公司合作，还进行了自身技术的创新和强化。目前，银行信息化建设已经相对成熟，2018 年理财业务技术资金投入达到了 306.9 亿元，并且预计 2019 年往后将持续增长。

近几年，伴随着智能化应用的逐渐发展和信息化建设投资力度的扩大，中国保险企业也开始加大保险科技投入，其中，头部保险企业和互联网保险公司的布局更加迅捷，以中国平安、中国人寿、中国太保、中国人保为代表的大型保险机构纷纷将"保险＋科技"提到战略高度，并且积极出资设立保险科技子公司。根据艾瑞测算，2019 年中国保险机构的科技投入达 319 亿元，预计 2022 年将增长到 534 亿元。新技术对于传统保险行业来说，有效扩展了场景数据边界，更丰富了保险数据化场景，全面实现全域数据化，促进了保险行业的数字化转型。

在消费金融业务领域，金融科技的有效使用主要体现在使平台更好地利用其业务中产生的数据，定制和优化其产品模型和风控模型，从而降低坏账风险、满足用户需求。消费金融业务 2018 年技术资金投入达 157.1 亿元，其中前沿科技投入达 93.6 亿元，在前沿科技的各项技术中，云计算、人工智能、大数据技术的投入占比都很高。

据统计，2018 年在证券技术的资金投入中，主要是建设以基础 IT 为主的非前沿科技，但随着数字技术的创新发展，未来至 2022 年，证券业将大力投入资金于各项前沿科技。在资金投入中，对不同应用前景的技术，其侧重点也有所区别。例如，对云计算与大数据的基础建设，以及 AI、

RPAIPA 这类应用场景明显的技术，将作为投入重点；区块链等这类以应用探索为主的技术，将主要由头部企业进行投入。

随着数字技术的不断革新，智能客服、RPA/IPA 等技术将逐渐替代传统金融业务中的流程化、重复性的人力工作。智能客服的利用率逐渐增加，不仅可以提供 24 小时的不间断服务，而且极大地降低错误率。另外，提升人工替代率，用技术替代人力大大降低了人工服务成本的投入，全面实现银行业的数字化转型。

进一步来说，金融的本质就是服务实体经济，是与人们的日常生活和生产紧密结合的。真正将金融与生活生产融为一体，对普通消费者而言，金融不再是冷冰冰的金融产品，而是支付宝、余额宝、花呗、芝麻信用等已成为家常便饭的生活方式的改变，为实体经济的发展带来了新的商业模式；对企业来说，尤其是中小型企业，数字金融增加了实体经济的融资渠道，通过大数据技术获得客户的数据信息，并以此甄别客户的信用状况和经营状况，不需要资产抵押就可以为他们提供相应的金融服务，有效解决长尾人群融资难的问题。可见，数字金融降低了实体经济获得金融服务的成本，低门槛、低成本的金融服务成为万众创新大众创业的保障。

近年来，中国数字金融走在世界前列，其发展大大降低了金融的风险，无论是传统银行的数字转型，还是新型互联网企业发展起来的数字金融系统，面向农业、小微企业、创新型企业、供应链企业都提供了之前难以提供的服务，都能更好地服务于实体经济，对实体经济的发展、复苏和转型提供强大的助力与赋能。

三、监管挑战：数字金融监管模式的创新

数字金融作为一种新的金融生态体系，它的健康发展离不开管理者的监管。金融科技来势汹汹，其天生的技术优势会给金融发展带来机遇和变

革，但其监管也会同时面临许多的挑战，一旦监管不当，随之而来的就是巨大的破坏性。当前，绝大多数国家和地区都要求数字金融创新必须遵循现有金融监管的基本原则，以确保一致性和便于管理。因此，面对日新月异的金融科技，各国政府也在积极调整监管机制，确保数字金融能够健康稳定地发展。

（一）我国网络金融监管的现状

我国数字金融服务的业务已进入高速发展阶段，数字金融的业务种类很多，业务量较大。数字金融业务基本已经成为较为普及的盈利手段。当前，我国的证券交易基本实现了全国联网，网上炒股日益发展。传统金融机构也都建立了各地的局域网，其中，中国银行已建立了以总行数据处理中心为核心，辐射海内外的网络化应用体系。互联网的快速发展已给我国金融业注入了新的活力，它不仅方便了客户，而且大大降低金融运营成本。

但同时，我们也遇到了不少关系到金融安全的问题。例如，非法入侵金融机构的网络系统，攻击金融组织的数据库；通过网络盗取他人股票、金钱的行为也开始出现，种种行为都给数字金融监管提出了更大的挑战，使得国家的金融安全受到很大威胁。在硬件技术方面，我国所用的计算机硬件设备主要依靠从美国公司进口，但美国对其他国家实行技术上的保留，持续的贸易战让我们认清关键技术不能受制于人。因此，华为的强势崛起让我们有信心发展自己的数字技术。在对数字金融的监管政策方面，由于数字金融发展不均衡，而且不同金融科技类别的监管存在较大的差异，各个国家和地区对数字金融的界定尚未达成共识，我国的数字金融监管模式也没达到与金融科技智能化、技术化的发展同步，相应的治理和法律机制还不成熟。

首先，我国互联网金融的飞速发展使其监管措施和手段都较为落后，不能有效针对互联网金融出现的问题进行解决，国际上互联网金融的发展不能为我国提供有效的可供参考的实践经验，因此我国在互联网金融的监管中缺乏相关行业的法律约束。

其次，由于我国很多金融机构采用的是与科技公司合作开展网络金融业务的发展形式，而这是监管政策中的一个漏洞。对于金融隐私保护法或银行秘密保护法，我国还没有较为完善的政策法律，绝大多数商业银行也没有做出一些必要的隐私声明，这会使客户因权利没有得到保障而减少对网上金融服务的需求，影响我国数字金融业的正常发展。

最后，我国对数字金融业务的市场准入监管是比较严格的，只有具备条件的金融机构才能开展数字金融业务，这虽然能够有效地防范风险，但在一定程度上也阻碍了数字金融业务的发展。

从监管内容来看，目前的金融发展仍然将机构审批和经营的合规性当成监管重点，而对企业的风险监管涉足不深。没有建立稳定的市场退出机制，主要采取撤销和破序等方式，只能由政府和中央银行采取行政性的手段加以解决，国家财政和中央银行为此投入大量资金，同时也带来一些不稳定的因素。在监管范围上，重国有商业银行，对其他银行和非银行金融机构的重视程度不够，对新出现的网络银行的监管基本属于空白。可见，监管内容和范围过于狭窄，这势必影响监管工作的有效性，使监管无的放矢。因此，从我国现有情况来看，对数字金融进行适当的监管是非常必要的。

（二）其他国家数字金融的监管模式

随着金融监管机构的协同性和统一性的提高，美国对金融机构的处罚呈现出联合执法的趋势，且联合执法的罚款金额都较大，带有惩罚性和目的性。美国的刑事诉讼制度赋予执法者很大的自由裁量权，使他们可以选择性执法，因此金融机构的违规行为一旦被美国发现并证实，美国相关机构会联合对其采取严厉的惩治措施，轻则督促其提升合规、进行整改，重则吊销其营业执照或禁止外国金融机构在美国开立账户、开展业务。美国监管模式虽然对金融机构的违法者处罚非常的严格，但对于数字金融的准入和经营体的规范性监管采取谨慎宽松的政策，与传统的金融监管相比，数字金融的监管在监管体制、监管机构和监管分工方面都没有太大变化，这使得数字金融市场准入的门槛很低，现有金融机构可直接进行数字金融业务，无须申请或备案。由此可见，美国模式的主要目的在于促进数字金融这一新事物的发展，政府采取不过分干预的态度，只是通过补充处罚力度的法律法规，以保证其安全稳健发展。

欧洲模式是采取一套独立的方法对数字金融进行专门监管。为达到增强国家之间监管的合作、提高监管效率，欧盟各成员国的监管机构具有监管统一标准，这样不仅可以提供一个清晰、透明的法律环境，而且可以适度审慎和保护消费者的权益。英国作为世界领先的金融科技国家，在鼓励金融创新的同时，也十分注重对金融科技可能存在的风险进行防范，源源不断地出台监管政策，对金融科技产业的规范主要采取适度性监管模式。

此外，许多亚洲金融发达国家也注意到金融科技的发展价值，在开展金融科技发展的同时，也陆续出台了相应的监管政策，来保证金融科技产业健康发展及社会金融秩序的稳定。

（三）完善我国网络金融监管的政策建议

比较各个国家的数字金融监管模式可以发现，美国模式虽然准入门槛低，为数字金融的发展提供了一个宽松环境，但惩罚措施十分严格，非常重视网络金融交易的安全和消费者权益的保护。英国和其他国家也都表现出了鼓励金融创新的监管模式，促进金融的数字化转型。

我国对数字金融的监管可借鉴于这些国家的监管模式，同时也结合我国经济发展的不同需要及时出台、调整网络金融监管方面的新法规，最终是要以适应、促进经济金融的不断发展为主要目标。

首先，确立统一监管体制，建立和完善网络金融条件下前瞻性的法律、法规体系，强化对数字金融业务的全面管理。当前，金融产品的延伸、金融服务的信息化、多元化以及各种新金融产品销售渠道的拓展，数字金融涉及的法律问题十分复杂广泛，使得金融业从强调"专业化"向"综合化"转变，传统的分业监管制度也将受到严峻挑战，行之有效的法律框架才是进行数字金融监管的理论依据。因此，监管体制应从"机构监管型"转向"功能监管型"。我国在数字金融的法制建设上比较落后，这种落后不仅表现在法律体系不完善上，还表现在法律的制定跟不上社会环境的发展和变化上，从而由保护变成阻碍社会发展。因此，必须尽快修改现有法律条款或重新制定适合、促进网络金融发展的法律法规，为促进数字金融在我国的发展提供良好的制度环境。

其次，注重金融机构的自我管理与规范，将监管与自律有机结合起来。数字金融的特性要求打破单纯由监管当局制定规范的固有模式，充分依赖金融企业和科技企业的自我管理与规范，这是数字金融条件下政府和企业必须遵守的一条基本原则。投资者的权利应当得到市场机制的保护，而对其保护应当从个人数据权属关系出发，形成政府、机构和市场三者统一的个人数据保护机制。对此，政府部门需要加大教育和引导力度，使投资者认识到个人的行为数据将决定自身未来的信誉画像，将作为本人信用的凭据。监管当局应十分注重督促和协助金融机构加强内部管理，承担起数字金融发展的促进者和协调者的角色，采取有效的内控措施，在一个健全的内部控制系统中，金融机构可以及时发现并且防范各种风险和隐患，其实任何外部监管行为只是起到揭示性作用，真正能够减少甚至避免风险发生则需要依赖于金融机构本身。

最后，加强数字金融条件下金融监管的国际性合作与协调。数字金融是一种无须跨国设立分支机构即可将业务伸向他国的全新的金融组织形式。随着数字金融业务国际化发展步伐的加快，金融监管也必将走向全球一体化，这就要求未来的金融监管由各国通力合作才能完成，所以我国要积极加强数字金融条件下金融监管的国际性合作与协调。目前，越来越多的机构将直接面对海外司法管辖与监管检查，建议在跨境数字金融事务中，探讨建立各国监管机构互惠协作机制与相互委托协查本国金融机构相关事项的实施方案，通过签署谅解备忘录、共享信息、跨境监管、合作治理等方式，携手维护和谐稳定的国际金融市场环境。这对于数字金融正处于快速发展阶段的我国尤为重要，面对数字金融国际化程度的加深，我们只有积极地融合金融监管的国际性合作与协调，才有助于我国数字金融健康稳步地发展。

第五节 杠杆效应：数字经济推动中国经济高质量发展

一、助力经济增长：数字经济成为经济增长的重要动力

当前，数字经济的快速发展成了经济增长的重要动力。数字经济基于大数据、人工智能、物联网等新技术的创新发展，实现了数字技术与传统产业的交叉深度融合，并且快速向各个行业领域拓展，催生了一系列以数字技术为主导的新产业群落。例如，数字技术与制造、交通等传统行业相结合，带动了智能制造、智慧交通等新业态的形成。

同时，数字技术还带来了巨大的市场需求和增长潜力，个性化、社交化制造平台的创新模式，为消费者带来巨大的消费需求。在新技术革命的驱动下，各个行业逐渐走向服务化、专业化，产业链分工更加精细化，进一步促进了生产格局向网络化、分布式方向发展，提高了企业的生产效率。

此外，生物技术、新材料技术和新能源技术也取得一系列突破，各种各样的前沿技术多头并进，以多点突破的态势形成新技术群落，促进产业的变革，深刻改变人们的生产和生活方式。一些新兴科技企业抓住"技术变轨"的机会窗口进入了世界领先行列，成为拉动我国经济增长的重要力量。

从当前技术的影响范围、渗透深度来看，数字技术已经具备了引发产业变革的关键因素，数字经济作为融合性经济，发展数字经济已是大势所趋。总之，在新一轮科技革命和产业革命的变革过程中，数字技术的作用尤为重要，极大地促进了数字经济和实体经济融合发展，不仅推动传统企业向数字化发展、增加企业效率，还激活市场、提高创新能力。

目前，数字技术、产品、服务正在加速向各行各业融合渗透，对产业产出增长和效率提升的拉动作用不断增强，数字产业化和产业数字化规模逐年增长。可见，数字经济将成为新一轮变革的主力军、经济增长的重要动力源泉、中国经济增长的主要引擎。

近年来，各级地方政府陆续出台了数字经济相关政策，推进数字经济持续发展。截至 2018 年，全国有 11 个省市数字经济规模跨越万亿元，并且数字经济的增速显著高于 GDP 的增速，为我国国民经济的增长提供有力的支持。

数字经济的崛起与蓬勃发展，推动了传统产业改造提升，为经济的发展提供了新动能，已经成为带动我国经济发展的核心关键力量。未来，数字技术在数字经济繁荣发展的推动下，将会不断地创新与优化，加速向传统产业融合渗透，不仅会带来生产效率和企业效率的提升，而且对我国国民经济增长的拉动作用也是巨大的，将会呈现出快速发展的态势。可以说，中国的数字经济发展已经进入了黄金期。数字经济已经呈现出逐年增长的形式，而且占 GDP 的比重也是逐年增加的。因此，数字经济的大发展已成定局，其对于我国经济增长的拉动作用已不言而喻。

如今，建设制造业强国和网络强国是我国经济快速发展的两个重大领域。制造业和互联网是体现一个国家核心竞争力的关键领域，现在世界经济竞争的焦点都聚焦在高科技上，又恰逢我国数字经济快速发展的契机上，可以说正是我国从制造大国、网络大国向制造强国、网络强国迈进的重大战略机遇。因此，我们应积极利用本国的内在优势提高核心竞争力，大力推动两个强国建设的进程。

对制造业和网络信息化领域来说，要从以下三个方面发力。

首先，加快补齐核心技术能力欠缺的短板。我国制造业和网络信息化技术领域在制造规模、水平和应用方面已经走在世界的前列，但在核心技术、关键元器件、基础材料、生产工艺、系统软件等方面与世界水平还存在很大的差距。所以，趁着数字经济大踏步发展、数字技术不断创新的时机，我们要紧紧抓住这个机遇，加快核心技术的研发，举全国之力尽快把这个短板补上。

其次，数据是一个企业的重要资产，要着力推动工业数据标准的制定与应用，促进数据的技术升级和开放共享。良好的规范是今后健康发展的前提，行业组织、企业研究机构在制定工业数据的行业标准时应梳理现有的国家标准，将行业标准上升为国家标准，同时加强标准体系与认证、检验体系的衔接，促进标准应用的实施。数据的高效利用需要公共数据的开放共享，只有整合处理了所有的数据，才能得出准确的决策，实现高效率的发展。因此，我们需要建立健全社会数据采集、存储、交易等制度，保障数据有序、规范的应用。另外，须加大对通信、网络、人工智能、区块链、核心器件等领域的技术研发资助力度，资金的支持是企业快速升级的关键环节，同时加强底层操作系统、人机交互、核心工业软件、工业传感器等核心技术的攻关。

最后，要继续实施大工程大项目带动，推进大公司发展战略。从以往的经验来看，为带动信息技术广泛的应用，推动我国经济向数字化和智能化的方向发展，我国重点实施重大应用工程和项目，并成功推动数字国家的建设、引领世界潮流。因而，大企业始终是带动经济发展和提高国际竞争力的主力，现在高科技竞争基本上都是国际巨头之间的竞争，因为这些大企业具备强大的研发、创新以及引领市场的实力。因此，我们要充分发挥大国优势，积极推进重大制造项目和工程的开发，从而引领我国经济的发展。

下面讲述一个我国成功抓住历史机遇，实现经济飞速发展的事例。20世纪90年代初，当信息化浪潮席卷全球时，我国就紧紧抓住了重大发展机遇，积极推动信息化技术和信息技术产业发展，特别是当时以"三金"工程为代表的重大信息化工程的实施，极大地推动了我国信息化的发展，为我国经济、科技、社会、军事等各领域发展发挥了非常重要的作用，也为我们今天信息化发展打下了良好的基础。如今，在信息产业快速发展的时期，除了中国移动、中国电信、中国联通以外，在互联网领域还逐渐成长了百度、阿里巴巴、腾讯三家互联网巨头，我国也正在推动着这些大企业的发展，他们不仅是我国市场开拓的领军企业，也是国际竞争的强劲对手。这样看来，紧抓历史机遇、发展大公司战略不仅是技术创新、市场开拓、带动中小企业发展的主要力量，也是我国走向国际舞台的重要支撑。

因此，今后我国在落实经济发展理念和高质量发展过程当中，需要紧紧把握时代的特征，抓住时代的机遇，就像现在的数字经济带来的重大的时代变革，它对于经济的增长作用巨大，所以我们要跟随它的步伐，结合本国优势，继续推进市场潜力大、技术性强、能发挥关键作用的大工程、大项目，并且集中财力、物力推动实施，这样才会更快提升我国经济实力和核心竞争力。

二、提升发展质量：数字经济提高经济发展质量

随着数字经济的快速发展，我国经济发展进入了新时代，其最鲜明、最突出的特征就是由高速增长阶段转向高质量发展阶段。实现经济高质量发展，最关键的因素就是要培育、形成、发展新动能。我们正在经历一场广泛而深刻的数字化变革，数字经济已成为新时代经济发展的新动能和转型发展的主抓手，因而在经济高质量发展中扮演的角色越来越重要。

目前，我国依靠速度、规模、资源的粗放型经济发展模式已经得到了根本性扭转，经济结构调整和转型升级也随之进入一个新的起点，更加注重智能化、信息化、效益化、创新化、绿色节能的新型发展模式已经形成，并正在不断地提高完善，为新发展理念奠定了良好的基础，推动着我国经济走向高质量发展。就目前的形势来看，数字经济将推动中国全面实现数字化和智能化。随着我国人工智能技术的重大突破和新一代信息技术的快速发展，数字化和智能化已经成了我国许多领域研究的重要发展方向。例如，在中国互联网科技和传统行业的数字化转型领域，数字化和智能化已经创造了无法估量的市场应用。可以说，智能化的机遇和市场空间是我们无法想象的。在数字化和智能化的推动下，今后将出现更巨大的跨界融合，数字化和智能化与传统产业的融合必然会进一步促进实体经济的转型升级，加速推动中国经济实现高质量发展。

以工业互联网为例，作为新一代信息技术与制造业深度融合的产物，工业互联网已经成了工业全要素链接的枢纽、工业资源配置的核心和智能制造"大脑"，是数字经济时代的新生产力、新基础设施和新产业形态。伴随着工业互联网的广泛部署，传统制造迎来了数字化、智能化驱动的转型升级热潮，智能制造开始风生水起，制造业新生态已经加速重构。目前，实体经济领域除了智能制造，还有智能汽车、智能机器人、虚拟现实等。可见，在智能化的带动下，我国经济将实现高质量的健康发展。

智能化的发展不仅需要大数据、云计算、人工智能等新技术的运用，还需要信息化运作的信息物理系统。这个信息物理系统是通过将数字技术与设计、生产、管理、服务等制造的各个环节融合起来的工具。换句话说，就是把各种信息汇集起来，然后进行加工处理，再进行智能分析，最终实现智能制造。不同的制造企业、不同的制造环境，需要不同级别、专业的智能连接平台。

工业互联网就是目前使用的信息化建设最高级别的智能平台。随着 5G

信息通信技术的不断发展，将为实现智能化连接创造良好的网络条件。5G技术的应用构建了全新的网络体系结构，其具有高速度、低延时、大覆盖的特征，并且存在大容量、超高清、泛载网等数据流的传送特点，因而5G将为我国信息化建设提供重要的内在动力，为智能化发展带来重大的创新和突破进步。

对于普通人来说，新一代信息技术的不断进步将为我们的生活带来更大的便利，不管是老人还是孩子，都能够使用微信、QQ软件相互交流，还能使家家户户在网络上购买和支付水、电、气费，或者利用网络办理税务、就业、社保等业务。这些网络化、信息化的进步都为中国经济的高质量发展提供有力的支持。

目前，我国企业纷纷启动数字化转型，以数字化实现不同生产、运营方式的创新，这种以创新驱动的生产模式使企业的效益加速增加。数字技术本身就是科技革命产生的创新成果，它在企业中的发展和应用大大降低了交易成本，更好地改善了市场的运作机制，成功实现了供需双方资源的有效对接。伴随数字技术对传统制造行业从研发、生产、服务到营销等全流程中的渗透，加快了重点行业的数字化转型，同时有效推进机械、轻工、建材、纺织等传统制造行业生产效率的全面提高。可见，新一轮科技革命带来的不仅是激烈的科技竞争，而且是各个行业也都竞相转型，实现自己的效益最大化。企业以创新驱动转变了以往的传统要素的驱动方式，这也为高质量发展创造了新引擎。

近年来，国内逐渐具备了庞大的数字市场体量和网民数量，不断推动着商业模式的创新发展。由于我国在电子商务、移动支付等数字化领域已处于全球领先水平，企业抓住了这一商机，将原有的商业模式改造成新的盈利模式。具体来说，通过大数据技术分析客户的消费习惯，挖掘他们的潜在需求，实现新业态下创新商业模式的运作，主要就是以数据信息为基础研究，分析得出结论，然后优化生产和营销流程，从而提升企业运营的效率、增加企业利润。可见，企业已经可以利用大数据技术从大规模、多样化的数据中挖掘新的商业价值、改变商业模式，传统商业模式的创新改变为我国经济发展质量的提高提供了重要支撑。

数字经济催生新一代信息技术不断进步，促进了中国经济绿色健康地发展，信息通信技术可以说是一切社会活动的承接载体，它的发展对于减少社会经济活动、对物资能源的消耗提供了重要帮助。以淘宝、京东为例，随着互联网的大范围普及，越来越多的人选择在网上购物，这种趋势的产生必然会影响企业消费结构的变化。相比以前，生产商与消费者是两个独立的个体，生产商只是生产产品而不知道市场的具体需求，这可能出现生产过剩、货物围积的现象，浪费了物资。现在，互联网技术将生产商与消费者连接了起来，消费者表现出购买的需求时，生产商根据需求投入生产，这就形成了供需的动态平衡，大大减少了物资的浪费，企业的经济效益也会相应地提高，最终实现高质量化生产、高质量性盈利。

数字经济催生的数字技术的进步，对于能源节约提供了技术支撑。以电动汽车为例，现在国家正在大力推广新能源汽车，对于购买电动汽车的消费者还给予一定的补贴，因为电动汽车不仅能够节约汽油资源的消耗，而且减少了环境污染，为地球增添了一份绿色。

麦肯锡咨询公司认为自动驾驶汽车不仅可以降低交通事故，每年挽救3万至15万人的生命，而且也可以大大减少尾气的排放，提升城市的空气质量。预测2025—2027年将是自动驾驶的拐点，基于对自动驾驶底层技术成本曲线的估算，此时将是自动驾驶与人力驾驶的经济平价点。换句话说，自动驾驶每公里的总成本将与司机驾驶传统汽车的成本大致持平，在此拐点之后，市场对自动驾驶的需求将稳步上升。因此，麦肯锡也将持续发展这一项目，估计2025年可以带来经济规模数万亿美元的市场。

随着要素市场建设和市场体系的不断完善，中国数字经济发展将进一步提速，在促进经济高质量发展、提高现有产业劳动生产率、培育新市场和产业新增长点、实现包容性和可持续增长等方面将会发挥更重要作用，同时也将在全球范围内创造更多的发展机遇。

三、促进供给改革：数字经济推动供给侧结构性改革

2012 年，我国新供给经济学派形成，率先在国际上提出了经济转型期的供给侧改革的理论与政策观点，认为构建促进经济发展的新动力机制应为：改革开放、创新创造和生态民生，统称为"新三驾马车"。其中，改革开放就是要提供新制度供给，发挥市场决定性作用；创新创造就是要推进技术进步和产业升级，提升全要素生产率，增加新产品和服务供给；生态民生就是要改善人的生存环境与自身发展需求。

当前，我国正处于供给侧结构性改革的关键期。面对以移动互联网、云计算、大数据、人工智能、物联网为代表的新一代信息技术支撑的数字经济，我们要充分认识其对企业生产运营中供给结构的影响，才能促使我国经济的供给结构健康稳定地形成。由于数字经济以数字技术为驱动力，它的发展必定会推动企业精细化的分工，促进智能化生产工具的生成，这在一定程度上降低了交易费用，提升了生产效率，从而达到产品供需之间高效率、高质量的匹配。可以说，数字经济的发展对于我国的供给侧结构性改革起着积极的作用，也将为我国经济的长期健康发展奠定坚实的基础。

首先，从需求方面入手，分析数字经济如何促进居民的总需求。随着经济的快速发展，我国已经进入中等收入阶段，居民消费水平也随之逐渐升级，普通的产品已经无法满足人们多样化的需要，个性化、定制化的生产销售更能满足群众需求，而由数字技术赋能的制造业已经可以满足个性化的定制。互联网的大规模普及扩张了各融合领域的消费市场，使人们有了更多的消费空间。通过大数据分析了解到消费者的偏好，从而提供更优质的产品、更便捷的服务，增强居民需求力。另外，数字化的发展产生了

更丰富的新兴业态，这样的转变不仅增强了用户体验、优化了消费环境，而且更重要的是音育了新型消费模式，这样的新模式对于人们的总需求将会进一步扩大，从而拉动需求方的不断升级。

传统业态逐渐转型升级，满足了人们日益多样化的需求。例如，过去说的实体店零售业，现在逐步发展成了电商平台，但现在的电商已经并不单纯的只是线上营业，而是线上线下结合发展。阿里的盒马鲜生和京东的7FRESH就是这样一种形式，非常有吸引力，提供中高档甚至是非常高档的商品，如波士顿的龙虾、挪威的三文鱼等，价格也很低平，而且购买者可以现场体会不同的做法。

除线上外，线下服务也非常周到。只要你在三千米半径内的任何时候在手机端下单，就能保证三十分钟之内将购买的商品送到指定地址。这种线上线下有机结合的形式所产生的效果就是消费者会因为增加的获得感和幸福感产生更多的有效需求，从而使消费需求得到更进一步的提升。

其次，从供给方面，分析数字经济如何促进企业的供给能力。国家积极推行"三去一降一补"五大任务，减少无效和低端供给，扩大有效和中端供给，数字经济的发展伴随着互联网的大范围普及，这样的普及力度会显著提升有效的供给能力。第三方支付就是一个典型的例子，互联网的助力使其一下子调动起了中国巨大的市场潜力，基本上全国大部分的人都在使用第三方支付，它所形成的电商的寡头垄断和过去的垄断不一样，它的发展使得一大批中小微企业跟随其步伐，形成产业集群，带来的结果就是一直到穷乡僻壤都可以发展出淘宝村。可见，技术创新是全要素生产力提升中的第一生产力，它产生的供给效应是乘数倍放大的。因此，数字技术带动下的经济发展，大力支持了中国经济的超常规发展，显著提高了企业的供给能力。

互联网推动低水平供需平衡向高水平供需平衡的跃升，实现了供需的动态平衡。供给侧结构性改革逐渐成为全社会的一种新共识，其根本目的是使供给能力、供给质量更好地满足广大人民日益增长和不断升级的个性化需要。而作为经济增长新引擎的数字经济，同样在推进供给侧改革，已经完成需求端数字化的互联网行业无疑是一个非常合适的突破口。互联网的快速发展使得供给结构由低端供给向高端供给发展，需求结构由生存型需求向品质型需求转变，通过解放和发展社会生产力，用改革的方法推进结构调整，增强了供给结构对需求变化的适应性和灵活性。

数字经济是推动供给侧结构性改革的重要着力点，无论是工业、农业还是服务业领域，数字经济都发挥着重要的作用。在工业方面，智能制造模式通过深度融合制造技术和互联网技术推动制造产业新一轮变革，传统规模化、流水线的机器大生产转向网络化、智能化的生产形态，网络化和服务化的产业组织新方式取代了以往垂直化的产业组织形式。数字化、虚拟化等新技术融入产品中，使产品拥有了颠覆性变化。在农业领域，数字农业、智慧农业等创新性的发展模式层出不穷，推动了农业领域从生产到消费全产业价值链的转型升级，为打造现代农业发展模式，提高我国农业国际竞争力提供了重要驱动力。在服务业方面，不论是较为成熟的电子商务，还是正蓬勃发展的在线娱乐、在线教育、共享出行、远程医疗等，都是数字经济在社会生产生活中的价值体现，为社会供给需求的动态平衡贡献力量。

最后，借用新结构经济学的理念，阐释数字化对于供给侧结构性改革的重要作用。从宏观层面来看，经济社会的发展必然伴随着产业结构的变迁，而产业结构的变化是为了适应不断革新的要素禀赋。目前，随着数字经济的发展，我国的要素禀赋不断变化，这就要求我国的产业结构、供给结构也要随之变化。要想真正实现供给侧结构性改革，应密切关注产品需求市场和要素供给市场的变化，对每一项要素禀赋进行实时监控，并评估当地的要素禀赋结构，再相应地调整产业结构，实现产业结构和要素禀赋的有机结合。总之，就是结合需求侧的数字化实现匹配，打通产业链，实现最底端的生产要素与最顶端的最终产品需求相连接。

从微观层面来看，通过供给侧数字化，企业、行业和产业都能够得到所需要的配置。例如，工业企业可以迅速找到原材料供给更为低廉的地区，人力资本、知识储备也将得到更好的匹配，劳动力充沛的地区将会匹配更多的劳动力密集行业，高校较多的地区将匹配更多的科技密集型产业。

总之，从微观和宏观的角度总体来看，企业通过数字化转型实现了人力资源的高效利用和产业链的全面整合，以及生产运营过程中原材料成本与生产经营再到产品需求的高效率匹配。可见，数字化的快速发展，不仅优化了资源的高效配置、调整了经济结构，而且拓展了数字经济发展中供给侧结构性改革的新道路，为国家的供给侧结构性改革注入了新鲜的活力。

第三章　数字经济协同的创新管理

第一节　数字经济协同管理的内涵

以大数据、人工智能、云计算、物联网、5 G 等为代表的新一代信息技术得到了快速发展，它给人们的社会生活带来了颠覆性的影响，推动了我国甚至全球经济的发展，数字经济时代已经来临。数字经济在给人类社会注入新活力和新动力的同时，也产生了一些新的管理问题。数字经济是继农业经济和工业经济之后出现的一种新的经济形态，而数字经济治理是国家治理在数字经济领域中的具体实践，因此它也是国家治理的一个重要组成部分。

一、数字经济与协同管理

（一）数字经济的概念

"数字经济"这个概念是美国学者唐·塔普斯科特于 1995 年提出的，之后日本等国家也相继提出，不过他们所说的"数字经济"，更多的是针对于电子商务，而不是针对于 IT 行业。因特网的快速发展与普及，催生了因特网经济。近几年来，以大数据、云计算、人工智能等为代表的新一代信息技术得到了充分的发展，并与传统行业进行了深度融合，数字经济已经成为了发展的新动力。

在 G20 杭州峰会上，人们对数字经济下了一个明确的界定：数字经济是一种以数字化知识与信息为关键生产要素、以现代信息网络为重要载体、以信息通信技术的高效应用作为提高效率与优化经济结构的重要推动力的一系列经济活动。

（二）协同管理的内涵

所谓"协同"，就是指"协调"和"合作"，所谓"治"，就是指为维持社会秩序所采取的一些措施。协同管理是一种源于西方的理论，它的含义是政府与其他非营利组织在共同的社会问题上，通过相对正式的机制进行协商、互动、决策与共同行动的过程。

协同管理具有以下特点：1. 公共性质，即协同管理以解决公共事务为主；2. 多元化，是指协同管理的主体不仅包括了政府，还包括了市场、公民和社会团体；3. 互动性，也就是在协同管理的过程中，要实现信息共享、协调协商、双向互动、共同治理；4. 正规化，是指每一方的权利、义务和关系都必须以正式的方式来确定，如法律、法规和规章制度等；5. 动态化，协同管理是一个动态的过程，需要随着业务特征、业务发展趋势的变化而不断地调整、改进；6. 主动性，即在协同管理中，尽管政府已不是唯一的权威，但它仍然是协同管理的主要力量。

在数字经济时代，互联网已经成为一个不可缺少的工具，而社会治理的模式也要与时代发展的需要相适应，从单方面的管理转变为双向的互动，从线下的引导转变为线上线下的相互融合，从单纯的政府监管转变为注重社会协同管理。在数字经济的环境下，政府、市场、平台、消费者等都是治理的主体，它是一种多个利益方共同参与的非中心化的治理模式，只有在这种情况下，协同管理的理论思想才是一种与经济和时代发展相适应的治理方式。

二、数字经济治理遵循的基本原则

（一）创新的原则

数字经济的本质是一种"创新"经济，其最大的特点就是"创新"，而"创新"则需要一个"持续的"治理理念来与之相匹配。面对数字经济所产生的新业态和新模式，必须要坚持创新的原则。

一是要推进数字经济的立法，并在此基础上进行创新。许多专家认为，随着人工智能、大数据、物联网等新技术的快速发展，并在这些新技术中进行了深度应用，未来的产业模式与竞争方式将远远超出预测。传统产业的数字化转型升级、信息产业的深度融合等，都会让企业之间的竞争和垄断变得更加复杂、更加隐蔽、更加难以察觉，还会出现知识产权、新型犯罪、创新纠纷等问题。在这种情况下，我们一定要对社会治理足够的重视，并对司法的改革内容和方式进行积极的探讨，用相关的法律、法规来保障数字经济的健康、可持续发展。

二是在法律法规的制定上，也要有一定的包容性和审慎性。在新的经济形势下，我们更应该以宽容谨慎的态度对待政府与市场的关系。在数字经济时代，需要技术、思想、制度和法治的创新，需要在创新和规范、法律和自治之间找到一种平衡点，在数字经济时代，要有"包容审慎"的原则，对发展中的不确定性要保持中立，仔细观察，而不是刚一冒出来就将它压下去，同时，对潜在风险很大的问题要加强监督，对违法乱纪的行为要严厉打击。

（二）统一的原则

数字经济治理体系是要构建一套完整的、统一的、对主权范围内的所有机构和个体所产生的数据进行统一的管理，并能为每一个独立的个体提供精准的公共服务能力的体系。不过，这并不是说所有的数据都是一个统一的整体，而是一种逻辑上和标准上的统一。

要实现统一的过程是非常复杂的。首先，在治理体系中，每一个参与主体都有自己独特的数据标准和数据格式，要想把这些数据进行统一化，就必须要考虑到数据标准的兼容性，以及怎样才能把它们进行有效的转化，这需要耗费大量的人力和物力。除此之外，还要考虑现在每个拥有独立数据的用户，他们是否愿意对数据进行统一性管理，政府主体等可以做到强制性的统一，但是，在治理体系中的其他主体却不能做到强制性，这就需要从国家层面上，通过制定法律及市场规范等来对其进行约束。

（三）公平的原则

在我国的数字经济治理体系中，政府、市场和普通民众都是体系治理的主体，不管是刚起步的小型企业，还是刚从学校里出来的青年，又或者是行动不便的残疾人，他们都应该享受同等的待遇。在数字经济的环境中，每个参与主体都有平等的机会，并且可以为每一种经济活动进行平等的赋能。平等的金融服务、平等的公共服务、平等的基础能力服务、平等的个性化定制服务等，在数字经济的协同管理中，必须遵守公平的原则。

在此基础上，建立一个基于公平的协同管理模型，并以此为前提，保持对科技的中立。由于数字经济的发展依赖于平台，平台对于每个参与者都具有同等的地位。因此，平台在为正常的经济活动提供便利的同时，也存在着被不法行为所利用的危险。特别是在数字经济中，存在着大量的信息与数据。因此，平台无法对所有信息与数据的交易合法性进行全部甄别。因此，在发生风险问题的时候，应该对平台保持中立的原则，不要赋予平台连带责任。

（四）安全的原则

在数字经济时代，网络是一个必不可少的、重要的基础，如果没有网络安全，就没有国家安全，构建国家数字治理体系要把安全作为基本原则。首先要保证数据本身的安全，也就是：保证数据在任何时候都不会被损坏、被篡改，可以完全地进行存储和获取，这主要表现在技术方面。其次，保障数据的传输安全，也就是：数据传输的同时也要保障数据的完整性、可靠性和安全性，这一点首先体现在系统的层次上。最后是作为数字权力的安全，也就是数据在存储的过程中，不损害数据所对应的个人和组织，要保证数据的安全和高效运行，主要体现在法律制度层面。

三、数字经济协同管理的重点方面

数字经济是一种多元化、非中心化、多主体参与的新型经济形态，其核心是协同管理，而协同管理则是将参与主体由"一元"转向"多元"。传统的治理模式已经不能与数字经济时代的特点相匹配，很多新业态、新模式、新事物不断出现，与此同时，也出现了很多新的问题。通过对社会治理的主体实现多元化，才能更好地提高经济发展的效率。从当前的数字经济发展情况来看，数字经济的协同管理还面临着很多的挑战。

（一）数据

在这个数字经济的世界里，有数据的人就有话语权。在数字经济中，数据是一种非常重要的能源，它每时每刻都在产生着海量的数据，而在新的时代，数据就是一切的基石，不管是智慧城市、数字政府，还是与人们生活息息相关的智慧医疗、智慧交通，这些都是需要数据的。没有数据支撑，数字经济将无从谈起。所以，在数字经济的协同管理中，最重要的关注点就是数据。数据的产生、收集、加工、利用等过程中，所有的主体都会参与进来，这其中既有个人和企业，也有市场和政府。只有对有价值的数据进行充分的利用，才能给经济的发展带来最大的好处，所以要加强数据的治理，让数据的共享得到最大程度的发挥。

（二）税收

近几年来，我国的数字经济发展规模不断扩大，已经成为促进我国经济高质量发展的一个主要动力，目前，我国的数字经济总量已经超过了31万亿元，占到了 GDP 的 34.8%。在数字经济时代，税收治理受到了社会的广泛关注。与传统的商业模式相比，数字经济可以更加直观、透明、公开、公平的展现企业收入和个人消费等。数字经济给一个国家的经济带来了强大的增长动力，但它也让税收遇到了前所未有的巨大挑战，要进行税收理念的更新。要积极应对新的情况，不断提高税收的信息化程度，税收要以数字技术为基础，要着重关注对个人隐私和公司财务信息的保护，要尽快构建并健全与当前情况相适应的法律法规，更要深入地参与到国际税收规则的制定中，要提高我国的话语权和影响力，以我国的数字经济发展和不给公司增加额外的税收负担为基础，切实维护我国的税收权益，要创新理念、创新方法，充分发挥税收治理的作用，推动我国数字经济的发展。

（三）信用

"信，国之宝也，民之所庇也。"数字经济的发展离不开诚信，不构建与之相适应的诚信制度，就不能保证人民生活、社会生产的正常运转。在这个数字化的社会里，人们生活的各个方面都有了很大的变化，因此，对信用治理的关注也越来越多。首先，要把多元化的数据、各类参与的主体、提供的与主体有关的信用一一进行精确匹配。这也是在大数据时代，信用发展的一个主要体现，要对主体的征信、信用情况等做出正确的判断，利用智能化的信息机制和多元化的信用产品，为治理体系中的主体提供更好的服务。其次，运用智能的方法，对各种欺诈、舞弊、弄虚作假等不诚信现象进行及时的检测，并给出相应的警告，阻止其对市场秩序做出危害的行为，寻找行之有效的监督方法，激励诚信的主体进行持续的创新，从而对数字经济中的信用治理起到更好的促进作用。最后，在信用治理方面，要严格区分"软约束"的信用惩戒和"硬约束"的行政处罚之间的界限，采用多主体协作的模式，实现社会信用和数字经济的有机结合，建立健全的信用治理体系。

(四) 知识产权

如今，数字经济的发展速度非常快，知识产权的存在是不可或缺的。一方面，正是由于知识产权的不断构建和完善，才引起了越来越多的新技术、新产品、新成果的出现，并给人们的生活带来了颠覆性的变化。另一方面，这些新技术、新产品、新成果的快速发展，也对知识产权领域提出了更高的要求、更多的新课题、更大的新挑战。只有对知识产权的保护制度进行全面的健全，才能更好地促进技术的进步和经济的发展。随着 5G、人工智能和物联网的兴起，互联网产业发生了重大的变革，要对侵权盗版、版权授权等各种问题，以及著作权、商标权、专利权等各种权益给与更多的关注。在实际的知识产权保护过程中，要对知识产权保护的边界问题加以重视，既要对其进行保护，又要把握好尺度，如果产权保护过度，就会造成垄断，同时，反垄断也是数字经济协同管理所要重视的一个重要方面，因此，必须要在数字经济时代，不断地寻找关于产权保护的平衡点，探讨更高效的数字经济环境下的知识产权治理体系。

第二节 数字经济治理的关系协同

一、数字经济治理目标的协同

建立多元主体的数字经济协同管理体系，推进数字经济协同管理，首先要解决的问题是数字经济协同管理目标之间的协调问题。治理目标的协同性不仅涉及多个主体之间的协同性，而且还涉及数字经济协同性治理的有效性；从更广泛的角度来看，数字经济治理作为国家治理的一个重要组成部分，其质量的优劣不仅会对国家治理的效果产生影响，而且还会对国家治理体系和国家治理能力的现代化产生影响。

（一）直接目标：推动经济高质量发展

数字经济协同管理的直接目标是发展好数字经济，从而促进经济高质量发展。目前，数字经济正以爆发性的速度发展，其对经济的辐射带动效应正在不断增强。在 G20 杭州峰会上，推动数字经济的发展成为《G20 创新型增长计划》中四项重要举措中的一项。通过发展数字经济、提高经济发展质量、扩大经济增长空间，已经成为国际社会的共识。大数据的开发与应用是构建现代化经济体制的必然要求。我们要始终将供给侧结构性改革作为主线，加速数字经济的发展，促进实体经济与数字经济的融合。

一方面，数字经济是引领经济向高质量发展的重要驱动力。目前，以互联网为代表的新型信息技术正处于快速发展、跨领域融合的爆发阶段，并已成为推动新一轮科技与产业变革的主要动力。《中国数字经济发展与就业白皮书》指出，近几年来，中国数字经济在国内生产总值中所占的比例一直在不断提高，已经成为拉动我国经济增长的一个主要力量。另一方面，数字经济对实体经济的发展和传统产业的升级起到了推动作用。数字经济与传统制造业的深度融合，持续地产生了一些新的业态和新模式，如网络化协同制造、个性化定制和远程智能服务等，这些都是引领传统制造业进行数字化转型的重要动力源泉。

除此之外，数字经济还可以帮助实体经济降低运营成本、提高生产效率、提高供需匹配精度，促进经济朝着形态更高端、分工更精细、结构更合理、空间更广阔的方向发展，是实现经济高质量发展的重要支撑。所以，数字经济协同管理的实质，就是要使数字经济成为一种促进经济高质量增长的主要力量，这就是它的直接目标。

（二）根本目标：提升国家治理能力

面对数字经济发展的现状，以促进治理能力的提高为核心，是数字经济协同管理的基本目标。数字技术促进了各行各业的数字化转型和升级，带动了全社会的数字化转型。一方面，我国的社会主要矛盾已经转变为了人民日益增长的美好生活需求和不平衡不充分的发展之间的矛盾。因此，人民群众对以数字经济为代表的高速、泛在、高质量服务和高质量产品的需求，有了很大的提高，这直接促进了万物感知、万物互联、万物智能的智能社会和数字经济的迅速发展，数字经济也渐渐成为了现代化经济体系的重要内容。在我国，数字经济的发展已经成为一种必然趋势。然而，数字经济的发展具有规模大、影响深、变化迅速、参与主体众多的特点，给传统的管理模式带来了新的挑战。所以，对数字经济的发展进程、成效和存在的问题进行及时、准确地掌握，建立与数字经济发展相适应的多元主体的数字经济协同管理体系，提高数字经济的治理能力，从而推动国家治理能力的现代化建设。在此基础上，应充分调动社会多方参与的积极性，建立协同管理模式。要利用现代信息技术和手段，向决策者们提供能够推动国家治理现代化和数字经济治理的真实信息，这样才能对经济政策进行及时的调整和修正。要利用大数据手段，为数字经济治理提供全量、精准的信息，从而进一步降低协同管理成本，提高协同管理效能，提高协同管理效率。

（三）最终目标：增进人的福祉

以增进人的福祉为目标，维护数字经济发展秩序，是实现数字经济协同管理的最终目标。数字经济治理能力现代化的问题，是从维持数字经济时代经济社会正常运行秩序，推动数字经济健康、文明发展的需求出发的，但这并非数字经济治理的最终意义。增进人的福祉是维持数字经济发展秩序的最终目标，它为实现人的全面自由发展提供了重要支撑和重要保障。人的全面、自由发展是马克思主义社会治理的目标。马克思认为，未来共产主义社会"应该是以每个人的自由发展为基础，以所有人的自由发展为前提的联合体"。所以，应该将是否有利于增进人的福祉和人的全面自由发展，作为对数字经济治理水平和数字经济发展程度进行评价的价值尺度。

我国始终坚持以"人的全面发展"为基本宗旨，并将其视为实现人全面发展的重要途径。以增进人的福祉和实现人的全面自由发展为价值导向，突出了人在数字经济生态中的主观价值。我们要始终坚持"以人民为中心"的发展理念，持续强化并完善数字经济基础设施，持续强化应用技术的研究与开发，为让人们能够更好地享受到数字经济的红利，提供可靠的硬件保证；要重视数字经济的文化与内容的构建，为人的全面发展提供文化支撑；要大力推进"互联网＋教育""互联网＋医疗""互联网＋社会保障""互联网＋政务服务"等新业态的发展，让人民群众有更多的获得感。要加快数字经济的法治进程，就必须强化与数字经济相关的立法与执法工作，在赋予各种主体在线表达自由与行动自由的前提下，也要有效地保障各种主体的合法权益，为人们的自由与全面发展营造一个良好的数字经济生态环境。在数字经济的管理中，最重要的目的就是要让人们能够享受到数字经济发展带来的红利，提高社会的生产水平，提高人们的生活质量。

二、数字经济治理理念的协同

价值在现代国家治理系统中居于顶层，是国家治理体系根本的指导思想。国家治理制度所牵涉到的领域是非常广泛的，它需要一个被全社会公认的价值观来统一、协调、引导。要努力培育和弘扬社会主义核心价值观，推动国家治理体系与治理能力的现代化。它深刻地阐明了价值系统与价值观对国家治理现代化的重要意义。治理的实质就是一系列的价值观念、政策与制度，使人们能够在一定程度上达成共识，从而使公共事务达到公平、公正与有序的目的。数字经济协同管理作为国家治理体系中的一项重要内容，其理念不仅要符合国家治理的基本理念，而且要具有对多元主体的凝聚功能。价值观决定着人们的思维取向，决定着人们的行动选择。人们有怎样的价值观，遵循怎样的价值观，就会产生怎样的治理理念和制度。基于国家治理体制、数字经济特点、数字经济治理目标，应该构建中国数字经济协同管理的"人民性""法治性""科学性"三个维度的价值体系。这一问题的出现，主要有两方面的原因：第一，国家治理的价值取向。从某种程度上说，现代国家治理就是对"国家管理"的一种体现，它的本质可以提升为"治理"层面的管理。国家治理体系和治理能力现代化自身蕴含着强烈的服务导向、绩效导向、法治导向、责任导向等价值导向，自然地就与人民、法治等价值理念紧密相连。第二，与协同管理的目标定位有关。数字经济协同管理的目标本身就包含了要增进人的福祉、要体现人的全面自由发展、要正视数字经济中存在的问题、要推进数字经济的迅速发展，这就必然要求从人民、法治、科学的维度来推进数字经济治理。

（一）坚持人民性的价值立场

如今，数字经济已经成为时代发展的新引擎，数字经济同样与每一个人的生产和生活密切相关。要想发展数字经济，推进数字经济的治理，就一定要站在人民的角度，紧紧依靠人民，发展为了人民，这是数字经济协同管理价值体系中排在首位的。一是协同管理的主体要具有广泛性，因为它不仅表现为新技术与传统行业的融合，而且表现为个体消费者、服务提供商、企业、政府等多个主体的融合。数字经济是一种"多数"经济，因此，对其进行治理，也要以"多数"为基础，保证所有主体都能平等地参与其中。二是协同管理模式要体现出协商的性质，即"大家的事大家一起商量"，除了强调协同管理模式外，还应注重运用协商、合作等其他治理模式，努力促进行业企业加强自我管理，并倡导社会成员进行共同协商、共同治理。三是在利益分配中要体现公平，一方面，要保证每个人都能适应数字经济的发展，享有相对平等的数字信息，使社会中的弱势群体不会被落下，也不会出现新的社会不平衡现象；另一方面，要让数字经济服务于每个人，让大家可以平等地进行创新创业，享受优质的产品和服务，享受数字经济带来的红利。

（二）遵循法治的治理理念

法治作为一种社会管理的根本手段，其核心问题就是要建立一个以法为本的社会管理体系。而法治又是依法治国的基本体现，而依法行政的能力又是治理能力中最为重要的一项。国家治理有赖于各方面的法治，而健全的国家治理的关键在于建立一套合乎常理、行之有效的法律体系，并保证其在制度层面上得以有效实施。任何事情都是事先准备好的，没有事先准备好的，就什么都没有了。数字经济属于一种正在蓬勃发展的新事物，要尽可能让数字经济与数字经济法治建设保持同步，用一个良好的法治环境来保证数字经济的持续健康发展。要有好的法治，要将数字经济发展中的重点、难点、热点问题和法律风险点作为重点，加快制定相关的法律法规，用硬法兜住底线。要有健全的制度，尤其是要以数字经济的协同管理为中心，建立起行之有效的监督机制、激励机制和运行机制等，用软法来对发展进行规范。用法律法规来明确政府在数字经济治理中的主导地位，并明确企业和社会在数字经济治理中的权利和义务。

（三）注重科学性的治理导向

国家治理是一个具有复杂性、系统性、基础性、全局性、长期性的系统工程。科学的国家治理，就是坚持科学的精神，在国家治理的过程中，遵循经济社会发展的基本规律和特征，实现有效的治理。所以，要实现国家治理的现代化，就要对那些与社会发展不相适应的制度进行变革，并让其在社会生活中发挥更大的作用。数字经济在表现形式、关联程度、迭代速度等方面都与传统的经济形态有很大的区别，并且，数字经济也已经上升到了国家战略的层次，所以，科学的管理对于数字经济的健康发展具有非常重要的意义。尤其是现在，我国正在从传统的工业经济转向数字经济，在这个过程中，我们的治理工作还没有跟上发展的步伐、模式还没有固定下来、手段还没有跟上、利益主体的矛盾也比较突出。这就要求在数字经济中，鼓励创新，科学施策。在治理机制上，要对数字经济的创新属性加以更多的重视，要对信息技术快速发展和变化的特点给与更多的关注，多使用事中事后监管，多使用大数据等技术手段来对治理进行辅助。在资源配置上，要充分发挥数字经济资源配置效率的优势，鼓励各类平台企业多提供有价值的交易信息和中介服务，也要预防无序竞争、行业垄断的现象，鼓励同类行业企业进行正常的市场竞争。

三、数字经济治理议题的协同

不管是大到国家治理，还是小到数字经济治理，如果要对治理的主体和机制进行研究，那么就不能将具体的治理议题分开，不然的话，在具体实施治理行为的时候，就会无从下手，没有任何规律可循。章晓英与苗伟山在其《互联网治理：概念、演变及建构》一文中，参考 UNESCO 的成果，从社会、内容、技术、基础设施四个层次对网络治理问题进行了分类，并将网络安全、内容建设、技术开发与资源分配等问题列为网络治理问题。这一部分考虑的是因特网的特定内容，而非因特网管理的特定议题。治理问题的重点在于治理的依据、治理的范围、治理的主体以及治理的方法。何明升在其《虚拟社会治理的概念定位与核心议题》中，以此为切入点，提出了"治理的合理性""治理的边界"等问题。数字经济已深入到人们的日常生活中，并在国民经济中占有举足轻重的地位。对数字经济协同管理的研究，第一步就是要对其正当性和合法性进行界定，第二步就是要对其边界划分、权力结构、以及国家特征等问题进行分析。

（一）数字经济协同管理的正当性

最近几年，随着数字经济的快速发展，出现了许多新的热点和新的业态，数字经济既促进了经济和社会的发展，又对社会的秩序产生了一定的影响。所以，很多人都在反思，是否应该停止以"鼓励创新"为旗号，让数字经济漫无边际地发展。还有一些学者认为，由于数字经济的迅速发展，人们获得了空前的权力和知识，但是人们并不清楚这些权力和知识该如何使用，也不清楚将它们交给谁去管理和限制。在现实生活中，随着数字经济治理日益成为各国政治关注的焦点，政府的角色也日益被人们所认可。例如，欧盟主张对因特网进行适当的政府干预，英国宣称因特网并不存在法律空白，而法国主张政府部门应联合技术开发者、服务供应商和用户共同对因特网进行规范。本文所提出的观点，不仅涉及网络治理，而且涉及数字经济的治理。

当前，大部分国家都开始对数字经济开展着各种形式的监督和管理，数字经济治理是人们所期望的。首先，网络等信息技术是高科技的聚合体，对高科技的预测和调控，包括克隆技术、纳米技术和网络技术等，对高科技的影响，以及对其产生的社会影响，都具有重要意义。其次，由于数字经济具有多元主体互动的特征，它超出了"私"的范畴，所以需要兼顾公众利益与社会秩序。从传统的互联网治理角度来看，在现实生活中，任何一个国家都不会放弃对网络信息的管理，从政府部门到特定的组织，都把对网络和网络信息的管理看作是自己义不容辞的职责。最后，由于数字经济的外部性很强，所以，必须要有多个社会主体的参与，才能实现社会—经济的协同管理。

（二）数字经济协同管理的边界性

在何明升的研究中，他把数字经济的管理领域分为三个层面：虚拟空间的管理、虚实关系的管理和国际管理。在此基础上，我们还将从三个方面对数字经济中的协同管理边界问题进行研究。

一是在虚拟空间方面，随着网络和其他信息技术的发展，人们在时间和空间上的变化，使得人们对生产和生活有了新的理解，虚拟空间也逐步成为一种相对独立的领域。从这一点来看，虚拟空间是数字经济中一种独一无二的场景，为人们的生产生活提供了更丰富、更多样、更便利、更经济的特殊环境。但实际上，这种"有限"的虚拟世界，却是无政府主义者们最想要保护的地方，在这里，有许多见不得光的交易，也有许多隐秘的交流。因此，有必要对虚拟空间进行有效的管理。

二是在"虚"与"实"的关系管理上，"虚"的存在并非孤立、封闭，它是"实"的社会形态。卡斯特在其《网络社会的崛起》一文中指出，因特网是一种无中心的、在任何一个节点上都能进行交流的信息网络媒体，它充分地反映出了"网络逻辑"的结构形式。因此，我们可以看到，在这个世界上，虚拟空间只是一个亚形态，它只是这个世界中的一个角落。在此基础上，本文提出了一种新的、更好的、更高层次的治理模式。与此同时，由于数字经济秩序的公共物品性质，在对其进行治理时，既要保护公民和企业的合法利益，也要保护社会的公共利益。所以，在数字经济中，既要有自律，又要有政府的监督，否则将会导致其发展不受控制甚至失去控制。

三是在数字经济的国际治理中，数字经济的治理不仅要有跨国界的特征，而且要有一国的意志。首先，在数字经济领域存在着主权争议，例如，中国".cn"这个域名无疑是中国的一部分，应当受到国家的管辖。其次，数字经济具有一定的流动性，且某些数字资源又具有一定的稀缺性，使得对数字经济的司法管辖具有一定的模糊性。而与数字经济相关的核心资源配置管理，如域名管理归属、根服务器管理等，又是影响国家安全的重要因素，也是国际社会关注的热点问题。另外，随着电子政务、电子商务、移动支付、网约车、网租房等新的经济形式的兴起，世界各国开始了对数字经济的新一轮竞争，争夺新经济的制高点，并想尽一切办法获取其他国家的数字信息。因此，无论从哪个视角来看，数字经济治理领域都是数字经济协同管理领域的一个重要课题。

（三）数字经济协同管理的权力主体

不管是从数字经济的特点，还是从社会对数字经济治理的要求来看，数字经济协同管理的主体都不应该再被限制在传统的以政府为主导的一元治理模式之中，而是应该包括政府、数字经济企业、相关社会组织和公民个体在内的体现协同性的多元治理模式。在生活论的视角中，数字经济治理被看作是一个在网络生态环境中，多元主体相互协调、相互影响、相互合作的过程。这里的多元主体也指的是包括非政府主体在内的各类社会主体。但是，我们也应该认识到，尽管互联网作为一个技术体系，具有一定的自组织功能，它可以在一定程度上对其自身所存在的不协调、不平衡等问题进行修补。但是，因为在技术实体周围或者附着在技术实体上的其他个体非常多，而这些个体之间不可能自组织，也不可能自动地产生协同效应。所以，就需要设置一些规范和约束，让所有的个体成员都必须严格遵守并相互监督。但是，在设置规范性条件时，必须保证个人在社会中的地位相对平等，否则将导致社会新的失衡。

在数字经济治理的多元主体权力结构中，因为政府拥有法律授权的正当性，并且拥有管理治理的权威性，所以政府应该处于协同管理的领导地位，但是还应该将其他主体以及社会自身的管理都包含进来。因为协同管理主要表现为多主体参与治理，所以他对其他治理主体的权力给予了认可，从而保护了其他主体的治理权不受侵犯，同时也有助于并促进其他主体在协同管理的过程中，提高自身的治理能力。一般而言，完善的多主体的权力结构是通过三种机制的相互制约而构成的：一是强调各主体自我管理、自我完善和自我修补的自我约束机制；二是它的"他律性"，它指的是政府职能与社会机构的高效运作；三是相互约束机制，即各主体应形成一种互相制衡的状态，在一方实力太强的情况下，利用彼此约束的作用来达到权力均衡的效果。

（四）数字经济协同管理的国别特色

目前，在因特网等数字经济蓬勃发展的今天，各国对数字经济的管理是否仍有各自的特点？各国是否都必须遵循同样的管理逻辑与管理方式？从实践中我们可以发现，真正利用互联网并参与数字经济活动的，是真实的自然人，他们通常以"群"的形式存在于虚拟空间。正是互联网中时时刻刻无所不在的"群"，使得数字经济及其管理呈现出不同国家的特点。"群"里的组织与个体，一方面是与真实的企业、团体或个体相对应的，但它们又具有地域、文化、民族的符号。尽管在人类学领域存在着普遍性与历史性的争论，但是，从现实的角度来看，不管是"群"里的团体或个体，他们的线下活动，或者是线上的交流、沟通与活动，都离不开地域性的、个性化的体验，并具有特定的国家特征。与此同时，具有共同愿景的、带有个性烙印的团体或个人在网络平台上交互、交流、影响，又会产生具有特定区域及文化特征的知识，这些知识经过扩展和扩散，又会影响到网络平台上的每一个人，如此循环，最终导致网络平台逐步形成具有独特个性的文化。从另一个角度看，"群"又包含着、反映着某种国家的特征。网络上的每一个虚拟主体，都会在现实生活中反映出来，而现实中的主体，都带有民族性的特性，所以，虚拟空间中的各种"群"，以及各种数字经济活动，都既有地方性，又有民族性。

所以，一个国家的数字经济治理既要考虑到世界规则，又要考虑到国家和民族的特点，但是，怎样才能同时考虑到这两个方面，这是一个相对困难的选择。所以，中国的数字经济协同管理应该遵循普遍的治理规则，也应该有自己的治理逻辑、治理模式和治理方法。

第三节 数字经济治理的主体协同

一、数字经济协同管理主体分析

在数字经济协同管理中，最重要的一点就是要对治理主体、主体职责、主体权力进行明确，并以此为基础，积极推动多元主体之间的协作，努力打造出一个多元主体协同共治的局面。在治理层次上，学界通常将协同管理的主体分为两个层次：一种是从宏观的角度对其进行分类，通常将其分为政府、市场、社会三类主体；一种则是从微观角度上对其进行了分类，即政府、社会团体、基层组织、公民、市场等。

二者最大的不同之处，就是对于"社会"对象的不同理解。但是，关于"微"的分类标准，至今在理论与实践中尚未达成共识。比如，一些学者对"社会组织"做了更多的分类，如：社会团体、机构等；另一种观点则提出，"事业单位"本质上应包含诸如"社区、街道、办事处"之类的组织，故"基层组织"不应再成为一个独立的主体。

在这一问题上，由于视角的不同，也存在着多种方法的区分。究竟应按宏观层次进行分类，还是按微观层次进行分类，应根据研究内容的要求进行分析。从整体上看，从宏观的角度来看，这种划分方式较为简洁，更适宜于从顶层设计的角度来进行研究；微观上的划分方法更为细致，更倾向于对具体问题的研究，例如网络舆情、网络安全、数字经济具体产业等方面的研究，都更适用于微观层次的划分方法。因为本文尝试以协同管理理论为基础来构建数字经济协同管理的框架，所以有顶层设计的考虑。在这里，之所以用企业来代替市场，主要是因为数字经济的平台经济属性。在本书中，笔者认为，在数字经济时代，产业竞争已经逐渐进入了大规模、大范围的平台策略竞争，所以，数字经济企业尤其是平台经济企业在市场中的作用非常重要。使用企业主体代替市场主体，这与数字经济治理的现实状况和需求相一致。

（一）政府主体分析

政府是提供公共服务和履行公共管理职能的重要主体，它的主要职责是在法定的授权下，依法对社会公共事务进行管理，向社会提供公共产品，为社会公众提供服务。尽管随着经济社会的发展，社会形态一直在发生着变化，政府的职能也在相应地进行着调整，但是，政府在基本职能定位方面并没有发生明显的改变，政府需要履行的基本职责依然是：组织制定法律法规和公共政策、监督法律和政策的执行、维护市场秩序和打击违法犯罪、维护社会公平正义等。在中国的数字经济协同管理体系中，政府主体具有如下特征：

第一，在数字经济协同管理中，政府起着领导作用，但并不完全负责。在数字经济治理协同模式中，政府不再仅仅是一个发号施令的指挥者或者是一个执行者，而是一个作为协同主体的政府与其他治理主体之间，存在着一种平等、协商、共治的关系。新公共管理理论强调，从广义上来说，政府所拥有的权力已经不再只是一种权利，它更多的是一种责任，它没有权力发布命令，让其他主体仅仅服从，除非它是在执行法律赋予的执法权，或者在自己的法定职责范围内行使行政权力。在本质上，政府的权力演变成了一种为公众提供服务的工具，它的作用主要是回应社会诉求、回答公众疑问和保障公平正义，这是政府在参与社会治理时必须遵守的原则和立场。为此，政府应在法律法规、制度、政策的制定与执行上发挥积极的作用，承担起应有的责任，让公平、正义与善治成为社会治理的价值追求。在数字经济治理协同的进程中，政府除了要扮演更好的角色外，还应承担起积极地引导和协调其他主体参与的责任。尤其是，由于数字经济具有高度的知识密集型和技术性，使得其在技术、信息、知识等方面拥有天然的垄断优势，极易形成"一支独大"的局面。与此同时，数字经济也呈现出一种虚拟的特征，在此基础上，上亿的交易主体在此平台上进行着"无形"的交易，若一方不遵守信用或不遵守法律，将给另一方带来巨大的损失。在许多情况下，这种问题的出现、遏制和处理，都是由政府出面，与各利益相关者一起探讨解决的办法，并对其产生的负面影响进行适当处理。可以说，与其他治理主体相比，政府具有更多的约束和强制能力，它还具有其他治理主体和社会成员所没有的诸如司法强制力、跨区域综合协调等手段。因此，在数字经济协同管理过程中，引导和支持其他协同主体参与数字经济治理，提高数字经济治理能力，加强对各类主体的监管，越来越成为政府在数字经济协同管理过程中应承担的责任。

同时，政府也在与信息化的需求相适应，积极转变自己的职能，对自己的工作和服务进行了创新，不断地推广"电子政府""阳光政府""开放政府"等新的工作模式，使政府的工作效率、服务水平和管理水平都得到了进一步的提升。在数字经济背景下，政府正在从信息的"垄断者"逐步过渡到信息的"提供者"，从"管理者"过渡到"服务者"，从多方治理的"决策者"向多方治理的"引导者"转变，这种转型本身也意味着政府不再强调对社会事务的统治和控制，而是通过一定的法制、机制和制度，加强与社会成员的良性互动，扩大社会成员的知情权、参与权和监督权，营造与社会成员一起协同管理社会事务的局面。

第二，在中国的数字经济管理中，政府管理的主体具有广泛性。一般而言，在广义上，政府的主体既有立法机关、行政机关、司法机关，也有社会公共权力的具体实施机关；狭义上的"政府主体"是指那些具有相关监管职能的政府部门或组织。

这里所说的"政府"，是一种广义上的"政府"，它不仅包括党政机关，还包括立法、行政、司法机关；它不仅包含了中央政府，还包含了地方、基层政府。

（二）企业主体分析

市场是社会分工发展到一定阶段的产物，它既是商品的买卖主体，又是商品和服务的主要渠道，是经济活动中最重要的参与者之一。通常情况下，市场主体主要包括了各类企业、市场投资者、销售者、消费者、劳动者等众多主体。而企业由于承担了产品生产、服务供给、商品流通、市场交易等职能，因此它毫无疑问地成为最重要的市场主体。许多数字经济企业承担着供给与需求双方之间的撮合交易服务，它们拥有更多的信息和资源，它们的职能也不同于传统企业，这就使得它们要肩负的社会责任和任务也变得更为艰巨。

第一，在数字经济合作管理中，企业在其中起着关键作用。企业是数字经济的主体，是数字经济治理的关键。在传统经济时期，政府对经济事务拥有较强的管理权，企业从成立到运行，从注册资本金到运营资金，再到利润情况，从招聘员工到社会保障等，都必须向政府进行备案或汇报，企业的大部分运行数据都被政府掌握。在这一模型中，政府自然而然地也可以作为市场的主导者。但是，在数字经济时代，因为技术和数据都被企业所掌控，而且技术手段不断地进行着快速的更新，所以数据也在不断地发生着变化。此外，数字经济还存在着一种天然的技术壁垒，如果没有技术性授权，那么其他主体就很难获得公司的最新数据。即便得到了技术上的许可，也难以对这些宝贵的资料进行分析和取得，除非经过专门的机构。

第二，在数字经济环境下，企业对协同管理具有重大意义。在当前社会治理多元化的新形势下，企业作为数字经济治理的主体，一方面，其自身的健康成长对于促进经济社会的发展、促进数字经济治理起到了积极的作用；另一方面，企业想要发展壮大，需要一个安全、稳定的社会环境，企业也应该有一种强烈的责任意识，要积极地参与到数字经济的治理当中，并一直保持着参与数字经济治理的主动性和责任感，不能互相推诿责任，不能盲目地追求利益，而失去了基本的社会道德，应始终坚持服务公民、服务社会。在公司内部，公司应当把促进自己的健康发展作为自己的目的，制定公司的发展计划，对公司的发展进行合理的规划，对公司的发展规模、发展速率进行合理的设置，对各利益相关者的利益加以均衡，并尽力进行内部的协调；在对外方面，企业应当也可以将促进行业健康发展、企业从中获益作为自己的目的，加强与行业企业之间的沟通，避免恶性竞争和无序竞争，与政府保持良好的沟通，积极响应公民和网信的诉求，努力做好外部协同。

（三）社会主体分析

其中，社会三体又分为两类：一类是产业团体，另一类是公民个体。社会组织是一种广义的社会组织，通常被称作"第三部门"，它包括各种社会团体和行业协会，它是一种民间性质和非营利性质的社会团体。行业组织的概念也被广泛使用，通常是指围绕特点行业，以共同利益为基础的公民个人、法人单位或其他组织，在自愿的基础上，通过一定的章程对其进行约束，从而进行工作的社会团体。行业组织通常属于社会团体。为了强调产业的重要性，为了简化分析，我们将所有的社会团体都以产业团体来代替。行业协会的作用是维护行业的健康发展，为行业内的企业谋福利。但是，与政府机构一样，行业组织并不具备强制执行力，它主要是利用行业自身制定的规则，对各个成员企业进行约束，并为行业企业提供服务。它是一个中介组织，代表行业企业与政府、社会和其他组织进行沟通，它还具备了非强制性和中立性等特点。因为行业组织具有一定的社会动员能力，它为各个利益相关者提供了一个可以表达意见、进行交流协商、进行共同治理的平台，所以它可以在协调各方利益、化解矛盾冲突、提供专业服务等方面起到很大的作用，它也是数字经济中实现协同管理的一个重要的主体。与此同时，伴随着互联网的快速发展与普及，中国社会的活力日益增强，公众对数字经济的参与意识与能力也在不断提升。一般而言，媒体还是社会治理中的一支重要力量，它的监督权力不仅可以充当外部治理的角色，还可以为不同利益群体之间的互动交流和利益表达提供一个平台。但是，媒体的这一社会治理功能是广泛的，它可以在数字经济的治理中起到积极的作用，也可以在其他领域的治理中起到相似的作用，所以为了简化分析，这里的社会主体不包含媒体。

第一，在数字经济中，行业协会是协同管理的主体；由于行业组织具有非营利性、非政府性、专业性、公益性和相对中立的特点，加之其吸纳了专家学者和领军企业等专业力量，还具备一定的资源整合、力量动员和提供专业服务的能力，使得其成为一种受到各方信任的主体。所以，积极培育数字经济行业组织，为相关行业组织提供生存、发展和参与治理的政策环境，逐步建立起政府与相关行业组织之间相互信赖、优势互补、积极互动、有效协同的合作关系，可以很好地弥补政府在数字经济治理方面能力不足、力量不足的缺陷。一是行业协会能够承担起政府对数字经济的管理责任；行业协会是我国社会自我管理的主要力量，它在一定程度上可以承担一定的政府职能，有助于降低管理费用，提高服务效率。例如，中国互联网协会、中国电子商务协会、中国软件业协会，这些著名的社会团体，对企业的行为进行规范、对法律法规的宣传、对行业发展的指导、对行业标准的制定、对企业之间的纠纷的协调，都起到了无可取代的作用。二是通过行业协会与数字经纪公司的联合，强化行业自律。一方面，由于数字经济的快速发展，一个产业从建立到成长起来，通常只需要一到两年的时间，而政府对其进行监管和管理，通常都要经过严格的法律程序，因此，其制定的管理意见必然会落后于市场的实际需求；另一方面，数字经济企业的价值衡量标准与传统企业不同，传统企业更注重的是产品和服务的质量，而数字经济企业通常更注重的是用户的数量，这就导致了企业会不择手段、不遗余力地提高用户的数量，而与之相伴的则是恶性竞争，甚至是使用违法的手段。行业协会对行业发展和企业行为的规范起着重要的"软协作"作用。三是行业协会能够与社会公众共同参与，强化数字经济的管理。社会组织和民众（包括用户）之间的互动，能够听取民众的声音，真实地反映民众的意见，并将其反馈给政府，从而能够有效地补充政府对数字经济的监管缺失，最大限度地满足民众的多元化需求。

第二，全民是数字经济中的一支新兴力量，是数字经济中的重要组成部分。在现代社会中，公共生活的范围在扩大，这就大大地刺激和释放了社会的公共需求，同时也提高了公民的自主性，进而培养了他们的政治参与意识和社会责任感，从而形成了他们的社会公共精神。数字经济使人们的生产和生活方式发生了巨大变化，越来越多的人以"数字经济商品和服务供应商""数字经济商品和服务消费者""网民"等身份进入了社会和经济生活，并对真实的经济和社会造成了巨大的影响。例如，在电子商务时代，每个公民都可能成为卖方、买方和观众；随着网约车的发展，每一位市民都可以成为汽车服务的提供者、用户等等。所以，与传统经济时代相比，数字经济时代的一个显著特点是，公民不再只是消费者，不再只是单向的向企业维权；市民既是商品、服务的供应商，也要承担准企业责任。因此，在数字经济背景下，公民作为公共物品与服务的提供主体，应当成为政府与企业协同管理的一支重要力量。同时，中国拥有庞大的互联网用户群体和世界上最多的互联网用户群体，这为民众参与数字经济管理提供了坚实的民意基础。

二、多元主体协同管理模式分析

数字经济的特点，决定了社会管理体制要从政府主导的权威的自上而下的单向管理，转变为政府主导、市场自治、社会参与的协同管理模式，实现上下互动、彼此合作、相互协商、共同治理。"伴随着互联网的发展，尤其是移动互联网的发展，社会治理模式正从单方面的管理转变为双向的互动，从线下转向线上线下融合，从纯粹的政府监管转变为更多地关注社会的协同管理。"联合国全球治理（United States of Global Engineering）委员会认为，治理是"多种公私组织处理共同事务方法的总和，是协调矛盾或分歧的利益，并通过联合行动来维持这种关系的过程"。治理与管理，虽然只有一字之差，但却是系统治理、依法治理、源头治理、综合施策。

一是协同管理在覆盖对象上与传统的协同管理有较大的区别。一般而言，管理的主体着重于具有公权力的国家机关、政府机构或经政府授权的其他机构，它们的管理权通常是以法律法规或行政命令的形式予以明确的。

治理的主体比较宽泛，通常包括上面提到的公权力机关，也包括各类企业、社会组织和公民个人。二是协同管理在权力来源上与传统的协同管理有很大的区别。公权力机关，或政府机构，其管理权来源于法定授权，虽然从政治体制和法律文本来看，政府的权力来源于人民所赋予，但是，这种权力的赋予是一种间接的，因此，无论是社会组织还是民众都难以感受到，也不能亲自参与到治理中来。而协同的治理方式，就是通过企业与公民的直接参与来实现。三是协同管理模式有别于传统的协同管理模式。传统的管理方式表现为单向下达、强制执行和刚性效力，没有太多的妥协、协商和回旋的余地，管理者往往难以被管理者所接受，管理者的有效性也常被质疑。但是，协同管理的操作更多地表现出了复合性、合作性，是一种偏向于柔性的行为，因此，人们常常更容易对治理的合理性和有效性进行认可。

协同管理对治理提出了更高的要求，由于协同管理的治理主体呈现出多元化、权力配置呈现出分散化的特点，要想将分散的主体和权力整合好、协调好、发挥好，就必须制定一个有效的权力框架，对各类主体的权力边界和职责任务进行明确，在此基础上，加强主体内部和主体之间的协同，构建并完善协同机制，保证各治理主体在数字经济治理中各司其职、各担其责、协同共治，保证数字经济健康发展。

（一）构建多元主体协同管理模式

随着数字经济的不断发展，我们不能把它当成一种新兴事物来容忍，也不能把它管得太严，更不能把它的潜力扼杀。要适应新形势、新思维、新环境、新认识、新权势关系，要具备前瞻性的能力。要以数字经济的新特点为依据，对包括体制机制、法律法规在内的制度体系进行重新设计和优化，对不同治理主体之间的责、权、利关系进行明确，强化治理主体之间的协同作用，构建出多元主体协同管理体系。在数字经济协同管理体系中，政府、企业、行业组织和公民都是治理的主体，所以，既要保证政府的公共性、权威性、主导性得以发挥，又要充分发挥企业的技术能力强、效率高的作用，还要灵活运用行业组织的公益性、专业性、成本低以及公民个体的回应快、诉求准等特点，充分发挥多元主体的作用优势，努力构建数字经济协同共治的新模式。政府要加强对协同管理体系的战略观划，主导对整体治理架构的设计，进一步明确各方的职责、权利以及相互关系，尽可能避免治理主体之间的权责交叉和错位。政府要在数字经济协同管理体系中起到重要的引领作用，对相关的法律法规进行研究，对相关的发展战略进行组织，对相关的激励性政策措施进行研究，对产业的发展以及与之相关的公司进行依法规范，并对其进行有效的管理，从而为促进数字经济的健康、可持续发展，提供一个良好的法治和政策环境。

在数字经济中，企业已经不再只是一个被规制的对象，它同样也是一个治理主体。企业要积极地利用自己的信息优势和技术优势，主动地强化自我约束，帮助其他主体做好行业企业治理工作。行业组织要在规范行业发展、提高行业发展质量、提升行业企业治理水平方面起到很大的作用，通过制定行业标准规范、行业企业行为准则、企业社会责任标准等，来营造出一个良好的行业发展氛围和商业伦理环境。公民个人应该提高自己的数字经济素质，培养自己的诚信意识，利用网络社区等平台来反映自己的诉求，强化公民自治，并积极参与到数字经济的治理之中。在此基础上，建立在政府主导下的数字经济多主体协同管理模式。

第一，政府要起到引导的作用。这主要是指政府应该对数字经济的发展进行规制，并引导其他治理主体参与到治理中来。以政府的基本职能定位为依据，它主要通过制定与数字经济相关的发展战略、制定并实施法律法规、发布行政指令等方式来参与治理。但是，这种参与并不是可有可无的，也不是可以起到辅助作用的作用。它是既把握方向、又明底线的参与，它的作用不言而喻。它属于主导式、引导式的参与。当然，在这个阶段，政府并不是大包大揽式的参与，在很多情况下，政府并不是直接向公众提供公共产品和服务，而是扮演着监督者和公共服务代理人的角色，对各方进行监督、协调、服务各方，扮演着主导、引领角色，而不是事事亲力亲为。在数字经济时代，快速更新、高度个性化、高知识含量的数字经济产品与服务已超过政府所能提供的极限，所以，明智的政府应该从生产环节逐步退出，积极调整自己的职能，从"划桨人"变成"掌舵人"，将重点转向为数字经济企业提供服务，为数字经济创造良好的发展环境中来。

第二，公司应肩负主要责任。在数字经济治理过程中，拥有技术、人力和资源优势的数字经济相关企业，应该遵守法律法规，对企业进行严格的管理，持续加强企业自律，在政府战略引领和法律法规规制下，全面承担起数字经济治理的主体责任。在本质上，数字经济治理跟传统互联网治理还有些区别。传统互联网的治理对象是互联网企业和网民，它的治理重点也是规范互联网企业和网民的行为。政府可以用硬性法律和道德规范来对企业行为和网民的言论进行约束。但是，这方面的主要障碍在于，互联网网民的数量非常庞大，并且很多信息是脱敏的，因此很难在第一时间掌握准确的主体信息，在一定程度上还存在着技术解析时间过长等执法问题。

在数字经济中，更多地强调了数据的聚合，而数字经济企业也更多地表现出了平台企业的特征。与传统企业相比，数字经济企业拥有收集、分析数据以及从技术上对平台上的各种个体进行管控的能力。所以，数字经济的治理对数字经济企业提出了更高的要求，对以数字经济企业为中心的治理活动加以强化，从而提升治理的效率和质量。

第三，要有广泛的社会参与。在数字经济的治理实践中，需要社会力量，如行业组织、公众等。公民作为数字经济中的一支关键力量，在数字经济中可以作为商品与服务的提供方，同时也可以作为消费者，为了维护个人权益、集中群体智慧、加强社会监督，公民已经成为数字经济治理中不可缺少的主体。尤其是在网络等信息技术的普及和公民意识的觉醒下，公民自我约束和参与社会治理的作用日益凸显。行业协会等社会组织同样是数字经济治理口的一支重要力量，它们在推动行业自治、搭建企业交流平台、推动政企对话、制定行业发展标准等方面起到了无可替代的作用。

第四，实现各方的优势互补，实现协同管理。在数字经济的各个方面，包括了各种各样不同类型的主体，他们应该将自己的特征和优势都发挥出来，以共同的治理目标、理念和原则为指引，将自己的功能和作用都发挥出来，从而实现一个多元共治的局面。政府是促进数字经济发展、保护公共利益、保护企业、公民个人利益的主要责任主体，它是公共权力的代表，它的战略规划具有指引性特征，它的法规政策和司法判决又具有权威性和强制性特征，因此，政府应该在法律和战略两个层面上都起到关键作用。数字经济企业承担了大部分的数字经济治理任务，利用其技术优势，能够迅速、灵活地应对各种现实生活中普遍存在的问题，并能够制定"企业规则"，促进公民自治。公民与社会组织等社会力量具有独立性、覆盖面广、灵活性强的特征，特别是在个人权益维护、行业规范发展等不利于有效管理的领域中，可充当"第三力量"。总体而言，政府、企业和社会的力量应该在职责明确、分工合理、协同互助的前提下，共同参与到数字经济的治理中来。

（二）发挥政府主体的主导作用

英国政治学家杰索普以"元治理"为基础，对其作了更深一步的改进。他主张"元治理"是治理中的治理，对各种治理主体、治理规则等做出制度安排，对各种治理机制进行协调与调整，以确保各种治理机制间的有效衔接与相对均衡。"元治理"的实质就是在特定的制度下，或者在特定的主体下，建立一种规范的、有效的、运行有序的社会治理形态。在"元治理"中，这一主导任务通常是由政府来承担，"它的作用不在于建立一个绝对的、完全的控制的政府，而在于它要进行制度设计、进行前瞻性的规划，确保社会系统在良好的制度环境下运行，推动各个领域的自我组织"。

为此，政府的"元治理"职能主要体现在以下几个方面：一是通过制定或引导治理规则,通过倾听各利益主体的声音来制定法律、规范,从而维持社会公正与市场秩序;二是追求对话和合作,即政府应主动与各方保持联系,打通交流通道,通过各种途径进行协作,以达到共同治理的目的;三是对各个利益主体进行协调,同时,政府也应该保持一种中立性的态度,在听取和了解各个利益主体的意见之后,尽可能地进行协调和均衡,以避免由于不同主体和不同阶层之间的利益冲突而造成大的冲突。

在数字经济的治理过程中,政府应该主动担当起协同管理的元治理角色,主动建立起一个数字经济的协同管理系统,并为其提供一个能够进行协同管理的制度环境与机制。

第一,要强化发展数字经济的战略规划;政府应该加强对数字经济发展的顶层设计和宏观指导,通过制定战略规划和必要的财政、金融、人力资源等政策措施,来培育数字经济产业。产业政策是产业发展的"指南针",产业政策的制定与支撑需要政府的引导。一方面,在数字经济领域中,许多主体常常会面对信息不对称、市场失灵等问题,这就需要政府积极发挥引领、指导的作用,并及时向公众提供政策指导和信息披露;另一方面,由于数字经济的高技术门槛、高投入、高先期试错成本,若不给予政策上的指导和支撑,将会压抑社会的创新热情,对数字经济的创新发展不利。例如,人工智能的发展对人类社会有着颠覆性的意义,但是它在特定领域的研发和应用却存在着很大的不确定性,而且还是一个需要长期高投入的领域,此时就需要政府起到引导的作用。

第二,要加强法律法规建设,促进数字经济的发展。政府应制定完善的法律和规章,加强对环境质量的底线监督。一方面,应根据新的特点和要求,对现行的相关法律进行调整,并对其进行补充、修订和完善;例如,2015年《中华人民共和国食品安全法》修正后,针对网络食品贸易的新特征,增设了相关规定。另一方面,要加快对与数字经济有直接关联的风险控制、知识产权保护、隐私权保护、数据保护等法律法规的制定,对数字经济发展的法律环境进行完善。除此之外，还应针对网上订餐、社交平台、电子政务、网约车等数字经济热点领域，对相应的法律、地方性法规或行业发展指南进行制定或修改，确保新业态、新产业、新模式得到保护和发展。要加速完善包括认证和标准在内的制度支持体系，为数字经济的规范发展提供良好的制度环境。

第三，对数字经济的政策制度进行创新。政府要用公共政策的方式，来促进数字经济的发展，同时还可以降低数字经济企业的税负，从而激发市场的内生动力。一是通过财政政策，如财政补贴、政府采购、基础设施建设、公共服务等，为数字经济的发展营造一个相对有利的发展环境。二是利用税收政策，对处于萌芽阶段、规模较小、但具有良好发展前景、有利于大众创业万众创新的新型经济形式给予税收支持，并对数字经济的税种进行创新，以方便对数字经济进行纳税和征税。三是加强对相关产业的金融扶持，为数字经济发展提供更多的资金支持。四是通过产业政策的实施，促进产业之间的合作，促进数字经济的产学研合作。五是利用地区政策，重新构建地区间的分工局面，促进地区间的合作。在这一过程中，政府应从制度设计上对数字经济的协调发展起到导向的作用，从而推动数字经济的良性发展。

第四，对多个管理主体进行协调。政府既要制定并发布相关的政策法规，对数字经济中的企业与公众的自身行为进行规范，又要通过协同、对话、协商等方式，在"软、硬"两条路线上，协调不同治理主体之间的互动，以实现其在数字经济中的共同目标。要降低制度性协调的成本，构建政府、企业、社会组织和公民之间的协商对话、信息共享、共同决策和共同行动的机制，要重视政策的解读，积极运用现代信息技术的手段，强化政策的宣讲、解释和收集意见建议的工作，让多元协同共治的参与渠道更加畅通。

（三）加强企业主体的自我规制

在数字经济环境下，市场与政府的双重失灵更加明显，网络协同与合作竞争正在成为继市场机制与政府干预之后，支持经济与社会发展的第三种均衡力量。在数字经济背景下，以企业个体为基础、以联盟为基础的企业主体自律机制的重要性日益凸显。

第一，数字经济中的公司在自律方面有很大的优势。首先，数字经济中的公司通常拥有更高的专业技能，这使得监管更具针对性和实效性。例如，世界上很多国家都在使用技术过滤、内容分级等方法对网络内容进行管理，这就是"科技对科技"的管理特征。其次，在数字经济背景下，企业拥有海量的数据资源，无法将这些资源拱手让给他人，只能通过自身的监管，对这些资源进行有效的挖掘，以提升其产品或服务的质量，提升其适用性。另外，企业是一家私营机构，它在制定监管规则时无须遵守严格的法律程序，因此它具有很大的便利性和灵活性。此外，企业处于市场第一线，对行业竞争的压力最为敏感，所以它也有很强的自律性。另外，随着中国数字经济的快速发展，国家对其监管相对放松，而众多的数字经济企业也从中受益，因此，从伦理学的角度来看，应当对其进行监管。企业的规制措施还具有一定的实验性质，如果可行，则可以扩大到更大的范围，甚至可以上升到国家的法律法规。

第二，在数字经济条件下，公司可以自行制定规章制度。在数字经济中，企业应该承担起自我规制的责任，最大限度地降低自己经营行为的负外部性。为实现这一目标，相关企业应制定具有合法性的、非强制性的自律制度。合法性指的是自我规制不能侵犯法律赋予的公民、服务和产品提供者、消费者等主体的权利。非强制性指的是，通过协议机制，可以在公民个体与数字经济企业之间达成共识。与此同时，数字经纪公司也应该构建出一套相对独立的争议解决机制与软法权利救济机制，组建出一支针对服务和产品提供者更加专业的专家指导队伍，这样才能更好地为各类公民主体提供服务。要想充分发挥企业的自我规制作用，必须要有一定的约束条件，比如要有企业自我规制的动力激励、要制定相对合理的规制程序、要畅通外部主体参与的渠道以及要有政府部门的有效监督等。例如，对于企业的自我规制程序和规制效果，无论是政府机构还是其他外部主体，都可以对其进行监督和评估，对于自我规制效果较差、治理程序存在错误并严重损害公共利益的企业，可以提前做出判断，政府可以给予相应的指导、警告，甚至是行政规制或法律制裁，而其他外部主体也可以通过媒体、提醒等方式予以告知。

第三，以公司平台为载体，制定公司的用户协议，实现公司的自我管理。在数字经济中，企业的主体通常是以一个又一个的网络平台的形式出现的，其中有提供信息化基础设施服务的电信企业，提供各种撮合交易的交易平台，以及提供各种信息服务的网络平台等。在实施自主管理的时候，企业通常会与使用者签署某种形式的协议，以保证企业与使用者之间的权利与义务。互联网平台的相关服务协议，是以用户和平台公司为主体所签署的，是一种双方相互指向、反向指向的民间协议。在这一互动关系中，平台企业作为一个民事主体，它和用户签署的服务协议，是一种平等的私主体间的服务合同。但是，这类服务合同相对于其他的服务合同来说，具有一些特殊之处。这主要体现在，这类合同是由互联网平台企业单方面制定的，张贴在网站上，并且可以反复使用，用户不能与其进行谈判，更不能对其进行修改。当使用者选择不受限制地接受服务条款时，他们可以主动地参与到网络平台的服务中来；如果使用者不同意其中一条，就不能使用本网站所提供的服务。

在实践中，建立在线平台企业的用户协议，是实现在线平台企业自我管理最简便有效的手段。尽管服务合同的内容没有跟用户进行过协商，用户也只能是被动地接受全部的内容。但是，通过这种机制，互联网平台公司可以事先将平台的服务范围、注意事项以及用户的权利和义务事先通知给用户，这样就可以对该合同的签约用户展开无差别的规范，与此同时，它还可以对自己的行为进行约束，从而实现平台公司的自我治理。用户也能提前知道自身可以享受的服务和应承担的责任，从而依法规范自身在网络平台上的行为。从某种意义上说，数字经济是一个平台经济，它是一个将成千上万的服务供应商与最终消费者联系在一起的平台经济，而不是以平台企业为组织方，进行统一签约，这样的多对多的匹配模式难以实施有效的治理。除了签署协议之外，平台企业还要对协议的监管和执行负有责任，对违反协议的个体采取没收保证金、关停账号、平台禁入甚至向司法机关报告等方式来进行处理。同时，由于平台公司和用户是共同的利益主体，因此，在某些情况下，平台公司还需要为用户的违法行为付出代价。例如，共享单车企业提供了上百万的单车，同时也收取了一定的费用。在面对大量单车无序停放的情况时，既不能指望单车租赁人去重新摆放，也不能指望政府等公共机构来组织摆放，而应主动承担起规范单车市场的责任，加大力度做好单车停车秩序的维护。

第四，企业为其他社会组织的参与提供了良好的环境。例如，由企业牵头，与行业协会、市民共同组建一个数字社区，并通过这个组织平台来实现合作自治。从某种程度上说，数字社会与真实社会相类似，它是由特定群体在特定的网络空间中所组成的一个社会单元。因特网上的每个社会单元，或每个网络平台，都有具体的社群成员或社群组织，可以看作是一个数字化社群。每个网络平台（数字社区）的成员主要分为两种，一种是平台上注册的用户，另一种是平台内部相关管理人员。在进行自我治理的过程中，社会组织必须对其进行相应的自律规范，其表现形式通常是其章程，是公民社会进行自我治理的"宪法"。团体章程的建立，不但针对表示意愿的人，而且针对那些不愿意表示自己意愿的人，同样也是有约束力的。例如，互联网协会的自律公约、天涯社区的管理规定等，都是经过某种决议程序而形成，并以组织章程的形式表现出来，对未参会表示意愿或未在社区留言的成员也具有约束力。本文中的"数字社区自治"，与本文中的"产业团体"治理不同，并非由多家企业组成的"产业团体"自治；这与公司自主又有很大的区别，即公司自己不能控制其他的用户；而是由公民联合其他主体，选择具有一定公信力的第三方或平台企业用户，授权他们来管理数字社区，这与社区治理的概念有些相似。例如，新浪微博设立了一个网上法院，允许注册用户自行判断和处理举报信息；另外，新浪成立的人民调停委员会，淘宝成立的网上纠纷解决机制，均属于自治机制，但与企业自治的区别在于，其自治机制、自治章程均由互联网平台企业主导和组织。该机制具有方便、高效、低成本等优点，但其不足之处在于，主办方本身也是互联网平台的经营者，其同时具有"游戏规则"的制定者、参与者和裁判者等多重身份，难以保证其公平性和公平性。

中国历来重视对数字经纪公司的自律义务。"要强化网络公司的责任，绝不能让网络变成一个散播谣言的平台。""要落实关键信息基础设施防护责任，行业、企业作为关键信息基础设施运营者要承担主体防护责任，主管部门要履行好监管责任。"对此，国家互联网办公室也做了几次特别部署。当前，推动以互联网为代表的数字经济企业承担起主体责任，已逐步成为全社会的共识，这也为强化数字经济企业自治，促进协同共治创造了良好的外部环境。

（四）发挥行业组织和公民的共治作用

协同管理的实质是：政府不能只作为社会管理的一部分；在这一过程中，行业协会和公民作为重要的社会主体，在数字经济治理中发挥着举足轻重的作用。在以互联网为代表的数字经济迅猛发展的今天，社会公众参与的广度得到了极大的提升，社会公众对社会公共管理的参与日益成为新时代社会治理的重要议题。

行业组织主要是由市场中的企业主体自发或其他主体发起组建的，目的是为了解决行业规范发展中存在的问题，它有着其他社会组织所不具备的优点。应该以共享单车行业、社交平台领域、网上订餐行业等数字经济新业态、新模式为重点，鼓励和支持建立相应的行业组织或行业协会，促进行业有序、规范发展。应该始终坚持问题导向，将防范和化解数字经济风险作为底线目标，促进相关行业安全运行保障机制的建立和完善，提高风险鉴别、风险分析和影响评价能力，促进构建数字经济风险防控体系，确保重要基础设施安全、重要数据安全，并防止风险向其他行业扩散。应该将行业组织的协调功能发挥到最大，将成员企业的利益进行协调，帮助成员企业提高沟通能力，比如，定期或不定期地，以某个主题为中心，组织召开成员企业会议或行业发展论坛等，积极地将有关的先进技术和应用模式向行业企业进行宣传，帮助企业对数字技术进行掌握、吸收和运用，为企业向数字端升级发展提供技术咨询服务，为规范行业发展组织制定行业标准。强化与外界的协作，积极地掌握行业发展的最新政策和法规，将相关的信息及时地传递给会员企业，并对相关的技术进行宣传，同时也要积极地将本产业的发展状况以及相关的诉求反馈给政府，做好信息共享、治理协同的工作。市民以个人或群体的方式参与社会生活，即为市民参与。公民参与是公民治理的核心价值，也是社会治理的根本内容。

一方面，要对公民展开积极的引导，鼓励公民强化自我约束，注重诚信，培养公民的数字经济素养，提升公民的数字经济知识和技能，从源头上保证数字经济的良性发展；另一方面，要积极发挥公众的监督职能，让公民可以参与到数字经济的治理当中，持续提升公民对网络中虚假、有害信息的识别能力，以及对各种违法行为的抵御能力，让公民参与数字经济治理的渠道和途径畅通，共同营造一个安全、稳定、可靠、有序的数字经济发展环境。

三、数字经济治理主体的内部协同

"协同"是协同管理的核心，它不仅包含了异类主体间的协作，也包含了同一类主体内的协作。只有在相同的主体内部做到职责明确，打破恶意竞争，实现内部协同，多个主体之间才会有更好的协同共治。在此基础上，结合中国数字经济的发展和治理现状，对政府、企业和社会三方如何加强其内部协调进行了探讨。

（一）政府主体的内部协同

数字经济作为一种新的经济形式，其治理既是一种经济治理，也是一种国家治理。在数字经济协同管理中，政府是起着领导作用的，政府主体的内部协同，主要包含了中央和地方的协同、地方政府间的协同，以及政府部门间的协同。

1.以党的领导为核心的数字经济合作管理模式

在数字经济治理中，充分发挥党建工作的中心地位，不仅是把握数字经济的运作逻辑和特点，构建新型的数字经济协同管理模式的需要，也是充分发挥中国特色社会主义制度优势的应然举措。其核心是加强中央对数字经济的集中统一领导，在数字经济的治理中实现党政协同。

第一，充分发挥党的领导力对数字经济进行"总体规划"等方面的指导作用。目前，信息革命在全世界范围内传播，各国在推动数字经济、互联网经济发展的过程中，先后探索出了差异化的建设方案和建设路径。然而，中国特色社会主义制度的优越性，给我们以坚定和自信，建立一个独立的数字经济强国模式，而我国特殊的国情以及数字经济发展的现实，又不能简单地照搬他国的经验模式。虽然数字经济只是一种经济形式，但是，数字技术和数字经济活动同样涉及了政治、文化、社会、生态以至军事等多个方面，因此，必须充分发挥党中央的顶层设计和统筹协调能力，保证在数字经济发展的过程中，在国家安全、促进发展、有效治理和共享福祉这四个方面都能达到一个有机的平衡。

政府部门要遵循分工和属地原则，在党中央统一领导和中央网络安全和信息化领导委员会的统筹协调下，积极做好数字经济的产业发展、技术发展、安全保障和行业管理工作。立法、司法部门应做好相应的立法工作，并提供司法保障，构建"党委领导、政府主导、部门和地方按职责分工"的新的中国数字经济治理的党政关系。值得注意的是，正是因为党中央对数字经济的发展给予了高度重视，并做出了一系列的重大决策和举措，数字强国和网络强国的建设才能取得如此巨大的成功，同时也形成了中国特色鲜明的数字经济治理道路、经验和做法。

第二，要充分发挥党对数字经济发展的领导作用，加强对数字经济发展的领导。在数字经济中，存在着复杂性、融合性、变动性和创新性的特点，因此，在数字经济的治理中，也存在着治理目标的多样性和治理理念的复杂性。在治理的目的上，我们的出发点应该是数字经济的健康发展，而最终的目的是提升国家的治理能力，促进经济的高质量发展。从治理理念来看，一方面要体现出社会主体的获得感，让每个企业和个人都可以享受到数字经济发展带来的红利；另一方面，要体现出法治和科学的态度。因而，在数字经济治理中，多元治理主体呈现出积极或消极、推动或阻碍、严格或宽松等多种态度，它们之间既有矛盾，又有排斥，从而影响到数字经济治理的现实成效。可以说，在数字经济的背后，突出了发展模式、技术和管理理念的创新。所以，一定要充分发挥党中央在数字经济治理中的统一领导作用，要准确把握党中央对数字经济发展和数字经济治理形势的科学判断，重视从纯粹的政府监管转向社会协同管理。各级政府部门要在数字经济治理的整个过程中，贯彻落实党中央的价值取向和管理理念，对数字经济的管理进行准确把握，对管理模式进行创新、优化，对部门之间的责任进行科学划分，建立起协调的管理机制，并以建设数字经济强国作为目标导向，促进数字经济的健康发展。

2. 中央与地方的协同

中央政府与地方政府之间的关系是政府内部最重要的一对关系，要想实现数字经济政府治理协同，最重要的就是要对中央与地方的职责进行明确定义，对中央与地方之间的关系进行优化，从而让中央与地方之间的协同得以实现。

第一，要处理好中央与地方之间的关系。中央政府和地方之间的关系，最好是中央政府具有一定的权力，而地方又愿意服从中央政府的命令。体现在数字经济治理上，就是中央政府提出了数字经济发展的战略规划和政策措施，地方政府要严格执行中央政府所制定的数字经济战略部署，并根据当地实际情况，制定地方性发展规划和具体实施措施。一方面，要确保中央的权威，就要确保中央制定的数字经济发展战略和政策措施的科学性、有效性、可操作性，要有硬性的要求和底线指标；另一方面，在制定数字经济发展战略和政策措施的时候，中央政府也要将地方政府的实际情况充分考虑进去，同时要考虑到各个地区的经济和社会发展水平存在的差异，要让地方能够根据自身的实际，有一定的自由裁量权。但是，在遵循中央的整体战略部署的基础上，我们可以适当地采取一些措施，而不能采取狭隘的地方保护主义，也不能采取一些歪门邪道的方式来贯彻中央的部署。例如，交通部代表中央对网络预约出租汽车经营许可证、网络预约出租汽车运输证、网络预约出租汽车驾驶员证等运营、从业资格进行统一管理。但是，由于各地的经济发展水平存在一定的差异，因此，允许各地制定自己的管理规定，同时，各地也可以根据自己的实际情况，对驾驶人准入和车辆准入等提出有差异的要求。又比如《促进大数据发展行动纲要》，提出要大力发展工业大数据，但由于历史投入、资源、发展阶段等因素，并不是所有地区都适合发展大数据中心，也不是所有地区都适合发展大数据的。

第二，要保持各地区的均衡。数字经济是一个资本偏好、知识密集型和产业融合的行业，在推动经济转型升级和促进创新创业方面发挥着重要作用。所以，世界各国都非常热衷于发展数字经济。阿里巴巴、腾讯、浪潮、电信、移动，以及其他一些大公司，都纷纷建立了自己的云计算平台。随着相关行业的快速发展，我国的数字经济呈现出一种混乱、盲目和不协调的局面。例如，最近几年，各大城市都在城市中投入了大量的数据中心、政务云和智能产业园，但是，许多项目都被搁置或者半搁置，原因是没有足够的工业支撑或者基础设施，没有足够的技术支撑，也没有足够的操作经验。同时，许多城市还在投入大量资金进行新的数据中心和政府云端的建设，造成了大量的重复建设。在这种大背景下，要推动数字经济更好更快的发展，就需要中央政府把握好数字经济重大项目的立项审批关，避免大量重复投资和无效投资；这也要求各地政府积极地对基础设施与数据资源进行共享，摒弃"地方保护主义"和"自我保护主义"，让数字经济的流动性、融合性价值真正得到体现。

第三，要充分发挥制度对数字经济管理的基础作用。体制的实质是一种由全体会员共同遵循、以达到一定目的的程序与行为规范。制度的特点是正式性、规范性和类强制性。制度包括容易辨别的正式制度，如法律法规等；还包括难以辨识的非正式制度，包括规范规程等。要实现中央与地方在数字经济治理中的协同作用，关键在于强化政府在数字经济发展和管理中的体制建设。例如，要完善数字资源的资产产权制度，明确个人、企业、政府所有拥有的数字资源资产的边界，并确保产权人的数据资源产权不受侵犯；建立数据资源采集与利用的监管体系，防止企业、个人及其他主体对数据资源进行非法采集与利用；划定网络安全的红线，为国家和企业提供对公民个人资料的存储和使用范围；对数据资源实施有偿利用，激励地方政府和相关企业开放数据资源。在此基础上，对数字经济的管理制度进行进一步的创新和完善，构建并健全对数字经济新产业、新业态、新模式的发展保护制度，最终实现数字经济与传统经济的均衡发展。

3.地方政府间的合作

在此基础上，本文提出了一种新的政府间合作机制。在中央政府的整体要求和引导下，地方政府可以相互合作、相互协调、协同发展，这样可以降低中央政府的总体协调成本，提高地方数字经济建设和发展的质量，提升数字经济总体治理水平。

第一，促进区域之间的数字经济战略协调发展。数字经济发展要体现在地方的具体行动落实上，要加强地方政府对数字经济发展和数字经济治理的思想认识，让他们对中央政府的整体战略规划和政策部署有更好的了解，督促地方政府根据中央精神，结合实际，制定各自的数字经济发展战略规划和具体政策措施，重点是促进地方政府数字经济战略规划的协同化。区域间的数字经济战略协作表现为：一是差异化发展。各地区政府不能一窝蜂地去追逐热点，去追逐政策，这样会导致战略规划匆忙地出台，政策文件盲目地制定出来，必须要根据当地实际情况来实施差异化发展战略。例如，《促进大数据发展行动纲要》提出，要大力推进大数据基础设施的建设，但是，大数据中心的建设对能源价格要求很高，空气湿度不能太大，常年气温不能太高，政府对信息化的接受程度要高，数字经济等新兴产业发展速度要快，所以，并非所有区域都适合大数据中心的建设。亚马逊之所以将自己的大数据中心选址于宁夏中卫，也是因为其地理位置、能源、成本优势和政策支持。二是要求的配合。在数字经济的基础设施建设上，一般都会有巨大的投入，而且数字经济的产业之间存在着高度的交叉性，同时，数字经济中的数字资产也具备了自然的流动性，这些因素决定了数字经济的辐射范围通常是一个区域，所以，各地政府需要对周围区域的应用需求以及建设情况进行综合考虑，以适当的方式来促进数字经济的发展。

第二，促进区域之间的数字经济政策和规则的协调。由于数字经济具备了"新经济"的特性，所以也就成了各地政府争相支持的对象。为了促进数字经济的发展，强化数字经济的治理，各地方政府都从自身的利益出发，制定并出台了一系列的政策法规和规章制度，这些政策法规既可以保护自身的发展，又可以对其他地方造成一定的不利影响，所以，加强地方政府的数字经济政策法规的协调，是促进数字经济健康发展的关键。

4. 政府部门之间的协同

政府各部门间的关系，就是指政府为了完成一项复杂的任务，所采取的一种分工协作的方式。如何提高政府各部门间的协作能力，对于促进政府数字经济治理的总体目标，有着十分重要的意义。

第一，对政府部门的数字经济管理结构进行了优化。数字经济的范围十分广泛，它不仅涉及相关的基础设施建设，还涉及数字技术的研究与开发，并且还涉及数字技术与各个行业的深度融合，它是一种具有很强的融合性和交叉性的经济形态。所以，在数字经济中，单凭一个部门是无法实现的，必须要有多个部门进行合作，但是，这一合作的前提条件是，必须对各个部门的治理责任和工作范围进行界定，并对政府内部的协同管理结构进行优化。要对数字经济政府内部协同管理架构进行重塑，关键问题在于要明确地思考，应该由哪个机构来主导数字经济治理，哪些任务或事务应该交给什么样的专业机构来主导，进而对职能分工和职能设计进行进一步的优化，从而更好地实现对数字经济发展和秩序需求的平衡。

第二，构建数字经济跨部门协同管理的协调机制。要以数字经济治理为核心，构建好部门之间的工作协调机制，尤其要构建好与数字经济发展相适应的财务、人事等工作协调机制，让数字经济的发展可以得到及时、有效的支撑。要与数字经济技术性强、对规划和监管人员的技术水平有较高要求的特点相结合，要积极推进在数字经济领域中，对政府聘任制公务员的招聘工作，同时要支持和鼓励社会专业力量参与到数字经济的治理中来。强化政府在数字经济中的执政能力，建立一支与数字经济发展相适应的公务员队伍，利用党校（行政学院）等干部教育培训的主阵地，来提升公务员对数字经济与数字技术的掌握和应用能力，保证在政府中拥有与之相匹配的专业技术力量。数字经济具有很强的创新性，它是对传统产业的一次升级，甚至是一次颠覆。它在最初的发展阶段，经常会被大家所排斥和不理解。所以，要加大财政补贴力度，尤其是对终端用户给与补贴，让更多的人参与到数字经济中来，并提出相应的意见和建议。除此之外，还要提高政府部门之间的协作力度，加强它们之间的协调与合作，并构建出统一标准、及时互动的协调监管平台以及协同监管机制，避免多头管理、多头执法或监管盲区。

（二）企业主体的内部协同

要想在数字经济治理中实现企业协同，就是要在数字经济企业之间，在数字经济企业与非数字经济企业之间进行协调，以保证全行业企业的利益最大化。

1. 在数字经济背景下，如何实现企业间的协作

第一，行业内要抱团取暖，共同发展，共同规避风险。与数字经济有关的产业，由于其具有高的知识产权和高的科技含量，因此在市场上的估值通常也会比较高，它是一种资本偏向型的行业，因此许多投资者都会争相进入这个领域。按照梅特卡夫定律，网站的价值是按照用户数的平方来计算的。在初期，为了能够吸引到更多投资人的注意，从而提升公司的投资估值，通常情况下，公司会不择手段地去抢夺市场份额，并做大用户数量，甚至会对此开展大范围的价格战、补贴战，这给行业带来的直接结果就是无序竞争、恶意竞争，最终，许多公司都无法逃脱倒闭的厄运。再加上数字经济的发展和变化非常迅速，许多企业主体没有现成的可以学习和借鉴的经验，所以常常是冲劲十足而后劲不足。在此背景下，数字经济中的企业应该积极构建产业间的协作机制，并在经营层次上强化协同。例如，阿里巴巴联合多家机构建立了"中国企业反欺诈联盟""中国电商信用社区""电子商务反欺诈联盟"等产业协作机制，使企业间相互监督、相互借鉴，有效地降低了"失信"的风险。

"爱心筹""水滴筹""轻松筹"等公益众筹平台，也共同发布了《个人大病求助互联网服务平台自律公约》，从服务规范、风险管理、社会监督等方面，共同携手、共同提高募捐者的身份认证与信息核查能力。与此同时，在数字经济中，公司之间要进行战略上的互补，尽可能地寻求多个领域的合作，以防止同类型公司之间的激烈竞争。

第二，要建立一个跨行业的协作机制，实现产业的融合、数据的共享、服务的升级。数字经济属于一种融合性经济，从垂直角度来看，互联网等新技术与传统行业进行了充分的融合，从而形成了线上线下共同发展的局面。从水平上看，各个产业间的相关程度不断提高，形成了一个互相影响、互相促进的局面；从更深层次上看，在人工智能和智能制造等技术层面，在技术上持续取得突破性进展。目前，点状发展的数字经济格局已初步成型，并呈现出产业链一体化的趋势。我们应当认识到，在数字经济中，最宝贵的资源就是数据，如何更好地利用这些数据，是促进数字经济发展的关键环节。所以，要促进数字经济企业跨行业融合、上下游融合，应以数字技术和数据信息为基础，构建全产业链协同发展机制，共同将数字经济产业做大。例如，从交通出行方面来看，当前，虽然有网约车企业可以解决长距离出行，有共享单车企业可以解决短距离出行。但是，如何有效地解决长距离出行的"最后一公里"，始终是出行者面临的一个难题。尽管"滴滴"等网约车平台已将"ofo"等共享单车选车服务纳入其中，但两家公司之间的身份验证信息无法共享，导致用户需要通过"滴滴"进行二次验证，从而导致网约车平台上共享单车的使用率和使用次数大幅下降，用户在实际出行时仍需通过两家平台预约、选车。

2. 数字型企业和传统型企业之间的合作

第一，要实现数字经济时代公司的数字化，必须实现传统公司的数字化。数字经济的发展对传统经济产生了"挤出效应"，具体表现为：一是随着数字化技术的迅速发展，智能制造、大数据分析和信息传输等向机器化、智能化和网络化方向发展，数字经济中对工人的需求量大大减少。工人需求量的减少直接导致了工人的雇佣成本下降，从长远来看，将会使公司的整体经营成本下降。相对于传统劳动力密集型公司，数字经济中的成本优势更为显著；二是由于数字经济中的供求信息可以进行即时的交流，与传统经济中的企业相比，它们的信息更加透明、更加对称，从而能够更好地满足市场的需求，更好地适应市场的变化。在与数字经济企业的竞争中，传统经济企业经常会出现市场份额迅速萎缩的情况。这种情况也直接导致了新旧两种经济行业中的企业发生了正面冲突，这给行业发展和社会稳定带来了巨大的不稳定因素。

第二，要实现数字经济与传统经济的相互促进、共同发展、共同进步。在"挤出效应"和"鲶鱼效应"并存的情况下，数字经济的发展对传统经济的发展产生了巨大影响。一方面，在当前数字经济企业的整体竞争形式下，许多传统经济企业要有一种时代的危机感，要积极地跟上数字经济和数字技术的潮流，要学习数字经济企业的好经验、好做法、好模式，把重点放在促进企业转型和业务数字化上，持续提高自身的产品和服务质量；另一方面，因为传统经济拥有多年的行业发展经验，所以与数字经济企业相比，它在各方面的制度建设和管理经验更加成熟和规范。当数字经济企业从起步阶段向成熟阶段发展时，它也要借鉴传统经济体中的良好实践经验。事实上，大多数的数字经纪公司，都已经走到了中后期，走上了正轨。

3. 在数字经济背景下，实现企业间的协作

第一，从技术上对企业的内部管理进行优化。运用先进的技术手段，可以极大地降低企业的内部交易成本，而对数字经济企业而言，因为他们本身就拥有着技术基因，所以在运用先进的技术手段上，他们是最容易做到的。例如，数字经济是一个千变万化的行业，这就需要企业管理人员、运营人员、技术人员等随时沟通新情况、做出新变化。因此，有效、便利的沟

通工具和沟通机制非常重要。同时，借助阿里巴巴、"钉钉"、腾讯"企业微信"这样的科技手段，也能在一定程度上提升公司的管理与交流能力。

第二，从管理角度改善企业的内部协同管理。对数字经济企业的内部管理进行强化，就是要在现有的管理机制基础上，对数字经济企业的体制机制进行更深层次的理顺，在对公司效益和企业责任进行平衡的前提下，对公司的管理流程进行优化，对管理手段进行创新，从而提升管理的效率和水平，降低企业的内部交易成本，实现企业内部治理的协同作用。以阿里巴巴为例，为有效避免企业内部人员利用信息优势而做出的违规行为，加强对合作方的监管，成立了反腐倡廉部门与"对内"协作机制，着重对"老鼠仓""内幕交易"等舞弊现象以及合作方的违规行为进行了深入研究，并在落实企业社会责任、强化企业内部治理上做出了积极的尝试。凭借一套完善的内部控制制度，阿里巴巴在每天都有着数十亿元的交易量的情况下，几乎没有出现过严重的违规行为。

同时，也要建立有效的内部激励体系。从一定程度上来说，我们可以将数字经济企业的运营平台看成是一个个单独的社区，但这些社区的存在形式是虚拟的、数字化的，数字社区的作用与传统社区相同，都是为公众提供公共服务或产品。因此，数字社区的声誉和秩序需要所有人一起来维护，数字社区的治理也存在着"困境"。比如，在一个电子商务社区中，某一商家在销售假冒伪劣商品，如果不能及时、严厉地打击，那么其他商家为了自身的利益也会跟风，长此以往，必然会影响到社区的信用，进而影响到整个平台上所有商家的利益。如果有与之相对应的内部举报机制或奖励机制，比如对信誉良好、主动维护平台秩序的商家，给予一定的奖励，或在搜索推荐排序上赋予其优先地位，那么平台上的商家也会自觉地遵守平台的规则，从而平台上的所有商家都可以从平台声誉中获得客流和实际利益。通常，在一个社会中，都会有愿意行善，愿意为社会服务的人，因此，作为一个社区的管理者，就应该制定相关的制度，给这些人以适当的奖励，去影响和感染社会中的其他人。同时，数字经济企业也要构建出与之相适应的制度，对在平台上遵纪守法、积极向上的组织和个人给与激励，从而实现平台的自我治理和自我完善。

第三，要做好风险反应的心理准备。对数字经济企业在发展和运营过程中所面临的各种不确定因素进行充分的评估，并做好相应的风险防范和应对计划，这是降低数字经济企业内部交易成本的重要原因。在数字经济企业的经营过程中，经常会遇到一些不确定因素，这些因素包括了来自于政府方面的政策变化，也有来自于市场的突发事件，还有一些国际环境变化等输入性因素，这些因素经常会打乱或者终止企业的正常运营与发展，会导致不必要的支出。所以，为了最大限度地将这一领域的损失降到最低，数字经济企业必须具备某种风险预判和舆情应对机制，以及风险应对方案。

（三）社会主体参与协同管理

以互联网为媒介，为大量需求方提供了直接对话、直接交易、直接联通的平台，并为各类行业机构和数十亿民众提供了自然通道，使其成为数字经济治理的主体。然而，相较于政府与企业、社会组织与公民等社会主体，因信息不对称、参与渠道有限等因素，在数字经济的协同管理中体现出了较低的地位。协同管理的实质是政府在发挥主导作用的同时，也需要社会团体和社会公众广泛、深度地参与。

1.公民主体的参与。它起源于古希腊雅典的直接民主模式，到近代主要表现为哈贝马斯的"公共领域"、黑格尔的"公民社会观"。公民主动参与是实现数字经济协同管理的关键。应当说，从整体上讲，没有公民的参与，就谈不上"协同管理"。

2.加入行业团体。政府与社会的关系是一种十分重要的政治关系，这种关系对市民社会的形成和发展起着决定性的作用。数字经济已经深入社会生活的各个领域，对人民群众的利益产生了巨大的影响，要想把数字经济的治理提升到一个更高的层次，就需要培养并依托行业组织。

第四节　数字经济治理的机制协同

一、数字经济协同管理机制分析

（一）协同管理机制分析

要更清楚地认识与界定数字经济治理协同机制的基本内涵与要素，就必须理解与界定"机制""协同管理机制"等有关概念。"机制"一词来自希腊文，原意为机械的结构与作用原理，即机械是由若干零件组成的一个完整的机械，每一个零件都根据各自的原理、规律与因果关系而运作。从这个定义来看，机制指的是整个机器在运转过程中，各个零件之间互为因果的关系和运转方式，它是事物各要素之间的一种交互、协调和互动关系。此后，力学中机制的含义及其相关的解释被应用于其他理论与应用领域。从管理学的层面来看，"机制"是指各种管理因素在促进事物发展的过程中所产生的一种内部相互作用与关联的机制。

协同管理机制是对协同管理机制内涵的具体运用。虽然现在，协同管理理论已经逐渐受到理论界的关注，相关的研究也越来越多，但是，学术界对于协同管理机制的研究还处于起步阶段，许多探讨还处于经验与实践的阶段，鲜有人站在理论的高度对其进行深入的研究。其主要原因有：一是从整体上来看，协同管理理论和协同管理模式都属于治理理论中一种较新的治理理论和治理模式，它们在我国的发展历程还很短，还处于发展初期，所以其研究基础还比较薄弱，因此，协同管理机制在我国公共事务治理中的作用还没有完全发挥出来，效果还不明显，以此为基础的理论研究也就显得比较欠缺；二是政府、市场、社会等国家的发展状况差异较大，难以形成协调一致的政府、市场、社会等多个层面的治理机制。

　　协同管理是一种新型的治理模式，它不仅涉及协同管理的目标、协同管理的主体、协同管理的客体等，而且还涉及协同管理的机制。而协作治理实践则是一个包括各个治理阶段的连续的过程，而要实现高效的协作治理，就必须建立起高效的协作与交流机制。因此，无论在理论上还是在实践中，企业间的合作关系都是一个非常重要的问题。一般而言，协同管理也是一种随时随事的演进，在演进的进程中，不同的治理主体必须不断地进行正式或非正式的沟通、交流、互动与合作。为让多主体间的交流与合作更为顺畅，发挥出更大的协同效应，理论界要求对协同管理的运行机制进行研究，试图揭开公共管理实践中的"黑箱"，深刻认识到影响协同管理机制的关键性变量及与之关联的要素。因此，加强政府间协同管理的机制研究，不仅可以为政府间协同管理的有效运行提供实践依据，而且可以从理论上对政府间协同管理的理论进行补充和完善。

　　协同管理主体主要指的是运用一定的协同管理机制，对其进行沟通和协调，以保证各个治理主体可以最大限度地发挥自己的职能，从而保证更好的治理效果。尽管已有学者对其进行了一定的研究，并对其进行了归纳和总结，但仍未形成比较统一的观点。国外的一些学者，主要是以特殊案例为对象，以其为依据，构建出一个理论框架，然后运用这个理论框架，对具体的案例进行回溯分析。当前，爱莫森等学者在其著作《协作治理的统一框架》中，对现有的协同管理理论进行了较为系统的梳理与归纳，并据此构建了一个统一的协同管理模式，对该模式中的关键因素进行了界定，并对其进行了详细的分析与讨论。在此基础上，本文提出了一种基于"合作动机"与"合作行为"的协同管理机制，并提出了一种基于合作动机与合作行为的协同管理机制。在这些因素中，合作动态性对协同管理机制起着决定作用。合作动态性是参与方参与协同管理的动力源泉，包含三个因素：实质参与、分享动因和共同行动能力。也就是说，要在上述三个层面上建立有效的协同管理机制。

（二）数字经济协同管理机制的要素分析

根据对数字经济、协同管理机制等内涵的分析，可以看出，在我国语境中，数字经济协同机制指的是在政府、企业、行业组织、公众等多元主体的共同参与下，为促进数字经济的健康有序发展，各个要素之间所构成的互为关联、互为因果的联结方式和协同合作的运行方式。从本质上讲，数字经济治理的协同机理不再是单纯的静态理论，而呈现出一种普遍性的动态推进过程。在此基础上，结合爱莫森等学者关于协同管理的理论和方法，对协同管理的基本内容进行了深入的分析。

第一，实质性的介入。协同管理的终极目标，就是要让政府、企业、行业组织、公民等多个主体，以共同的认知、共同的价值观念或存在的矛盾为基础，通过合理的、充分的、制度化的交流和沟通，彼此倾听、相互妥协，均衡不同的意见和利益，最终将问题和矛盾化解，从而实现对公共事务进行治理的目的。实质性参与要坚持"地位平等""民主对话""有效沟通""立场包容"和"充分表达"的原则。实质性的参与还可以为强化共享动机、提高共同的行动能力创造条件。实质参与是数字经济治理的关键。

第二，共享动机。共享是高效协作的必要条件。共享动机往往与多个个体间的交互作用密切相关，并呈现出一种或强或弱的动态性。多元主体共享动机是影响协同管理成功与否的关键因素。

第三，共同行动能力。协同管理能够实现个体独立行动难以实现的治理效应。要实现高效协同，不仅需要多方主体的实质性参与、共享动机，而且还需要保证多方主体具备"共同的行动能力"。共同行动能力是由多个因素组合而成的，它主要包含了以下几个因素：程序和制度安排、领导力、知识和资源等。其中，领导力涉及主体的能力和组织结构，知识和资源在共享动机上存在着一定的重叠，而程序和制度安排是保证共同行动能力的关键因素。如果没有制度和程序的保证，多个主体之间就不可能就能否协同、如何协同、纠纷化解等问题达成共同的治理。因而，"制度与程序的协同性"成为数字经济协同性治理机制的核心问题。

二、中国数字经济协同管理机制建设

协同管理机制的构建是协同管理取得实效的重要保证。本课题拟从共同行动保障、共享动机保障、实质参与保障、高效协同保障等四个层面，探索中国数字经济协同管理的制度构建。

（一）共同行动保障：数字经济法律和规则体系协同机制

1. 构建数字经济的法治环境

要强化数字经济的程序与制度，保证多元主体的共同行动能力，首先要对数字经济的法治环境进行完善。用法治建设的方式，来维持公平的市场竞争秩序，维护各类主体的合法权益，对各种数字经济的违法和侵权行为进行严厉打击。这不仅是实现数字经济协同与共治的先决条件，而且也是实现数字经济协同与共治的关键。

2. 构建与之相适应的数字经济法治制度

健全的法制体系是实现协同管理的必要保证，因此，必须建立一套行之有效的法制体系，以推动数字经济协同管理的发展。但是，仅仅依靠数字经济的法律保障是远远不够的，必须加强多个主体之间的法律与规则的协调。多元主体的法律协作，其关键在于明确多元主体的关系，完善相关的法律法规，营造一个有序的法律竞争环境。这既要有体制环境的维持，也要有国家公权的强制保证。

3. 构建与之相适应的数字经济监管体制

第一，对数字经济协作的监管进行了界定。因为数字经济的快速发展，呈现出了新经济的特点，所以，法律监管常常难以与之匹配，因此，在各个地区对于数字经纪公司的违法行为处理中，也出现了一些不规范、随机化等问题。这就需要在法律上对"三包"的认定标准、规范等问题做出明确的规定，并为"三包"的实施提供一个统一的依据。标准的协同还包含了技术层面的协同，特别是在大数据的应用中，标准化的统计口径、接口、计算方法，对数据的高效使用以及各主体的有效协作起到了非常关键的作用，同时还能够有效地降低由于各企业数据标准不对称所造成的监管障碍。为解决上述问题，应从政府和行业机构两个层面进行统一和协调，并建立统一的技术标准和规范。标准协作性的具体表现为：在法规中引用标准，为法规的执行提供支持，按照法规的要求构建标准系统。

第二，建立合作经营的法规制度。数字经济是一种自组织的经济，要想维持其秩序，就必须要建立一个健全的制度。协同企业规则和法律体系，重点指的是将数字经济企业的规则与相关的法律法规进行有效的链接和协同。同时，利用自身所积累的各种海量的交易和行为数据，数字经济企业可以为用户提供相对准确的数据支撑，从而可以对相关事件进行比较清晰的预测或者判断，从而持续地对自身的运行机制和运行制度进行改善，从而降低人为的干预和事后的解释。企业也可以在每一次交易行为发生之前，就将规则的具体内容和合规方案传递给规制对象，在一定程度上实现了规范适用的自动化，从而避免了解释和适用不确定性给规范落地带来的困难。在对法律进行修订和完善的时候，要注意对数字经济企业的规则加以吸收和借鉴，将一些企业规则中的有效经验融入到法律的层面上，并加以推广。

第三，建立以各社会团体为对象的合作管理制度。在数字经济中，由于涉及的主体是多个，因此，必须构建一种激励机制，以促进公民的参与，同时也必须构建一种约束机制，以防止其滥用。另外，还应建立规范制度的长效监管机制。以对数字经济中的风险进行控制为目的，以关键业务环节管控、业务流程整合、工作标准统一、管理建议书等形式，构建一套常态化规则监督工作机制。此外，还应制定共同的数字经济管理办法。越是规模大、越是复杂、越是持久的协作网络，对合作协议和监管机制的要求就越高。

（二）共享动机保障：多元主体信息公开与信息共享机制

信息共享是多主体协作治理的内在机制，是有效防范、发现与解决问题的关键，是实现协作治理的先决条件与推进的主要动力。信息共享的主要目标，就是要打破各主体所拥有的信息资源的孤立状态，把促进数字经济的创新发展和市场、社会的需求作为一个方向，从而达到高效、最大化地共享信息资源的目的。威廉姆森指出，信息共享可以有效地缓解人们的有限理性，限制人们的机会主义行为，并且随着信息的增加，人们做出的决定也会更加合理，从而更有利于实现合作。

1. 信用信息建设与共享

第一，要突破政府部门的信用信息壁垒。我国司法机关、银行系统、市场监管部门、税务机关、公安机关、文化旅游机关等部门均拥有自己的信用信息，但是，因为系统间的异构以及部门间的限制，使得信用信息的共享面临着很大的困难。目前，由国家层面主导的"全国信用信息共享平台"已经在国家电子政务外网上完成并运行，这为促进各部门之间的信用信息共享提供了一些条件。但是，这种信息共享仅限于政府部门之间，其他的市场和社会主体不能进入这个网络，也不能获得相关的信用信息，只能到各部门去寻找和获得相关的信用信息。所以，要将重点放在构建一个全国范围内的统一信用信息平台上，而不是单纯地共享信用信息，而是要对各个部门的信用信息展开专业化和标准化的处理，针对不同规模、行业的企业，采用不同的标准，这样不仅可以保证信用信息的完整性、针对性，还可以提供查询使用的便捷性。加快信用信息的分门别类，明确哪些可以在政府监管部门之间共享，哪些可以向市场和社会开放。

第二，推进数字经济领域企业的信用信息交流。目前，以通信运营商、电子商务、互联网金融、网约车、在线社交平台等为代表的数字经纪公司，其所拥有的交易及个人信用信息日益增多，已经逐步构成了信用体系的一个重要组成部分。列如，许多电子商务平台和移动支付企业会根据个体的消费情况和信用记录，授予每个个体不同的授信额，个体可以先购物、后支付。又例如，阿里的"芝麻信用"已经开放了"信用签证"的功能，当用户的积分达到一定程度后，就可以不需要提交任何证件来申请"信用签证"，这在某种程度上也让"公民"的出境变得更加容易。为此，政府部门与数字经济企业应加强协作，并鼓励企业将部分信用信息向政府、行业协会甚至社会进行公开和共享，从而共同推进数字经济的治理。

2. 实现信息资源的共享和公开

第一，建立信息资源的共享机制。在数字经济中，数据与信息是最为关键的要素，而大数据管制则是未来政府管制的主要手段。面对当前数据的孤岛现象，政府应在法律上明确数据的属性、所有权和用户隐私的保护，并在不同主体之间建立数据资源的共享关系、建立数据共享的机制和通道。在政府层次上，要带头开展数据公开工作，并在法律上对公开的类型和程度进行界定，同时，从行政管理、数据质量和技术管理等方面出发，制定出一套规范的数据传输过程。

第二，加强政府之间的信息资源共享。政府拥有庞大的基础数据资源、公共信息以及所有企业和个人的信用数据信息，从某种意义上来说，政府拥有的是全社会的全量数据资源，而企业拥有的仅仅是与自己相关的一小部分数据资源。所以，政府拥有的数据资源对于促进数字经济的发展和协同管理来说是必不可少的。要推进政务数据资源的开放，必须从实现政务数据的共享开始。共享指的是以互联网为基础，通过网络平台，促进各个部门之间已有的相关数据信息的交流与共享，从而实现政府监管与服务信息的互联互通与共享。政府信息资源的共享，一方面可以缓解各部门间的信息交流障碍；同时，政务信息资源的共享，也将成为产业发展的新的增长点。目前，在党中央、国务院的推动下，政务信息资源共享有了较大发展，以国家电子政务外网为基础的全国政务信息资源共享交换平台已经基本完成，已经具备了推动政府信息资源共享的技术条件。但是，其中最大的问题是，各个部门之间的信息共享存在着质量不高的问题。一是资料更新速度慢，需要由需求部门反复申请，反复催促才能获得资料；二是信息共享不够充分，由于各部门为了自身的利益，只能向用户提供部分领域的信息，使得用户不能获得完整的信息，必须重新申请；三是数据的可读性较差，各部门一般不让用户直接阅读数据库中的资料，仅能得到经过处理的资料，用户即便得到了资料，也要经过一系列的技术处理才能获得。所以，要着重于政府数据共享平台的建设、共享标准的建设和共享机制的建设，在建立一个统一的数据共享平台的基础上，对数据共享的质量、频次和更新要求等进行进一步的规范，以保证数据的有效使用。

第三，要加大政务信息资源的开放力度。政府公开数据的最大价值在于其对经济的推动作用，尤其是在数字经济中。政府数据开放有三种类型：一是能够对社会进行无差别开放的，这一类型的数据包含了国家方针和政策、经济发展情况等；二是非公开的，包括个人的健康状况和档案资料；三是对企业具有一定的开放性，比如基础设施布局等，此时，政府可以通过向企业提供相关信息，使其能够在一定程度上实现新的应用，从而提升政府的管理能力。在开放数据的进程中，政府应根据目标的不同，界定数据的开放范围。同时，政府应积极利用网络数据公开平台，将数据公开给社会，提高市场与社会对数据资源的便捷性。加强政府信息公开工作，提高信息公开工作的质量。政务数据开放是指政府通过信息技术平台，主动为公众提供无需特殊授权、可被机器阅读、可再利用的原始数据。所以，政府不仅要公开这些资料，而且要保证这些资料是可以直接供企业阅读和使用的。

第四，推动企业信息资源的开放性。在数字经济企业的运营过程中，也会创造出大量的数据资源。此外，许多企业往往拥有一定的行业垄断地位，或者是行业龙头，所以，它们的数据资源就成为重要的行业数据资源。从某种意义上来说，由于大型数字经济企业是众多市场、社会主体的重要撮合交易方，因此，它们所拥有的相关数据资源要比政府拥有的更加全面，也更加具有权威性。具体而言，一是推进企业数据资源与政府部门的共享，在数字经济环境下，作为行业监管的主体，企业拥有关键的交易、运营数据，如果没有企业的合作，政府很难获得这些数据并对其实施有效的监管。要推动企业将运营数据、监管数据等与维护市场秩序有关的数据，主动与政府监管部门共享，确保政府可以对企业的运营情况和潜在的运营风险进行实时了解。二是要在适当的基础上，对企业数据进行市场化、社会化，并鼓励其他企业利用已公开的数据，开展其他增值业务。

（三）实质参与保障：多元主体协调与利益平衡机制

1.基于不同治理目标的领导层协同机制

如何构建高效的领导协同机制，是实现多主体在数字经济协同管理中有效协作的关键。在这里，领导协同机制与通常所说的平等协同机制有很大的区别。由于数字经济所涉及的领域较广，治理对象也比较复杂，不同的治理主体在面对不同的治理对象时，所发挥的作用也不尽相同，因此很难做到各个协同主体的绝对平等。所以，在具体的数字经济领域中，要对各个协同主体的职责、具体的协同的形式、协同运行的规则等进行明确，而且要有重点地发挥不同主体的牵引作用。

第一，建立"自下而上，以企业为牵引"的领导协同机制，以适应现代信息化的发展。在数字经济的高速发展中，信息技术起着举足轻重的作用。企业作为市场主体，是经济体系中的基本单位，因此，推动数字经济高质量发展，关键在于企业。在数字经济环境中，技术创新已经成为一个企业生存与发展的根本。从现实情况来看，企业因为自身生存发展需要、靠近市场了解市场、激励机制比较灵活等原因，也是实际上的信息技术研发和应用主体。为此，在数字经济环境下，应采用"以企业为主体"的协同管理方式。企业的研发方向、技术路线以及应用场景都掌握在自己手中，因此，政府要鼓励企业牵头，建立各种技术研发实验室，针对前沿技术开展联合研发。在政府方面，主要通过资金、政策和人才引进等方式来提供支持，并且要做好对知识产权的保护，以维护市场的公平竞争。社会团体应致力于促进建立企业联盟，并制定相应的标准、规章，为企业的共同研究做好协调服务。社会公民要及时地对新技术的应用情况进行反馈，从而促使企业持续地提高自己的研发实力和产品质量。

第二，建立以政府为主导的、由上而下的、对数字经济的基础设施与资源进行管理的领导与协同。数字经济基础设施和基础资源具体包括了重要的网络设施、数据资源、云服务平台等，它们是数字经济赖以发展的重要支撑要素。数字经济的基本结构与基本资源具有两大特点。一是非排他性，即在一定意义上，基础设施、基础资源是一种公用资源，一个公司对其进行利用，不会对其他公司产生任何影响。二是非中立性，数字经济是从信息技术发展而来，但在实际运作过程中，信息技术却表现出某种程度的非中立性。所以，政府要在数字经济基础设施和基础资源的协同管理中，起到一个牵引的作用。在维持正常的市场竞争秩序的同时，要加强法律、法规和规章制度的建设，让各种设施、资源和数据尽可能地向社会开放，并从法律上强化对关键信息基础设施的保护。要加强战略性计划的制定与引导，统筹推进重大基础设施与基础资源的建设与分配。企业主体应尽可能地遵循技术中立的原则，尽可能地将自己的数据资源向社会开放，并在此基础上做好个人的隐私保护与数据安全。社会团体应加强与社会各方面的沟通，推动公共基础设施、公共资源的标准化、规范化建设。

第三，以平台经济为代表，建立以中心辐射为核心，以政府为主导，以企业为主导的领导协同机制。平台经济作为数字经济的一种新的表现形式，在理论与实践上都有很大的发展。平台经济也是一个"人人是卖家、人人是买家、人人是媒体"的新时代，它的准入门槛比较低，各种主体的素质也是良莠不齐，消费者权益被侵犯的事件时有发生。除此之外，在电子商务、网约车、移动支付等方面，与数字经济有关的公司都呈现出了自然的垄断性。由于平台越大，它所提供的信息就越多，所带来的经济效益也就越高，因此，这种垄断是它所固有的特点，虽然社会各界都对这种垄断感到担忧，但是从整体上来说，消费者还是乐于看到这种垄断的。

2. 建立了一种多方利益制衡机制

数字经济协同管理的终极目标是提高社会公共利益，推动数字经济的健康发展。然而，由于数字经济治理主体的多元性，导致了数字经济治理主体的利益具有多样性。当不同的社会治理主体在追求自身利益最大化的时候，必然会与社会整体利益或其他治理主体的利益发生冲突。所以，在数字经济中，协作治理的最终目标就是要以协作的形式来实现各自的利益，这就要求构建一种能够保证全局利益与局部利益协调一致的机制，从而保证总体治理目标的实现。其中，利益均衡机制包含着两种内容：一种是群体利益与个体利益的均衡，另一种是各主体之间的利益平衡。利益均衡的理想状态，就是各治理主体在保证总体利益的前提下，既要确保整体利益，又要保证自身的利益。但是，在实际生活中，整体利益与个体利益经常会发生一定程度的冲突，并且很难同时得到满足。因此，各个协同主体也会表现为更多地关注自己的利益，而忽略了社会和行业的整体利益。此时，就有可能会出现打着协同合作的旗号，谋私利的现象。在数字经济这方面表现得尤其显著，尤其是当前，我们对数字经济总体上采取了包容审慎的监管原则，因此政策尺度相对宽松，数字经济发展速度较快，企业主体在其中获益更大。然而，因为信息不对称和技术壁垒高，数字经济各协同主体在管理治理能力方面存在较大差异。这主要体现在，由于拥有更多的数据，以及更好的技术手段，企业主体在管理治理方面的优势更加显著，而政府的监管和治理往往相对落后，甚至还表现为手段不足。与此同时，在数字经济快速发展的背景下，企业主体在短期内有一种不择手段快速赚钱套现的冲动。在此基础上，本文提出了一种"以人为本，以社会为本"的新的治理模式。

要做到这一点，必须兼顾各方的利益，并在各方的共同努力下，才能达到利益的均衡。一是谨慎接纳并不等于放任自流，而是要采取一些硬性措施，如出台一些相关的政策、措施，来强化对企业的监管。二是大力推进和培养数字经济行业组织，发挥其专业、组织、协调等特点，使其更好地发挥其对各方利益的调节作用。三是企业主体必须在获取利润的同时，担负起社会责任，尤其是各种类型的平台公司，它们的迅速发展，不仅需要政府的宽容，更需要市场主体的信赖，更需要市场主体的监督，而不仅仅是一个向市场主体收取"过路费""流量费""驻场费"的中间机构，更需要对市场主体的违法违规行为加以规范，并对其所造成的不良后果承担相应的治理责任。与此同时，因为不同的治理主体在权力大小、自身能力和资源占有等方面都存在着一定的差别。因此，就会出现某些治理主体权力相对更大、优势地位相对凸显等现象。强势主体有可能会利用自身的优势去压制其他主体，甚至为了实现自身利益需求而牺牲其他主体的利益诉求。所以，要通过一定的制度安排，赋予各个协同主体相互监督、相互制约的权力，在促进合作的过程中，又要相互妥协，保证各个协同主体的合理利益不会受到侵犯。

（四）高效协同保障：大数据技术手段应用机制

1. 以技术为基础的管理工具来管理数字经济的逻辑

第一，以效率为基础的技术治理。技术管理方法的研究与开发，一方面是以企业为主体进行的。公司在进行 R& D 研究与开发的时候，所要考虑的最重要因素，就是公司的管理成本与收益。为了降低管理成本，并节省自己的资源，企业三体通常会选择大众化、标准化、市场化程度较高的技术路线，以便使自己的技术架构可以与其他关联企业、纵向与上下游企业进行互联。另一方面，在互联网等数字技术特有的激励机制的作用下，公司会持续地推出新信息、新服务和新体验，以此来刺激大众增加点击量，增加流量，进而获得更多的广告收入和增值利润。这种依赖于大量资讯产生与传播的盈利模式，使得许多公司将注意力集中在了"吸引眼球"的资讯上。因而，采用技术管理的方法来满足这一盈利模式的需求。

第二，以权力下放为逻辑基础的技术管理。一方面，互联网自创立之日起，就存在着"分组网络"这一概念，每个人都可以成为网络的拥有者、参与者，互联网上众多结点都参与网络活动，并在某种程度上参与了网络的管理，并形成了一定的集体决策。这一网状的组织架构，造成了组织系统丧失了实体的核心节点，造成了单一主体的集中式管理，缺少了技术土壤与物质基础。同样的，数字经济也模糊了消费者和供给者的边界，使得每个公民、每个企业都可能是消费者，也可能是服务和产品提供者。因此，每个主体都会从维护自身利益的角度出发，积极参与到数字经济治理中。同时，任何一家数字经济企业所掌握的数字技术都依赖于其他企业所掌握的技术。多家数字经纪公司强强联合、协同合作的运营模式，使得数字经济的治理呈现出"分权"的特征。

第三，技术治理具有自我约束的内在逻辑，是一种自我约束。随着现代信息技术的发展而产生的信息权力，对国家行政权产生了一定的影响，这种影响促使我们根据现代信息技术的发展需求，对自我管理的规范进行了探讨，并构建起了自我管理的秩序。在数字经济背景下，随着大数据技术的不断发展和应用，数据对于社会治理的重要性日益突出，利用数据进行事件趋势预测和关联关系发现，已成为一种重要的治理方法。具体而言，一是企业是技术治理的主体，其治理的客体也主要是企业，因此，在数字经济治理中，技术治理主体和被治理客体之间形成了一个封闭式的空间，满足了自我约束的需要。二是企业、行业组织等基于行业特征及 IT 发展规律而制定的技术治理标准，其制定主体对其最熟悉，也最符合行业自律的逻辑。

2.基于大数据的数字经济协同管理实施机理研究

第一，从"大数据"出发，构建"数字经济"的"大数据治理"概念。大数据治理以"数字治理"为核心，是互联网治理的基础，它既丰富了公共治理的内涵，又拓宽了治理的途径。"再整合""基于需求的整体性"和

"数字化转型"是数字治理理论的三个三要主题。

第二，提高了资料的智能分析和运用。以大数据为基础的数字经济协同管理，必须更加注重智慧化。其中，感知物联网、移动互联网、大数据分析和云计算等技术是实现智能控制的关键，而对后端数据的分析则是关键，其分析结果将会直接影响到决策的效果。

第三，重视在大数据环境下进行智能决策。大数据环境下，政府决策必须由依赖直观判断、基于领导经验的决策方式，转变为数据驱动的决策方式，才能实现政府管理现代化，提升政府决策的科学水平。政府部门应培养"数据是什么"的思维方式，将以往的"随机应变"转变为"数据决策"，确保大数据的价值得到最大限度的发挥。在此基础上，构建"收集数据—定量分析—找到它们之间的联系—提出最优方案"的决策流程，利用数据信息调用和云计算技术，探索数据之间的联系，寻找事物之间的内在联系，从而提升决策的工作效率，创造出更大的科学决策价值，促进决策的科学性和权威性，促进治理过程的精细化。在数字经济中，技术和行业发展变化迅速，数据量巨大，许多情况下，数据仍然是分散在不同的主体手中，这就导致了监管部门经常很难在短时间内获得有效的数据，并对其进行有效的监管。运用大数据技术，对数据进行分析、抓取和比对，发现问题并提出对策，是实现数字经济协同管理的一个重要途径。与此同时，在大数据时代，包括普通公民在内的多元主体将会越来越多地参与到数字经济的治理过程中，因此，每一个个体都会是一个潜在的数据源，而数据的积累也在一定程度上保证了数据决策结果的正可信度。除此之外，还可以充分发挥企业收集数据并利用大数据来优化内部管理流程、提升精细化管理水平、应对和预测市场等方面的优势，同时，也可以充分利用大数据，为智慧治理提供数据和技术支撑。

第四章 数字经济时代文化产业的创新管理

第一节 数字文化产业与国家"软实力"

一、数字化技术：文化软实力提升的原动力

数字化技术已经在传统产业转型升级、社会生活或社会治理等生活生产各个方面广泛渗透，成为文化产业的新型推动力。虚拟影像、数字三维技术、全息投影技术不断提升传统演艺行业的观赏度，电影行业中 CG 技术、电脑特效技术的大范围运用已经成为主流。如何利用数字技术促进文化产业与科学技术紧密结合，从而推动文化创新，将是本节讨论的重点。

人们通常把数字技术描述成把信息、声音、文本、数据、图片、影像，编码成一系列通常被表现为 0 和 1 的断续的脉动。文化科技从"选择性介入"走向"整体融合"，为文化创新驱动力奠定了坚实基础。今天，文化发展的许多领域已经受到数字化技术浪潮的深刻影响。在家庭生活方面，家庭设备不再是简单的工具，而是可以在传感器收集使用者数据的基础上，统计计算机系统再对数千万字节进行分析，从而令设备更加智能化地服务于人；在游戏方面，增强现实技术和虚拟现实技术在不断进入游戏领域，游戏玩家通过沉浸式体验深入游戏环境中，Epic Games 团队研发的《Robo

Recall（机械重装）》与索尼公司开发的多人 VR 游戏《The Playroom VR》受到国外玩家一致好评。通过依靠文化内容的"内容为王"模式与"技术为王"的数字化观念结合，打通传播渠道，三位一体方能有效推动产业融合发展。其中数字化技术作为产品创新、企业转型、行业升级的主要助推器，有着至关重要的意义。

（一）数字化技术推动文化产品更新

第一，数字化技术促使文化产品更新的周期缩短，提升产品生产效率。在技术更迭迅速的时代，数字化技术以高频率的速度促使传统产品转换成为深受消费者喜爱的新产品。当数字技术快速扩散后，产生了大量新兴业态，文化产品实现了由初级到高级的转变。数字化技术改变了文化产品的生产、存储、传播、消费方式及基本形态，文化产品的数字化成为不可阻挡的发展朝流。电子图书已经悄然改变了图书产业的结构，从写作到出售再到阅读，全部可以通过数字化技术在互联网或移动终端上进行。数字图书的阅读方式与现代人快节奏、信息化、网络化的生活方式不谋而合，移动阅读端是数字阅读的重要通道，阅文集团旗下的 QQ 阅读通过 APP 的限时免费阅读、与新浪微博合作推出"全民 365 共读接力"等，极大地促进了全民阅读。数字化推动中国进入全民阅读时代。自 1971 年迈克尔·哈特在网络上创立了一个包括一万多本图书的自由图书馆，到现在中国不断涌现各类数字图书馆，这类新型图书馆以其存储量大、跨时间、跨区域等特质，已经成为公共服务普及的一项重要方式。数字化技术的诞生，使电影艺术迈入了全新的数字影像时代，曾经占据主流位置的胶片电影已经被数字电影替代，从《泰坦尼克号》到《阿凡达》再到票房达 56 亿元的《战狼 2》，数字编辑的手段在不断完善中创造价值，数字技术不断推动文化产品的更新。

第二，文化科技融合带来的沉浸体验创造新的消费需求，拓展现有市场，打破原有壁垒，促使原有产品更新。数字化产品具有非毁坏性、传播速度快、复制性、可变性等诸多物理特性。电影、舞台剧通过数字化技术升级感官体验，促使消费者的需求不仅停留在浅层视听层面，更是要求更深入的沉浸体验与文化内涵。20 世纪 90 年代起数字化技术进入电影领域，今天数字化技术在影视、演艺领域已广泛渗透，对其制作、审美思维、传播方式有了巨大的影响，其中最重要的就是沉浸体验的出现。例如大型实景演出《又见平遥》中声光电手法运用带来的沉浸体验、华强方特将 VR 技术大范围应用到主题乐园和主题演艺等领域。

（二）数字化技术加快文化企业转型

企业数字化转型呈现出多维度、多阶段的趋势，数字技术与不断出现的新型终端设备未来将全面介入企业。在此背景下，企业需要变革生产形式、商业模式、管理方式等诸多方面。传统纸质媒体已经无法满足成长于互联网时代的数字化原生代的文化消费需求，传统的渠道商正面临互联网的持续性冲击，需要不断革新自身的经营策略。不仅如此，电商平台也频频涉足线下，"体验中心"逐渐代替实体店铺，实体店铺的价值由买卖逐渐转向体验，接踵而至的消费节日已造就数字时代的新型消费文化，企业的经营模式由单一走向多元。2016 年的东方财富 Choice 数据"中国上市公司市值 500 强榜单"显示，腾讯控股已成为 2016 年市值最大的中国公司，市值高达 16 081 亿元，腾讯的业务范围早已从互联网通讯发展到互联网增值服务。2015 年腾讯成立企鹅影业，主要业务为电影投资，借助其腾讯视频和腾讯娱乐的成熟平台进行运作。

几乎每一件设备的数字化都会带来整个数字产品占有率的上升——把越来越多的科技带到用户手中。数字化技术的发展，让传统文化企业受到强烈冲击，不少传统文化企业为了谋求自身发展，纷纷加入数字化的队列中。华侨城文化集团从最初单一的文化旅游模式到如今重点开发的"IP+VR"的战略布局，打造了"IP 创意 + 科技媒介 + 产业资本"的原创 IP 产业化运作模式。雅昌集团从小型传统印刷公司，通过高端印刷、授权衍生、数字出版、艺术网站等数字化经营手段，建立起了完整的艺术产业生态链，发展成为享誉世界的文化与科技高度结合的创意企业。尤其是雅昌推出全球最大的中国艺术品图片资源数据库——"中国艺术品数据库"，打造了一个有关艺术家、艺术品的知识库以及服务平台，为中国以及世界艺术界提供专业综合服务，令其成为业界翘楚。

（三）数字化技术助力文化产业升级

数字技术消除了稀缺性，数字化的知识和信息产生了数字经济，带来了前所未有的全产业的蓬勃发展。首先，数字化技术推动新兴产业的兴起，网络视频、数字动漫、手机游戏、网络杂志、网络文学等不断涌现；不仅如此，数字化技术还优化升级传统产业服务，催生出新的文化业态，为文化产业的升级提供有力支撑。数字图书馆、数字博物馆、数字艺术馆的不断涌现改变了原有的只能"当时当地"的体验，甚至通过手机终端就可以接受文化信息。许多文化企业通过大数据、多媒体技术的挖掘和使用，大大提升了产品的生产能力和服务能级。例如，为缓解巨大参观人流而推出的敦煌莫高窟数字展示中心，通过播放电影《千年莫高》及《梦幻佛宫》，在创造新型体验、分流客流、减少对洞窟破坏的同时，形成了新的业态，吸引了大批游客驻足观赏。其次，数字化技术通过要素融合、技术融合等方式促进行业整体水平的提升，推动行业的生产效率加快、产业结构优化、产品内容丰富、产业链条延伸。在纸媒时代，漫画的投递、发行渠道仅限于漫画杂志页面，海量投稿中只有很少的作品能够被登载、发行。如今，随着腾讯动漫、快看等电子平台的兴起，只要内容质量高，容量限制、发行渠道、宣传渠道都已不再是问题，更新速度也大大加快。并且有数字技术支撑，动漫衍生品出现，使得动漫产业形成全产业链条，在IP的引领下，漫画多边开发已经成为主流。华强动漫出品动漫《熊出没》授权产物涵盖玩具、文具、生产用品、家居用品、日化用品、食物饮料多方面，上市产物种别达到二千多种，年发展额约二十亿元。数字化技术在演艺产业中也实现了融合创新，上海话剧中心 2015 年引入"英国国家剧院现场（NT LIVE）"，该项目通过数字放映的形式，在全球多个国家呈现当今世界舞台上的优质剧目，包括在百老汇和伦敦西区获得巨大成功的剧目，让观众享受舞台剧的顶级盛宴。

二、文化科技融合：数字创意产业发展的根本路径

当前数字技术进入了成熟运用期，数字创意产业不断爆发一个又一个新的经济增长点。如何打造数字创意产业核心竞争力，提高数字文化产品的供给水平是当前所面临的问题。目前许多文化产业的开发都离不开技术的支撑，比如动漫和网络游戏在开发过程中得到光学、信息学、数字技术等支撑。文化科技融合，已经成为当前数字创意产业发展的主要途径之一。2017 年 5 月 11 日发布的第九届"文化企业 30 强"名单上榜企业中，北京歌华有线电视网络股份有限公司、宋城演艺发展股份有限公司等多家企业均在生产、制作、发行、宣传等方面将文化内容与科学技术高度融合。湖南省在"文化湘军"的战略背景下将文化内容与科技手段高度结合，打造的广播影视、新闻出版、原创动漫、娱乐演艺均位于全国前列。中南传媒打造的线上教育产品覆盖全国多个省市区县，输出到 9 个国家。芒果 TV 聚集了大量用户，在享有湖南广电独家资源的条件下，实现了"一云多屏""多屏合一"的战略部署，通过对优质 PGC 内容的高效智能化处理，为用户提供了更加优质和方便的视频观看条件。科技对文化内容创造、文化传播方式、文化利用价值产生直接影响，而文化对科技创新的推动、科技主体的培育、科技成果的应用，更是具有不可或缺的支撑作用。因此文化科技的高度融合在数字创意产业中尤为重要。

（一）文化科技融合应增强文化原创

现代文化艺术与科学技术的发展息息相关，电影、CG 动漫本就是科学

与艺术结合的产物，关于文化与科技交叉融合的讨论也一直存在。阿道尔诺曾用"文化工业"的概念批评在工业社会视域下大众文化追逐利益的最大化以及文化产品的商业化和标准化。目前文化科技融合背景下的文化产品，仍然存在着缺失文化原创力和缺少文化内涵等特点。目前，在文化科技融合方面，诸多大中型科技企业拥有较高的文化自觉，华强、腾讯等科技企业快速向文化科技型企业发展，而大多文化企业却未能将科学技术与自身结合并合理化运用。因此在文化科技融合的过程中，除了要弥补"广度""高度""深度""跨度"的四度缺失，还要进一步加强文化原创解决制约新兴文化业态发展的瓶颈问题。以国内动漫产业为例，大部分动漫存在着题材单一、创新意识不足、模仿痕迹明显等缺点。虽然近几年动漫作品的产量、出口都有了较大的改观，但是中国的动画创作者仍需在继承传统文化的基础上，结合时代背景，以此来创造出优秀的作品。例如，济南军区政治部电视艺术中心与深圳市环球数码影视文化有限公司、（北京）东方毅拓展文化协会联合制作的动漫电视剧《聪明的顺溜》以精良的画面和独特的军旅题材广受好评。一方面，文化原创是文化科技融合的核心动力所在，文化科技融合下的数字内容产业其核心就是以数字化技术为表现方式传播文化内容；另一方面，文化原创可以以原创内容带动文化产业价值链循环增值，推动科技产品更具有文化附加值。

（二）文化科技融合应树立文化自信

文化不仅仅是孤立的名词，更是深深印刻在每个人的生活中。在科技与文化融合的新兴产品层出不穷的时代，不同文化与思想激烈碰撞，文化自信显得尤为重要。不同文化之间本就存在差异与冲突，如何面对差异，并在数字技术时代将中国优秀传统文化、中国精神、中国文化内涵传播出去是关键所在。文化自信于文化科技融合的价值主要体现在当核心前沿技术已经掌握时，加强文化内容的建设和导向作用可以让文化产品打破不同文化间的藩篱，增加文化交流与沟通。电影是国家文化软实力的重要载体，不仅可以有效推动本国价值观和民族文化内涵，而且在本土文化的国际化表达方面也具有重要的推动作用。数字技术在电影领域的广泛应用已经使电影成为文化输出的重要载体。中国是文化资源大国，五千年的中华文化亟待以数字化技术手段进行开发。好莱坞将优秀的软件支持、3D 技术与禅意文化、熊猫、功夫等中国文化符号结合拍摄而成的《功夫熊猫 3》最终夺得 10 亿元票房。动漫电影《西游记之大圣归来》以高质量的动画、特效、物理仿真技术和蕴含的东方美学精神，获得了票房与口碑的双丰收。2015 年 12 月，故宫博物院打造的"端门数字馆"项目正式开放，该项目包含数字文物互动与虚拟现实剧场等多项科技展示手段，将数字参观和互动打造作为参观故宫的重要组成部分，使参观故宫的游客对中国传统文化有着更加深刻的体验。通过以上案例不难发现，文化消费对于本民族的文化具有较高的文化契合感和高度的认同性。而文化自信的意义便是在文化科技融合中，科技手段不仅仅是将文化资源简单注入科技产品，更是让现代数字技术激活传统文化，深度发掘文化精髓与文化价值观，使之在获得市场经济效益的同时也带来精神文化的输出。

（三）文化科技融合助力文化走出去

中国文化"走出去"已成为一个国家战略，它恰逢一个科学技术高速发展，数字技术、数字网络传播盛行的时代，这使得跨文化传播和交流变得更为通畅、便捷。网络传播的存储量大、内容资源丰富、形式多样，利用这一特点可将中国传统文化与现代气息巧妙融合，提升中国文化的传播力。文化科技融合下的数字创意产业对文化"走出去"主要有两点推动作用：一是文化科技融合令文化资源得以充分开发、文化传播渠道更丰富，其中以数字文化服务最为突出。数字文化服务创新了文化的呈现方式，拓宽了文化传播的途径，增强了文化内容的可读性与可视性效果，助力文化走出去。二是基于网络传播实时互动的特点使得文化需求方的需求信息能够及时反馈，有利于文化生产者及时了解受众心理需求、市场动态，借以有针对性地调整文化产品和服务的内容与形式，以打破文化异质性、文化壁垒，减少文化折扣，推动中国文化有效"走出去"。中国文化"走出去"，需要紧紧把握这一时机，利用好网络这一平台，发展数字技术，开发数字传媒，创新数字业态，占领文化制高点。

在国家大力发展数字创意产业的背景下，中国文化"走出去"也将在数字技术的渗入下面临新的变革。与发达国家相比，当前文化"走出去"的过程中数字化技术仍没有充分发挥效用。根据国家统计局 2016 年文化出口数据整理显示，近几年文化出口在全球布局较为不均衡、文化出口数额很大，但真正具有民族文化内涵的文化原创产品占比较小。其中，文教、工美、体育和娱乐用品制造业规模以上工业企业出口交货值占比较大，达到 4447.92 亿元。游戏行业近年来略有提升，利用文化科技融合"走出去"的文化产品集中在游戏、动漫产业。据伽马数据编撰的《2016 年中国游戏产业报告》显示，2016 年中国自主研发的网络游戏达到 1182.5 亿元，全年海外市场销售达到 72.35 亿元。在手机端应用商店兴起的背景下，不少游戏供应商借助应用商店的全球性特点，使国内游戏制作商的产品一旦成功上传到应用商店就获取了广泛的海外收入。这种模式让许多国内资本不足、海外发行能力欠缺的中小游戏企业开拓了市场。通过全球化的应用商店，中小型游戏企业获得了海外发行的机会，丰富了游戏出口的内容，大大提升了国内游戏企业的开发热情。

但是，中国文化"走出去"的过程中，文化与科技深度融合的产品和企业仍然匮乏，各地也积极探索数字创意产业的新途径、新形态。上海"文化云"利用大数据与数字化技术整合零散孤立的文化资源，为市民提供一站式数字文化服务，跨时空进行传播与消费，成为文化"走出去"的一个全新的尝试。2015 年联合国教科文组织与腾讯互动娱乐的合作项目"开放的传统游戏数字图书馆（ODLTG）"利用数字技术保护和传承全球范围内的传统游戏，建立了连接"过去"与"未来"的连接器，包含了图片观看、实时体验等环节，通过数字技术对传统游戏进行收集、整理、展示，使其通过互联网进入普罗大众眼中，实现现代性的转化，同时将中国传统文化传播全球，令传统游戏在数字时代焕发新的生机。文化科技融合的本质不仅仅限于提升产品的经济效益，更多的是发挥文化对人的精神感染力。

三、协同创新：数字创意产业的创新生态

当前数字创意产业发展正处于重要战略机遇期与跃升期，应当努力创造、引领消费新热点，开辟文化生产力、文化产品供给力的新空间。数字创意产业创新生态的实质，在于构建一个完整的、多主体共同参与的、多维度的创新环境。因此，数字创意产业构建创新生态需要进一步推动协同创新。这里的"协同创新"，是指在政府、企业、高校、科研机构等多主体的协同下，文化资源与科技资源有效汇聚和互动，通过突破创新主体间的壁垒，充分释放创意、技术等创新要素而实现深度合作的一种模式。

（一）协同创新需要政产学研各界进一步树立全局观念，突出顶层设计

政府应不断提升前瞻性战略研判能力，在数字文化业态的整体生态系统中起到基础支撑作用。我国不断加强文化体制改革的顶层设计，以出版业为例，为促进传统出版业向数字出版业的转型升级，截至 2015 年，先后成立了 14 个国家级数字出版基地，通过政府的优惠政策吸引大批优秀企业进驻基地园区，促进了数字出版产业发展。在推动文化科技融合的过程中，国家应抢占全球新一轮数字化技术的制高点，大力推进实施国家数字化文化工程、全国文化信息资源共享工程等，优化数字化技术发展布局。《"十三五"国家战略性新兴产业发展规划》对促进数字创意产业蓬勃发展、创造引领新消费进行了明确指引：首先是创新数字文化创意技术和装备，这主要针对硬件的革新；其次是丰富数字文化创意内容和形式，这主要是针对数字文化产品内容原创水平的更高要求；再次是提升创意设计水平，

对于工业设计与人居设计水平的提高做了相关要求；最后是推进相关产业融合发展，意味着数字创意和相关的产业要高度融合，建立起全面的生态体系。目前我们依旧存在着数字创意产业领域的政策法规与业态发展不匹配等缺陷，国家应建立健全相关政策体系，在加强政府引导的同时做到政策扶持、资金支持，推动数字创意产业健康发展。这方面，既要尊重市场规律，同时也要发挥好政府在文化发展中的作用，协调好政府、社会、市场等多方面的关系。

（二）注重企业在整体创新生态环境中的作用

企业是技术创新的主体，要进一步强化数字化技术创新的引擎作用，促进数字化技术与文化产业深度融合。技术革新，也就是关键性的技术需要有突破。华为在技术研发上的高投入，令其有了分布式基站和 Single RAN 两个行业内部的顶级技术，尤其是华为在业界率先提出的 Single RAN 理念成为未来整个移动通信领域发展的一个方向，为众多厂商所遵循。同时实现技术的市场化应用才是最终实现技术创新的价值所在。企业在创新生态系统中不仅是创新的组织生产者，也是市场信息的收集者。企业一方面要将创新技术（数字技术、3D 技术、信息技术等）广泛应用于文化产业领域，通过文化产品实现技术创新的价值；另一方面，也利用数字技术与信息技术洞察消费者的消费需求、心理、模式，进行整合分析。

（三）在"协同创新"模式中，用户也就是消费市场必须受到重视

企业可以通过已知目标用户获得创新性产品的思路与未来技术走向，尤其是数字化产品，其用户需求变化快、要求高。所以，数字创意产业的发展，必须坚持以市场为导向，充分了解市场需求的变化，进一步培育文化消费市场，以数字文化消费牵引数字技术提升，从用户层面促使企业、大学、科研机构等创新主体共同实现转变。在充分了解数字消费市场的基础上，需要加强数字产品中文化内容，引发更深层次的文化认同感，满足甚至引导新生代青年消费群体的文化需求，而不是仅用表面化、浅层次的

方式吸引年轻受众。数字化时代，用户体验和客户需求成为产品更新的参照物，例如数字出版行业，个体用户的需求对技术提出相应要求，企业加大对技术的研发与推广，行业形成技术发展的强大动力并与社会需求对接，从而构成技术发展动力的理想状态，进而整个行业得到提升。

（四）高校在协同创新中发挥着重要作用，数字化人才的培养为文化科技融合提供人才支持

数字创意产业的创新发展和数字文化业态的升级，需要技术与文化内涵兼备的复合型人才。复合型人才的缺乏已经成为中国文化产业发展的瓶颈，目前高校教育侧重于理论教育而缺乏对学生实践能力、创新能力的培养，导致学生缺乏实操能力和创意创作能力。高校应调整人才培养目标，创新培养模式，强化学生实践能力，通过跨学科、跨行业、跨校园、跨国境的协同合作，培育创新型数字化人才。在这方面，高校一要打破传统学科的藩篱，创新学科体系，用丰富的文化、技术、人文营养丰富人才培养元素，培养兼具艺术文化水平与技术的复合型的面向未来的创意人才；二要推进高校协同创新，形成多主体、多元素、多内容的相互合作与补充的体系：一方面，在高校内部形成协同创新分享模式，增强内部交流与合作，学科互补与沟通；另一方面，推动政产学研用模式，高校增强与企业和地方政府的合作，构建全新的培养平台。

第二节　数字文化产业内涵、要素和形态

随着新基建的提速建设和"数字中国"战略的全面推进，数字文化创意产业成为建设社会主义文化强国、推动中国文化"走出去"的重要抓手。学界也围绕数字文化创意产业发展的一系列理论问题，展开了深入讨论。有学者从市场主体角度研究了产业发展的路径，如郝挺雷和黄永林提出了

培育新链、企业协同、空间布局优化、要素支撑强化和完善政策保障等策略，以促进数字文化产业链现代化。包国强等认为，数字文化产业高质量发展的关键因素在于技术、责任和信用。范周建议从原创内容供给、版权监管和技术接入等方面实现数字文化产业的转型升级。从政府角度，如许立勇等提出互联网文化内容的治理需明确政府管理的边界，运用新技术手段构建多元共治的模式。曾维新发现政府对网络文化产业实施"普惠性"补助，以补助技术创新为主，对网络文化企业的市场价值、创新和就业均有正向促进作用。但是，学界对数字文化创意产业的概念内涵、结构要素和细分框架等问题还缺乏充分讨论，在使用上也存在着不统一，甚至相互矛盾之处，这种不充分和统一使学界很难在既往研究基础上做出更深入的理论贡献，也难以服务于国内数字文化创意产业发展和政府决策。有鉴于此，本节从数字文化创意产业的结构要素、内涵辨析和细分框架三个维度出发，对产业发展进行多维度的本体论解读。

一、数字文化产业的内涵

对于新概念的理解，除了通过提取经验材料中的共性特征外，也应结合其产生的语义环境和原有概念内涵进行辨析。在概念具体运用中，数字文化创意产业常与数字内容产业、数字创意产业和数字文化产业简单等同。因此，本节将对这些交叉概念进行辨析，以理解新概念的独特价值和特殊性质。

（一）数字内容产业

国内政策文本中首先使用的是"数字内容产业"一词。2003 年上海市《政府工作报告》中将数字内容产业定义为依托先进的信息基础设施与各种信息产品行销渠道，向用户提供数字化的图像、影像、语音等信息产品与服务的新兴产业类型。2006 年《国民经济和社会发展第十一个五年规划纲要》认为数字内容产业的主要特征是数字化生产和网络化传播。2011年《贵阳市人民政府关于大力发展数字内容产业的意见的通知》将数字内容产业定义为包括数字动漫、电子游戏、电子游艺、移动内容、数字影音、数字出版、电子学习等领域的内容及其相关软件和衍生产品的创作、制作、交易、运营、服务所构成的新兴产业。在学界，窦凯认为数字内容产业是信息技术与文化创意产业融合而成的产业集群，包括数字影视、数字动漫、数字游戏、数字出版、移动应用、网络服务、数字音乐和内容软件等八大子类。张立等认为，数字内容产业是由文化创意结合信息技术形成的产业形态，以数字内容为核心、以互联网和移动互联网为传播渠道、以平台为模式，包含网络游戏、动漫、网络视频、短视频、直播、在线音乐、数字阅读、新闻咨询APP、在线教育和知识付费等十个细分框架。颜茂生认为，数字内容产业是现代意义上的信息内容产业，是一种基于数字化、多媒体和网络技术，利用信息资源和其他相关资源，创（制）作、开发、分发、销售信息产品与服务的产业。

（二）数字创意产业

2008年，在《国务院关于进一步推进长江三角洲地区改革开放和经济社会发展的指导意见》中首次提到"积极扶持电子书刊、网络出版、数字图书馆、网络游戏、电影特技制作、数字艺术设计、数字媒体、虚拟展示等新兴数字创意产业发展"，并在"十三五"规划中将其列为国家战略新兴产业之一。在《战略新兴产业分类（2018）》中，数字创意产业被分为四个子类，分别是数字创意技术设备制造、数字文化创意活动、设计服务和数字创意与融合服务。其中，数字文化创意活动又分为数字文化创意软件开发、数字文化创意内容制作服务、新型媒体服务、数字文化创意广播电视服务和其他数字文化创意活动等五个小类。在《中共中央、国务院关于支持海南全面深化改革开放的指导意见》中又增加了虚拟现实技术这一子类。

有学者认为，数字创意产业以创意内容为核心，依托数字技术进行创作、生产、传播和服务，引领新供给、新消费，高速成长的新业态。提出"数字化生存"的著名学者尼葛洛庞帝认为，计算机业、出版印刷业和广播电影业的重叠交集就是数字创意产业领域。何正华等认为，数字创意产业是借助先进技术、创意和文化等要素进行数字内容开发等创意活动或服务。李文军等认为，数字创意产业是现代信息技术和文化创意产业逐渐融合而衍生出的一种产业形态，其基础是创意和内容，借助技术的力量进行生产、传播与消费。

数字创意产业是创意产业的下位概念，即"那些发源于个人创造力、技能和天分，能够通过应用知识产权创造财富和就业机会的产业"。欧美政府通常将数字经济与创意产业纳入同一部门管理，英国将数字创意产业称为"CreaTech"，它所涵盖的范围比国内数字文化创意产业范围更大，除了文化创意外，科技创意也纳入其中，更强调对个体创意的挖掘。

（三）数字文化产业

迈入"十三五"之后，国家开始更多地提及数字文化产业。2017年《文化部关于推动数字文化产业创新发展的指导意见》将数字文化产业定义为以文化创意内容为核心，依托数字技术进行创作、生产、传播和服务，呈现技术更迭快、生产数字化、传播网络化、消费个性化等特点。2020年文化部又进一步明确了数字文化产业的门类，分别是动漫游戏、网络文学、网络音乐、网络表演、网络视频、数字艺术、创意设计等。《"十四五"文化产业发展规划》则把动漫业、创意设计业单列，将网络动漫、网络音乐、网络表演、网络视听等视为数字文化产业的子类，并增加了知识付费、社交电商、分享经济等新模式。

原文化部文化产业司司长王永章曾表示，我国所提的文化产业和国外创意产业基本范围一致，但创意产业强调的是依靠个人的知识产权创富创新，文化产业则凸显了意识形态属性。在国家政策层面，使用"数字文化产业"而非"数字创意产业"，体现了繁荣社会主义文化和培育新经济引擎的双重意义,数字文化产业基本可以视为数字创意产业的替换新名词。

通过比较不难发现,在政策文本层面,国内对数字文化创意产业的符号使用大体经历了数字内容产业—数字创意产业—数字文化产业三个阶段。截至 2021 年 7 月 1 日,国家层面的政策文本使用"数字内容产业"18 次,"数字文化产业"15 次,"数字创意产业"10 次。"十一五"期间政策主要使用"数字内容产业","十二五"期间逐渐引入"数字文化产业","十三五"期间政府更多使用"数字文化产业"和"数字创意产业",且"数字文化产业"的使用频率逐渐上升,同时国家也默许了各级地方政府在政策文件中使用"数字创意产业""数字文化创意产业"等表述,直到 2021 年初开始使用"数字文化创意产业"一词。

总体来看,政策文本和学界对数字内容产业、数字创意产业和数字文化产业的理解有三点是一致的。第一,均强调了产业的技术特征,指明了数字技术对全产业链的改造和升级;第二,均认为具有显著的产业融合特征;第三,从使用的语境来看,数字内容产业、数字创意产业与数字文化产业并没有显著的差别,它们经常被视为同义词替换使用。但实际上,作为一组偏正结构的概念,它们的中心语指向了不同的核心元素,也就意味着其内涵是不尽相同的。数字内容产业强调数字技术对内容资源的改造升级,而内容通常指文学、影视剧作、动漫等文本。随着以平台、场景或服务为核心的数字文创产品的增多,仅以"内容"来强调产业的核心要素并不能完全契合产业未来发展趋势。数字创意产业则强调数字技术对创意的开发和转换,是一种以创意为要素驱动的经济形态,并不一定要有明显的文化属性或意识形态属性,科技创意也属于其中。数字文化产业虽然强调了数字技术在文化资源开发保护中的应用,但忽视了对创意的表现形式——知识产权的观照。

二、数字文化产业的结构要素

人们往往按照线性的、延续的和总体性的历史观念将数字文化创意产业视为传统文化产业的"转型"。知识生产天然地把数字技术简化为叠加到文化产业的生产要素，认为文创企业的数字化转型是应有之义，但实践经验已表明数字文化创意产业所遵循的是一种全新的发展逻辑。我们需要破除传统和数字的连带关系，提炼产业发展中体现出的共同的、稳定的、反复出现且具有相当辨识度的属性——创意、技术和文化资源，依此理解数字文化创意产业的内涵。

（一）创意属性

创意是数字文化创意产业这一偏正结构词组的中心词。《广雅》曾言："创，始业。"《说文解字》解为"志也，从心察言而知意也"。由此可见，创意有破旧立新之意，且主要指意义层面上的新。换言之，创意指有创造性的概念设计、理念描述和意义发生，它能够给人们一种美好的享受和向往，从而启迪或者激发人们为实现美好幸福生活而奋斗，给社会进步发展赋能。它是列举属性、变更属性、校核信息的过程，从而以突破常规的方式得到新概念、新手法和新形态等。当下，"创意"是一个随处常用的词汇，这多少表明了当代社会内在的符号消费和意义消费的特征。但创意并不意味着一个好的结果或好的事物的诞生，从经济学角度看，创意仅是意义或想法的生成，并不能确保相应的经济价值，甚至有些创意会因为过于有创造性或艺术性，反而损害了当下或短期的经济价值，正如一些耗费相当人力物力而进行的数字艺术策展从短期来看盈利并不显著。

在文化产业研究中，创意一直被视为产业发展的内生要素。戴维·思罗斯比表明，创意的生产是一个决策过程（尽管这其中兼具理性和非理性的因素），它和文化一样具有知识产权的价值。因此，理解数字文化创意产业中创意的第一个要义在于，创意不是其他行业中所言的技术创新或商业模式创新（当然这是创意的一部分），更指涉符号和意义层面的新，力求实现公共性、商业性与艺术性的微妙平衡，即在获取利润的基础上实现产业的高质量发展和文化的传承保护。熊彼特曾指出，创新是对生产领域原有均衡状态的创造性干扰或破坏，实现了新的组合。与熊彼特相同，罗杰斯也认为创新是理解社会变迁的一条重要路径。经济学和社会学领域的创新理论对我们理解创意的第二个要义在于，不应陷于描述各种文化创意的形式，毕竟数字文化产业发展中的新技术、新内容和新场景等层出不穷，而应重点关注文化创意在数字社会中何以可能的问题，重视创意的行动而非所表现的现象。同时，熊彼特的创新理论还特别强调了创新中的"行动者"。虽然他所言的行动者主要指的是具有创新精神的企业家或创业者，但在数字社会中消费者同样是数字文化创意产业中的重要环节。因此，理解创意的第三个要义在于，创意是行动者主动创造、选择和采纳的想法、意义或符号文本。正如罗杰斯认为的那样，认为创新是被个体或团体采纳的一种新方法、新实践或新物体。创意并不一定要生成新的意义或符号，而是让行动者感知到新。

在文化经济中，对消费者而言创意消费是一种身份认同和身份建构的方式。《哈利·波特》的粉丝不仅会消费小说和电影等文本，还会通过周边产品的消费来标出自己"铁粉"的身份。同时，这种消费也会反过来塑造数字文创产品的社会意义和符号文本制作者的生产模式。对符号文本制作者而言，创意是一种抽象化的劳动形式。注意力经济意味着劳资关系的抽象化，"观看""刷屏"等消费行为转为一种为攫取价值而对主体进行技术定位的新制度。换言之，符号文本制作者可以从消费者的观察中获利。创意使"观看""刷屏"等抽象的消费形式尽可能长时间地、多人次地停留在某一个信息界面上，它不仅通过挪用信息实现资本增值，即捕获用户的信息和行为习惯，再运用算法推送相应的信息和产品，还直接占据用户消费的时间。在数字社会中，"观看"是人们日常生活的常态，创意通过占据"观看"的时间，实现了经济价值。

（二）技术属性

数字技术在迭代中不断嵌入社会各个层面，并结构化改变了文化产业的实践。首先，技术作为产业的生产要素，在文化资源的创意开发与社会间建立了全新的连接方式。数字技术赋予创意弥散到文化资源上的新可能，使文化创意产业的生产去媒介化、去实体化。人们对文化资源的使用与消费也从双眼观看和具身体验转变为透过各类屏幕和各类可穿戴设备去进行不"在场"的感知，数字技术改变了文化创意产业的生产—消费模式。其次，在社会意义层面，数字技术为文化资源和创意搭建了新的流动、交换和存储的通道，使技术和艺术、感性和理性形成了新的对话方式，创造了新的审美感知。数字技术的"可编程性"改变了文化资源和创意对接的方式，即它以框架的形式去影响文本产生的意义。数字文化创意产业中的许多新现象是由技术驱动的，它并不一定非要依赖于传统意义上的文化资源。譬如"土味"短视频的流行，它并不符合大众心中对短视频通常的审美期待，但由于一次又一次的"刷屏"传播，使得"土味"在成为一种文化的同时，也成为营销"带货"的象征资本。

回归到国情来看，中国互联网发展史是典型的"技术＋资本"模式，数字技术不仅催生了社会发展的新形态，更使得"平台"成为社会发展的基础设施。数字文化创意产业的劳资关系也就由平台、符号文本制作者和用户三方共同建构，而符号文本制作者和用户又呈现出一体化、泛在化的特质。由于数字文化创意产业所赖以生存的技术首先是以一种"创新"的面目出现的，因此在初期它呈现出一种自发生长甚至"野蛮无序"的状态。早期的网络文学有一大批写手是出于自身对写作的热爱，利用 BBS 论坛和网络文学网站等平台，依靠读者"打赏"或实体出版而生存的，诸如当年明月等知名写手大多都有自己的本职工作，从事网络文学仅是一种"玩票"。那时网络文学作为一种"文学+网络"的新业态自发生长，不仅盗版、侵权和抄袭等乱象丛生，平台型媒体也成了行业的主导者和垄断者。随着数字文化创意产业的消费群体不断扩大，"写手"成为"零工经济"中的典型工作形式，政府也逐渐将其纳入治理体系中，在2014、2016、2017、2020年都分别出台了针对网络文学的专项政策，且主要采用了规制的政策工具。

数字文化创意产业的技术维度不仅指数字技术对经营管理模式、产业组织结构和业态等的具体影响，也体现在技术的时空偏倚和文化偏向对理念与实践双重层面的包括生产—流通—消费过程的重塑。数字技术使得文化生产的权力中枢偏移，形成了数字娱乐业中的"养成系偶像""流量明星"等业态。明星不再以演艺技能和作品等为核心竞争力，而是通过微博等社交媒体与粉丝的时间、情感和话题等勾连成为"顶流"。一言以蔽之，数字技术不是工具性地给文化创意产业带来新的现象和变化，而是生态性地渐进改造了数字文化创意产业的认知、劳动关系及其与社会互动的方式，形成了新的行动者网络。

（三）文化资源属性

数字文化创意产业最终的目的还是实现对文化资源的高质量开发与传承。虽然现代经济学已经承认，文化会通过制度、组织结构和劳动资本等形式间接影响经济发展，但文化资源是否是直接的生产要素却有不同理解。这种争议首先是因为对文化的理解不同而言的。雷蒙·威廉斯表明，对文化的理解可被归为三个方面，一是人类社会中智力、精神与美学发展的过程；二是某个群体或时期的某种特定生活方式；三是智力、精神与美学所创造的作品和实践。前两个层面的指涉都过于宽泛，人类的衣食住行、工业产品的生产制造均可囊括其中，但第三个层面则指出了数字文化创意产业发展的要旨——意义的生产，也证实了文化资源是可以作为经济发展的直接生产要素。数字文化创意产业所言的对文化资源的创意开发不仅指传统意义上利用数字技术实现文学、艺术和音乐等"文本"创作，还包括构建庆典、亚文化等意义的群体活动的线上孪生空间，即生成有意义的网络场景。从这个层面来看，诸如"粉丝"经济和"网红"经济这类群体性意义生产活动以及"数字公园""数字博物馆"这些具备意义的特定场景都属于数字文化创意产业的一部分。

如果说对文化资源是什么尚存争议，那从文化资源与社会关系的角度更易理解其为产业的结构要素。中国从古至今就有以文化人、以文市城、以文兴教的传统，这类提法也频频见诸于指导、服务产业发展的各类政策文本中。孔子在《论语》曾言，"不学诗，无以言""小子何莫学夫诗？诗，可以兴，可以观，可以群，可以怨；迩之事父，远之事君；多识于鸟兽草木之名"。在《礼记》中又说道："凡音者，生于人心者也。乐者，通伦理者也。"发展数字文化创意产业在宏观上对社会整合与国族认同有重要价值，近年来颇为流行的"国潮"莫不如是。在数字文化创意产业的发展语境下，"国潮"以中国传统文化为底蕴，以本土品牌为构建主体，以各类垂直领域的意见领袖为中介环节，通过传统文化资源在影视娱乐、游戏电竞、文博文创和时尚美妆等多领域的创意联动，不仅有利于民族文化的推广与传播，增强了普通民众，尤其是青年人、Z世代对国家和民族的认同感，通过传统文化资源的再生产获得了可观的社会效益和经济效益。在微观上，传统的知识生产常常认为对文化资源的消费是一种文化资本的体现，来自经济社会地位较高的群体往往更重视对文化资源的消费与使用，反之，经济社会地位较低的群体则处于文化资源消费的弱势。但是，在数字文化创意产业的发展中，来自乡土的文化资源却迸发出新的活力，来自乡村、小镇和少数民族地区等相对不那么"现代化"地域的人也得以实现物质需求和精神需求的双重平衡，打破了文化再生产与物质财富再生产间的正向联系，逐步实现了人的物质需求和精神需求的双重平衡。

文化资源作为数字文化创意产业发展的逻辑起点，选择挖掘哪些资源，不同消费者对文化资源的消费偏好为何，不同运营模式会产生哪些效果？此类问题是文化创意产业运作的核心逻辑，即追求经济效益和社会责任的最大化，通过对文化资源的创意挖掘与开发，满足人类社会对真善美的追求。在对文化资源的叙述上，数字文化创意产业较之以往将关注更多元、更个性化、更"小而美"的叙述主体；在文化资源的流通上，将充分利用各种平台型媒体，贴近消费者的日常生活进行传播；在消费层面，数字文化创新产业中的文化资源将以互动方式与消费者对话，消费者将直接介入文化资源的意义生产与传播，而这种介入反过来又促进数字文化创意产业的生产变革。

三、数字文化产业形态

（一）数字文化产业人才培养全面化

数字文化产业人才的来源主要有高校培养、企业内部培养、国外人才引进等途径，但与此同时优秀创意人才外流也是造成数字文化产业人才不足的重要原因。因此，在数字文化产业人才培养方面应坚持多点开花、全面培养的原则。在高校人才培养中，结合实际人才需求，分层次制定差异化的人才培养方案，培养综合性与专业性相结合的创意人才。数字文化企业内部培养困难相对较多，主要是人才培养成本较高，因此只有实力雄厚的大企业才有能力支持人才培养，小企业将无法支付人才培养的成本。守住培养出来的优秀数字文化创意人才是人才培养体系中的重要部分，在此基础上，创造优越的工作环境及人才发展平台，引进国外优秀的数字文化产业创意人才，通过多种渠道积累打造我国的数字文化产业创意人才池。

（二）数字文化产业市场治理高效化

科学合理高效的数字文化产业市场治理是确保我国数字文化产业持续健康稳定繁荣发展的前提。数字文化产业发展有其自身规律，政府、企业、消费者多方应不断加强沟通交流，这其中政府扮演了重要的角色，要承担法律法规的制定、政策规划的引领、财税扶持、市场秩序维护等多项任务。因此，政府需要全面充分掌握行业发展信息，既不让行业发展损害国家意识形态建设，又能充分调动数字文化产业发展活力，助力数字经济高质量发展。一是需要根据数字文化产业发展实际适时制定《数字文化产业促进法》，衔接《文化产业促进法》，并针对不同的行业门类制定专门法律法规，以法律法规的形式严格规定各类行为，使创业者有法可依，消费者有法可循，向全社会提供一套信用体系。二是在共性技术和基础设施配套上，政府应发挥主观能动性，解决企业额外成本，在整体规划上以宏观指导为主，避免过多过细。三是在财税扶持政策上积极实施创新帮扶模式，尽量细化建立数字文化企业档案库，扶持真正需要帮扶的数字文化企业，发挥财税扶持效果。

（三）数字文化产品出海多点化

数字文化产品和数字文化服务出海是传播中华优秀传统文化、提升中国数字文化产业国际竞争力以及增强文化软实力的必然途径。应在原有基础上继续探索增加数字文化出海产品（服务）的类型，形成种类上的多点化，充分发挥互联网等信息搜寻工具的作用，并与目的地实地调研相结合了解目的国情况，针对性打造数字文化产品，在出海布局上优先选择与我国地理邻近、文化距离相对较小的国家，以及"一带一路"沿线国家。在此基础上逐步拓展海外市场。当前出海数字文化产品较为成功的有网络文学、网络游戏、网络影视频、短视频等。应在巩固当前出口数字文化产品强势地位的基础上，结合区块链等技术探索数字文化产业国际版权运行机制，为数字文化产业全球化发展贡献中国规则，同时应提高中国数字文化产业在国际化过程中的版权保护能力。

综上所述，数字文化创意产业是一个伞式概念，本节或者任何研究都不可能给出一个固化的描述，只能以一种最低标准的"渐入式"知识生产来形成立足于其自身特质的内涵分析。其中，文化资源强调产业发展的社会效益，创意强调对知识产权的保护与开发，技术则是驱动强调产业发展的底层逻辑。技术和数据驱动了文化资源的创意开发，这种开发又反向促动数字产业化，使产业具有内生性增长作用。由此，数字文化创意产业具有跨界融合开放的特征，与医疗康养、电子商务和体育会展等其他产业融合后形成了一系列新的业态，跨越了不同产业的结构壁垒，向社会各个领域全方位渗透，即"文化的经济化和产业的文化化"。

总体而言，政府、学界和业界对数字文化创意产业概念的认识逐渐丰富，基于不同维度描摹了概念的多重面貌，并对产业的核心要素和技术基础等进行了讨论，这也反映了数字文化创意产业更新速度快、主体多元化的特点。然而，数字文化创意产业这一概念是一个不断游移的伞式概念。随着技术的演进和行动者们的不断"转译"，其内涵外延也随之演化，产业边界也处于变动之中。因此，本节认为以技术、创意性和文化性三个维度进行衡量，能够使数字文化创意产业的概念具有历久性的价值，在一定周期内能包容产业的演进和各类新业态的出现。考虑到文化资源二重性的特点，数字文化创意产业中很难区分纯经济的产业部分和公共文化部分，这无论是在理论上还是在实践上都是不可行的，故可按照文化资源在技术作用下的创意扩散逻辑来确立产业的细分框架，随着人工智能、NFT 等前沿技术的进一步发展和在产业中的不断应用，数字文化创意产业的细分框架很可能面临新的分类重组，应当从动态更迭的视角来理解产业边界。

在讨论了数字文化创意产业的结构要素和细分框架，并对其进行概念辨析后，本节试图将"数字文化创意产业"从"文创成功学"中拔出来，统合起对产业发展的零散观察，并开放性接纳文化社会学、文化经济学和 STS（科学、技术与社会）等路径的理论资源。从这个层面来看，本节对数字文化创意产业的内涵理解既关注数字技术影响下文化资源创意开发的实践，也强调对经验材料的理论理解。对数字文化创意产业的内涵思考不能仅窄化为一种产业发展的样态，其本质还是对人类文明传承发展的一种

"终极关怀"。因此，理解数字文化创意产业的本体论不是只描述文化产业的现状与未来，更应当积极地参与到未来文明的塑造探索中。

第三节 数字文化产高质量发展影响因素

一、生产要素

波特"钻石模型"认为生产要素涵盖多个变量，结合数字文化产业发展特征，本节主要分析文化、资本、技术以及人才等四大生产要素资源对数字文化产业竞争力的影响。文化资源是决定中国数字文化产业国际竞争力的基础，中国拥有丰富的文化资源以及世界文化遗产，为数字文化产业的发展提供了深厚的潜在优势以及不竭的发展源泉。资本资源是提升中国数字文化产业国际竞争力的重要保障，国家积极落实相关财税金融政策，通过发挥财政资金的杠杆作用、支持数字文化企业申报高新技术企业认证、加大直接融资力度、建立投融资风险补偿和分担机制以及鼓励金融机构支持数字文化产业发展等措施，为中国数字文化产业发展提供了雄厚的资本资源，成为提升中国数字文化产业国际竞争力的重要优势。技术资源是提升中国数字文化产业国际竞争力的核心支撑，国家积极鼓励数字文化企业建设创新中心，引导数字文化企业提高核心创新能力，并推动产学研一体化发展，目前中国已经成为全球数字技术领域的领头羊，但是关键核心技术缺乏自主创新也在一定程度上制约了竞争力的提升。人才资源是提升中国数字文化产业国际竞争力的根本，当前中国在游戏、动漫等关键数字文化产业领域缺乏专业人才，研发及运营团队与受众用户之间发展不均衡，并且缺乏市场化的人才培养方式以及评价机制，这是造成中国数字文化产业竞争力不足的一个重要因素。

二、需求条件

波特在"钻石模型"中认为国内市场的需求是建立产业竞争优势的重要因素，是推动产业发展的内在动力。根据马斯洛需求层次理论的内涵，当一国居民物质生活水平达到富裕程度之后，对中高端精神生活的追求将会大幅度提升，这将会推动数字文化产业的快速发展。

三、相关与支持性产业

波特认为一国是否具备一项产业的相关与支持产业，以及这些产业是否具备国际竞争力，是决定产业国际竞争力的关键因素。中国积极发展与数字文化产业密切相关的信息技术产业、新媒体产业、教育业、旅游产业等，形成了协同发展的庞大产业集群。新媒体产业方面，得益于国家积极推动网络和信息化产业发展，新技术、新形态、新理念、新模式层出不穷，已经成为推动国家经济转型的关键因素，进而推动了数字影音、网络游戏等数字文化形态的发展。教育业方面，在《国家教育事业发展"十三五"规划》中明确提出，大力支持发展移动互联网、云计算、大数据等新兴学科专业，为数字文化产业的发展提供了强有力的人才支撑。旅游业方面，"互联网＋旅游"的创新结合，使得旅游资源数字化的趋势越发明显，提升了传统旅游资源的消费空间，进而推动了"智慧旅游"这一数字文化形态的蓬勃发展。

四、企业组织、战略与竞争

企业是产业发展的基石，提高产业竞争力的关键是提升企业的竞争力，数字文化产业也不例外。提高中国数字文化产业国际竞争力，需要数字文化企业构建科学的组织结构，制定全面科学的战略规划，使其在国内及国际市场上同时保持较高的竞争力。然而，中国的数字文化企业制度与欧美等发达国家相比仍然存在一定差距，同时波特指出国内市场拥有强有力的竞争对手是保持产业拥有持续竞争优势的关键，而中国数字文化产业相关业务呈现产业集中度高的现状，具备很强的寡头垄断色彩，在一定程度上制约了数字文化产业竞争力的提高。

第四节　数字文化产业高质量发展对策

促进数字文化产业高质量发展，需要对我国的数字文化产业有一个基本的认知。首先，我们可以推动核心技术创新性发展，进而增强我国数字文化产业在国际上的竞争力；其次，推动形成包容性更强、融合生更广的产业集群，使得我国数字文化产业在具备影响力的同时也具备中国特色；再次，保持数字文化产业在科技和文化方面适度的张力。

一、深化文化产业供给侧结构性改革

文化企业要生产高质量的内容，可以通过不断优化数字化的方式来提高其企业的生产能力。首先，文化企业可以通过应用大数据、VR/AR、云计算等数字化技术来开发适合各种不同智能终端的产品类型。其次，文化企业应充分利用互联网等科技创新技术，掌握产业链的信息入口、大数据等通信技术，大限度地降低成本，提高商业模式。再次，利用区块链技术改变单向弱反馈的文化产品供给模式，实现多方位互动的供给方式，有效地保障文化产品权益。最后，要营造传统产业与新兴产业并存的局面，实现传统纸质媒体、新媒体和高科技媒体的深度融合，加快文化产业内部结构调整，实现产品质量跨越。

二、促进核心技术创新性发展

创新是发展的根本动力。随着时代的进步，像 5G、人工智能、物联网、云计算等新一代信息技术的出现，为各个领域都带来了根本性的影响，同时伴随着产生很多系统性的颠覆性的创新。于是，我们可以将它们与文化创意产业相融合形成数字创意产业的基础架构，进而促进数字文化产业创新性发展。另外，可以激励数字文化企业进行研发，鼓励企业加强与相关高校的交流与合作；出台对数字文化产业人才的吸引政策，加强人才培养，不断壮大数字文化产业及相关领域的人才队伍；加强重点领域和关键环节的知识产权保护机制。

三、推动数字文化产业包容性、融合性发展

目前，我国数字文化产业正处于一个良好的发展态势，整体以文化为核心进行创作、生产、展示和传播，相关产业园和文化基地也基本实现了规模化和专业化。推动数字文化产业向包容性更强、融合性更广的方向发展，是数字文化产业创新性发展的新路径。现今的数字文化产业主要集中在消费互联的商业模式上，如果可以拓展到产业互联上，那么数字文化产业的运行效率以及发展能力也将会提高。另外，积极融入制造业和服务业等行业，与相关行业协同发展，形成一个巨大的产业集聚群，将快速提升数字文化产业的影响力。其次，可以根据我国数字文化产业的独有特点，提高数字文化产业的创意水平和附加价值。立足中华优秀传统文化，对文物和非物质文化遗产等进行数字化转化和研发；嵌入具有地方特色的数字技术应用产品；打造中国特色数字文化产业，传播中国文化。

四、加快提升数字文化产业的国际竞争力

将传统经典的优秀文化与现代信息技术相结合，传统文化与现代优秀文化相结合，打造出能在世界范围内流行的文化产品，提高我国文化产品在世界的影响力。鼓励群众在不违背主流思想的情况下大胆创新，在数字文化创意上建立较为特殊的容错机制。为我国的数字文化产业发展建立起国际平台，建立起国内外文化企业在资本、技术等方面的合作交流。提升我国数字文化企业的出海和文化传播能力。

五、保持数字文化产业在科技和文化方面适度的张力

在数字文化产业中保持科技和文化的适度张力，使科技与文化产生共鸣，实现经济价值与社会价值的统一。数字文化产业具有经济和文化的双重属性，数字文化产品的生产不仅是物质生产，更是精神生产。数字文化产业的发展既要符合资本运营规律，又要符合社会发展的价值规律，用"科技 +""文化 +"双核驱动，实现数字文化产业的高质量发展。

第五章 数字经济时代娱乐产业的创新管理

第一节 数字娱乐产业与国家"软实力"

一、数字娱乐在文化产业中的特殊地位

(一) 数字娱乐的产业特征

在各级政府的高度重视和积极推动下，中国正在掀起一场文化产业建设热潮。许多省、市、县、乡都把发展文化产业作为推动本地经济发展的重要手段，纷纷提出了建立"文化强省""文化强市""文化之都"等战略性的口号，"文化产业园区"相继兴建。据中国社会科学院"2006年中国文化产业发展形势发布会"公布的数据显示，目前，全国几乎有2/3的省份都提出要建立文化大省，所有的省都把发展文化产业列为"十一五"规划的一个重点。

这种发展文化产业的空前热情，是十分令人高兴的。但是，发展文化产业既要有高度的热情，又要有科学的规划和合乎客观规律的操作。我们当然希望中国的文化产业能够在这种全面跃进的热浪中获得飞速的发展，从而把中国建设成为世界文化产业大国。我们也知道文化作为一种产业有着不同于其他产业的特殊性，然而无论从产业发展的基本规律看，从文化

产业的特殊性看，还是从国际文化产业发达国家的先例看，这种全面开花式的文化产业发展战略态势，其实际效果如何，都是值得我们加以审慎评估的。重视文化产业是好事，但如何使文化产业可持续地强势发展，却是需要我们认真研究的。

我们必须清醒地看到，不是任何文化形态都能够以产业化的手段获得快速发展，也不是任何有偿服务的文化活动都可以称为文化的"产业化"，更不是任何形态的文化产业都能在快速发展的同时带来人们所期望的经济效益和社会效益。

无论是"文化产业"概念在学术界的提出，还是当代国际文化产业的通行标准，文化产业都是指根据工业生产的标准化、规模化、专业化和连续性进行文化产品和服务的生产、再生产和流通的这样一个过程。这一文化产业的定义，与目前我国通行的统计学意义的"文化产业"概念其实并不矛盾。统计学意义上的定义把文化产业描述为"为社会公众提供文化、娱乐产品和服务的活动，以及与这些活动有关联的活动的集合"。它清晰地描述了文化产业及其相关产业的范围，即提供与文化产品、文化传播服务和文化休闲娱乐活动有直接关联的用品、设备的生产和销售活动以及相关文化产品的生产和销售活动，为我们提供了文化产业数字统计的方便工具。而把文化产业定义为标准化、规模化、专业化和连续性的文化产品生产和服务提供，则揭示了文化产业"产业性"的本质和特征，比较适合我们观察近10年来文化产业发生的重大变化，预测文化产业未来发展的方向。

通过最大限度地追求标准化、规模化和专业化来获取最大限度的利润，是现代产业区别于传统"行业"的一个本质特征。正是在这种对标准化、规模化和专业化的追求中，科学技术才成为其中最重要的生产力因素之一。而且，是否以标准化、规模化、专业化的形式来组织生产和服务，是否以标准化、规模化和专业化的方式形成生产链，也是现代形态的文化产业与传统的文化行业之间的重要区别。正是由于现代文化产业的这一最重要的特征，才使文化产业成为第三产业中最富现代意义、与高科技尤其是数码技术发展最紧密结合的产业。正如一些学者所指出的那样：现代文化产业实际上是一个巨大的"产业群"，"它们奠立于大规模复制技术之上，履行最广泛传播的功能，经商业动机的刺激和经济链条的中介，迅速向传统文化艺术的原创和保存两个基本环节渗透：将原创变成资源开发，将保存变成展示，并将整个过程奠定在现代知识产权之上"。

现代形态的文化产业与传统形态的文化产业在科技含量上存在重大的差别，这提示我们要依靠科学技术这个"第一生产力"来发展中国的文化产业，而不能把传统的公园、景区和人文名胜区做一个简单打包宣传，以外在的包装来代替文化产业的战略规划。

由于现代文化产业飞速发展的威力主要依赖于其大规模的"复制"和对日常生活大规模的"渗透"，因此，文化产业对现代传播科技往往具有更多的依赖性。这种以现代传播科技为基础的复制性和渗透力，是衡量文化产业品质的一个客观标准。这又提示我们，在文化产业的战略布局和文化产业的创意策划中，应该优先发展现代形态的文化产业，避免不分主次全面开花的战略；对能够提高文化生产"复制"效率，增加文化产品和服务于大众日常生活的具有渗透性的新兴科技，如网络科技、IT、数字技术等，应该给予特别的重视。

通过上述考量，数字娱乐产业理应成为我们关注的一个重心。

由于数字娱乐产业跨行业、跨门类的特点，因此它与影视、音像、传统文化娱乐、网络文化、图书报刊等行业门类有着不可分割的联系。信息技术、网络手段和数字化趋势为数字娱乐产品的开发与传播带来革命性变化。因此，在当代，数字娱乐业发展的状况已成为衡量一个国家信息文化水平及综合国力的重要标志。

（二）数字娱乐产业研究的跨学科视野

数字娱乐产业的特殊重要性，在中国已经越来越成为人们普遍的共识，但国内对数字娱乐产业的研究却相当缺乏。在中国现有的文化产业研究成果中，数字娱乐产业大多被忽视，就是在文化蓝皮书《中国文化产业发展报告》《文化产业评论》这样权威的文化产业研究丛书中，数字娱乐产业的内容也难见到。至今为止，笔者在文献检索中尚未见到对数字娱乐产业进行品牌战略专题性研究的研究成果。

从实践的层面来看，北京、上海、杭州、成都等大城市都把发展数字娱乐产业作为城市产业升级的一项重要战略任务，在动漫卡通制作、游戏软件开发等方面积累了一定的研发、设计、制作能力，也培养了一定的专业技术人才。但从总体上讲，目前国内各省市在数字娱乐产业方面的竞争，大都集中在引进外资、数字技术和优惠政策等方面，而对于数字娱乐产业的"产业化特征"和品牌营销传播方面的特殊性则重视不够。这将不利于数字娱乐业未来的发展和市场竞争能力的进一步提高，从而影响到这些地区文化产业战略目标的实现。

（三）数字娱乐产业与国家"软实力"

娱乐是一种文化，娱乐产业既是一种产业形态，又是一种意识形态。数字娱乐产业的这一双重性特点，在中国文化产业的后 WTO 时代背景中，将会日益显现出来。中国文化产业对国外资本的开放，是中国政府加入WTO 组织所要履行的义务，是中国深化改革、扩大开放的重要战略举措，给中国的整个文化产业带来了新的机遇和挑战。外资的进入，将使中国的文化传播生态发生重大改变，这将是中国五千年文化发展历史中又一个根本性的转折点。它直接关系到中国文化生产方式（包括管理方式）和文化生产力的发展，关系到中国国家软实力的发展状态，其影响之深远，意义之重大，将会在未来的历史发展中越来越清晰地表现出来。

由于技术和政策等方面的原因，相对于其他文化产业而言，国外资本进入本土数字娱乐产业的限制相对更少，这就使本来就摆在中国政府面前的管理问题变得更为尖锐和迫切：政府必须在发展民族文化、扶持民族数字娱乐产业方面积极作为，同时又要避免行政压制市场能动性；政府必须履行保护和发展民族文化的责任，使中国包括数字娱乐产业在内的文化产业尽快振兴，但这种振兴努力又必须以尊重文化产业的客观规律，以培育文化产业的市场机制为前提，否则就会揠苗助长，欲速则不达。

我们认为，无论从文化竞争的规律看，还是从产业部分的规律看，政府都应该转变管理模式，增加"弱控制"，减少强控制，从而达到提高国家"软实力"的目的。

文化是一种软实力，娱乐是一种吸引人的柔性力量，而不是军事和经济那种压迫人的刚性力量。娱乐不是政治，娱乐不是教育，娱乐就是娱乐本身。然而，一旦娱乐在日常生活中遍地开花，立刻就会显示出任何政治、教育、军事和经济都无法替代的力量。在社会文化化的条件下，一个民族的文化品牌将成为民族文化竞争力的重要体现。而文化品牌的特殊力量，就是它代表"文化"说话，而不代表政府说话。品牌化的文化产业是一种意识形态，但它又以人类的共同价值和共同感受为基础，这就是它独特的威力所在。

作为国家意识形态的文化事业与作为市场组成部分的文化产业，尽管有相互交叉、渗透的部分，但在本质上却分属于两种不同的体系，而数字娱乐产业相较于其他文化产业，其产业化特征又更强烈一些。我们现在讲与国际接轨，就是在全球经济一体化条件下，在 WTO 框架中，按照国际通行的产业化规则来竞争。我们国家在纯意识形态的文化事业发展上是有优势的，但对于这套产业化的规则却是陌生的。但历史的课题恰恰是：在这场我们曾经并不非常熟悉其规则的竞争中，我们只能胜，不能败。其理由有三：

一是经济方面的理由文化产业在现在和将来，都是国民经济的支柱性产业，关系到国民经济这个大局。

二是文化方面的理由。文化产业既生产商品，也生产文化，既提供娱乐，也提供意识形态。因此，文化产业的失败不仅意味着国家在经济上受制于人，而且意味着一个民族在精神上受制于人。

三是保护和提高国家"软实力"的需要。"软实力"与"硬实力"的划分，是美国哈佛大学政治学院院长约瑟夫·奈尔提出的观点。冷战结束之后，美国一直存在着各种关于发展国家实力的争论，其中最根本的分歧在于两种关于国家实力的基本理论：一种理论源自传统的国际力量的唯实主义，相信国家实力建立在实力战略的平衡基础上，其中军事力量居支配地位；另一种理论来自一些新理论的综合，认为国家实力建立在文化因素之上，而不是建立在军事力量之上。

二、数字娱乐产业与"符号的战争"

（一）符号与世界

从本质上讲，数字娱乐产业是人类符号生产的一部分。符号的生产不等于物质现实的生产，而且数字娱乐产业所生产的符号又有较大的虚拟性，因此人们往往本能地把数字娱乐产业和它生产的符号世界与现实的物质世界区别对待。长期以来，符号世界与现实世界之间似乎只是处在一种鸡犬之声相闻，老死不相往来的状态中。

然而，在信息化、全球一体化时代，符号世界与现实世界的鸿沟正在消失。罗兰·巴尔特关于大众传播符号对现实影响力的深刻揭示，波德里亚关于商品社会符号控制的研究，都一再向我们显示了符号世界影响现实世界的令人震惊的力量。波德里亚揭示了人们使用符号与"牟取"的现实行为之间的直接关系，甚至使用符号的作用就是现实的牟取。他认为，使用符号的做法总是存在着心绪矛盾的，其作用总是牟取。他在书中指出牟取这个词有双重含义：一是先让符号（力量、现实的东西、幸福等等）出现，然后再攫取；二是先提出某事，然后再加以否定与击退。符号与现实的关系是如此密切，以至于操纵符号的目的就在于影响现实，就在于获得现实斗争中的利益。按照波德里亚的观点："从某种意义上来说，图片、新闻和信息的普遍消费也在于牟取现实符号中的现实，在于牟取变化符号中的历史等等。"

亚当斯有一个著名的观点：流血的战争并不是革命，它只是不流血的、观念上革命影响的结果。"革命意味着什么？战争？那并不是革命的一部分，那只是革命的影响和结果。真正的革命发生在人民的头脑中……发生在第一滴血流出来之前。"

在流血的战争之间，是什么促使了人们的头脑发生了变化？是符号。符号的变革过程时时发生在人们的头脑中。而在波德里亚看来，发生在符号世界里的事，与发生在现实世界的事一样，都能带给人同样现实的享受，符号消费是现实消费的一种提前支取或事后延续：不管怎么说，我们带着距离提前或过后消费着现实。这里的距离是符号距离。譬如，当《巴黎竞赛报》表现保卫将军的密探在警察局的地下室练习开冲锋枪时，其图片并不作为"信息"来读，也就是说，要人们考虑到政治背景和实际发生的事：一个惊人的暴力时间企图；暗杀将要发生了。图片里是某种先兆和事先得到的享受。所有的邪念都实现了。这里得到的与对货船里奇迹般的丰富的期待，是恰恰相反的同一个结果。货船或灾难，总是有一种完美的诱惑或结果。

随着对符号研究的深入，一些学者开始认识到人类现实世界本身就是具有符号性的。有的人开始从符号的构成规律来研究世界的结构。威廉·艾尔温·汤普森指出："世界并不是一套观念或科学的组织机构，甚至也不是一个意识形态体系，相反，它是由无意识的关系和符号化程序所组成的结构。在这些动态的传播生态模式中，甚至其非理性的方面，例如噪音、污染、犯罪、战争和邪恶都能够作为整体中的构成要素而起作用。在这个整体中，否定是强调的一种形式，仇恨是吸引的一种形式，通过仇恨我成为我们所恨的东西。"

（二）硬实力与软实力

在此背景下，哈佛大学政治学院院长约瑟夫·奈提出了"硬实力"与"软实力"这两个术语，分别用以表示不同性质的国家力量。"军事力量和经济力量都是可以强迫他人改变立场的硬实力。硬实力可以依赖动机。"与此相对，"软实力"则依赖于诸如价值和制度这类文化因素。

约瑟夫·奈说："在国际政治中，一个国家可以通过这样的方式来获得它想要的结果：其他的国家追随它，欣赏它的价值，模仿它的榜样，热衷于它的繁荣和开放程度。从这个意义上讲，在国际政治中设置吸引其他国家的议程，其重要性并不亚于通过军事或经济力量来迫使别人改变。这种让别人想你之所想的力量，我称之为软实力，这种力量吸引人，而不压迫人。"

第二节　数字娱乐产业的内涵、要素和形态

一、数字娱乐产业的内涵

（一）娱乐与数字娱乐

说到数字娱乐，许多人的第一反应常常就是电脑游戏。但数字娱乐作为一个产业，实际上覆盖了用数字技术为人们"制造快乐"的各个领域：提供视听享受的数字音乐、VCD、DVD、IP 电视；重在参与体验的电子游戏、网络游戏、手机游戏；以数字技术为基础的动漫艺术；还有陆续开发出的新式娱乐产品，如 MP3、MP4、数字摄像机，甚至网络聊天、博客等，都可以划归在数字娱乐业的范畴。总之，一切通过数字技术为人们提供娱乐的产业都可以称为数字娱乐业。

据估计，全世界每年大约有 5000 亿美元花在了娱乐消费中。仅仅在美

国，每年就有 1200 亿小时时间和 2000 多亿美元花在了各种合法的娱乐形式上。这足以表明，娱乐已经成为一个无比巨大的现代产业。而且，随着人们生活水平的进一步提高和数字技术的不断发展、不断向生活的各个领域渗透，娱乐消费的不断增加和娱乐数字化范围的不断扩大，这两个发展趋势都是不可避免的。

因此，我们需要追问的是：娱乐到底是什么？为什么娱乐能带来如此巨大的利润？数字娱乐有什么新特点？不同的数字娱乐形式的共通性和共同规律有哪些？

娱乐的本义是欢娱快乐。在汉语里，"娱"是一个形声字。从女，吴声。本义为快乐、欢娱。许慎在《说文解字》里以乐训娱，说"娱，乐也"，可见娱、乐同义。娱也可用动词，是表示戏乐、使欢乐的意思，因此娱乐也是一种活动，也能成为一种提供快乐的产业。

在英文里，娱乐即 entertainment，本义是"款待的行为"（the act of entertaining）或"招待的艺术或范围"（the art or field of entertaining），基本义是娱乐表演、余兴节目，令人愉快、使人感兴趣、使人娱乐的事物，尤指演出或表演，同时也常常用来表示被娱乐的主观感受，如被娱悦的欢乐、乐趣。在最宽泛的意义上，任何放松、刺激、消遣的活动都可以叫作 entertainment，即所谓娱乐。这种最宽泛的娱乐，就是法语 divertissement 所表示的含义。在这种意义上，娱乐的形式可谓数不胜数。

不过现代文化产业学所研究的"娱乐"，显然不能仅仅停留在形形色色的各种娱乐形式上，它需要探索的是各种不同的娱乐形式背后共同的东西，它能引起广泛的兴趣，有极强的吸引力，如果需要，它还可以调动你的感情和情绪。正如娱乐产业学家 Harold.L.Vogel 所说，娱乐的本义是这个词的拉丁词根"抓取"（tenare），"它触动你的灵魂"。数字娱乐产业用数字技术提供娱乐，也就是用数字技术来"抓取"我们的生命，数字技术已成为了人类超越现实世界，体验生命意义的重要手段。

我们的生活无一例外地受到各种各样的限制和束缚，我们必须承担自己的责任，而且不得不面对数不清的烦恼和失意。与此相应，我们也有许多生活的乐趣，我们往往能在我们的某些行动中得到愉悦，在某些视觉和听觉中得到巨大的享受，从而使我们得以从生活的束缚和重压中解放出来。这种娱乐的需要对于人类心理的平衡、生命的丰满和意义的充盈都是必需的。正如美学家席勒所说："只有当人是完全意义上的人，他才游戏；只有当人游戏时，他才完全是人。这个道理此刻看来也许有点似是而非，不过如果等到把它运用到义务和命运双重的严肃上面去的时候，它就会获得巨大而深刻的意义。"可见，游戏的需要并不是人类出于幼稚的贪玩和放纵，而是一种植根于人类本性的基本需要。这种需要的客观存在，是娱乐产品和娱乐服务的市场基础，为娱乐产业存在和发展提供了无限的市场前景和巨大的增值空间。在很多发达国家，以休闲娱乐为主的服务业构成了国民经济的主体，例如在美国，服务业就占了国民生产总值的60%以上。

一项针对年龄16岁至22岁的消费者进行的研究表明，73%的年轻人的第一消费动力来源于娱乐，他们的可支配收入有60%都花在了娱乐消费上。研究还发现，年轻人上网的主要目的是为了娱乐，相比之下，只有10%的年轻人说上网的主要目的是为了获得教育。

不仅如此，随着人们生活水平的不断提高，恩格尔系数的不断降低，娱乐因素已经全面渗透到人们日常生活和日常消费的方方面面。大量现代的日常消费，与其说是为了生存的必须，不如说是为了消费愉快的感觉。有研究者预言：到21世纪上半叶，"娱乐"将不再是一个特定的行业，因为所有的事情都可以换个角度或者方式来做，为人们提供娱乐，让人们过得更轻松愉快。1998年美国著名的赌城拉斯维加斯的工作机会成长率高达8.1%，超过了美国所有的新兴城市；纽约电影与电视工业的兴起使得纽约增加了60亿美元的产值。由此我们可以看到娱乐消费对经济的拉动作用，娱乐业正在成为经济增长的重要增值点之一。

（二）数字娱乐产业

汉语的"产业"一词对应于英文的两种含义：一是 property 或 estate，指固定财产或固定资产，如家产、土地、房屋、工厂等；二是 industry，指生产事业，特指工业。当人们说数字娱乐产业的时候，使用的是"产业"的第二个意义。与传统的娱乐方式相比，现代娱乐具有高技术与高情感相结合，艺术享受与商业消费相结合的特征。数字娱乐产业作为以宽带和互联网技术为平台，数字互动技术与艺术要素相结合的一种产业，与整个市场和社会文化娱乐消费紧密相连，是现代娱乐方式的典型体现，它构成了现代文化产业的重要部分。在整个文化产业体系中，数字娱乐产业是与现代科技结合最密切的部分，是最能体现文化产业科技、艺术、商业三位一体的现代形态。随着全球数字化革命的不断深入，尼葛洛庞帝（Negroponte）所描绘的人类"数字化生存"图景不断地成为清晰的现实，人类娱乐领域也开始了一场数字化的革命。以数字游戏、MP3、MP4、数字摄像、数字动画、数字电影、电视、移动数字增值内容为代表的数字娱乐产业正在迅速崛起，成为现代娱乐方式的主流。这种娱乐方式的革命，赋予了"数字化生存"这一概念新的含义。人类的数字化生存并不只是体现在吃、穿、住、工作等必需的物质生命活动中，同时也体现在人类的精神文化和娱乐活动中；这意味着数字化不再仅仅是人类现代生存的手段，同时也渗透于人类的幸福体验中，参与人们对生命意义的理解和领悟。

二、数字娱乐产业的技术要素

人的生命是丰富多彩的，人们的娱乐活动也有很多不同的样式。不过，我们如果从产业分析的角度来看，数字娱乐却是由两个方面构成的：一是它的技术要素，二是它的内容要素。在我们展开对数字娱乐产业深入讨论之前，首先需要对这两个方面加以明确的划分，并分别加以讨论。在本节中，我们主要讨论技术要素。

数字技术的普及，是数字娱乐产业存在和发展的前提。正是由于有了数字技术，才使娱乐从过去的高高在上降落到普通人中间，它不再掌握在电影公司或者唱片公司手中，而是从行业走向了日常生活，走向了每一个希望表达自己的人。有人习惯于用拍照手机记录自己一天的生活，有人坚持每天上网更新自己的博客（Blog，网络日志），也有人痴迷于用 DC、DV来表达他们对生活的感受和理解。他们中的一大批人迅速地从发烧友成长为集制作、传播、享受于一体的个人娱乐单元。比如，风行一时的个人电台和个人网络直播室等，已成为数字娱乐时代的一种标志。从最为常见的手机短信、能够上网的个人电脑，到随时记录生活场景的 DC 和 DV 等，我们身边日新月异地涌现出来的娱乐制造工具，无不显示着技术要素在数字产业中的存在及其重要地位。

面对大众娱乐体验需求的升级，娱乐业也在努力借助技术的力量创新求变，除人们已经熟知的 IT 技术（Information Technology）外，现在又出现了专门的 ET 技术概念（Entertainment Technology，娱乐技术），这也从一个侧面反映出技术已经成为娱乐产业的推动力，并正以数字化的魔力重塑整个娱乐业。

（一）硬件与软件

数字娱乐的技术要素包括硬件部分和软件部分。硬件（hardware）的原始义是指五金器具，如锁、工具及刀具等金属制品或器皿。在计算机科学中，"硬件"特指计算机及其他直接参与数据运算或信息交流的物理设备。在我们讨论数字娱乐产业的时候，硬件概指实现各种娱乐功能的物理设备，如电脑、电视、手机、互联网的服务器及电缆、DVD 机、游戏机、配置在电脑上的游戏手柄或其他相关的物理设备和附件。

所谓软件（software），一般是指控制计算机硬件功能及其运行的指令、例行程序和符号语言。在数字娱乐产业中，软件是指进行数字娱乐所需要的各种计算机软件，也可泛指数字娱乐产业的内容生产。为了方便我们将数字娱乐的技术要素与内容要素分别加以深入讨论，我们在这里仅在严格的意义上使用软件一词，而把内容生产放在后面的小节中专门加以讨论。

数字娱乐需要各种娱乐软件，也需要为这些娱乐软件提供运行环境的基础性软件，如装在个人电脑上的 Windows 等系统软件，与系统软件配套的各种应用软件，在互联网上使用的浏览软件和下载软件等。因此，除了各种专门供人娱乐的游戏软件制造商外，大量基础性软件制造商通过数字娱乐产业获取了丰厚的利润。

例如，美国电影《黑客帝国Ⅱ重装上阵》，虽然在剧情表现上与传统的好莱坞影片一脉相承，但其娱乐要素却显然在现代技术的装备下大大加强了。这部电影的情节对于大部分观众来说都有点匪夷所思，但其强烈的视听感觉却让观众震撼而享受。这种效果的达到既要感谢那些价格不菲的影音系统，也要归功于先进的电影制作软件。自《星球大战》和《侏罗纪公园》以来，数字化技术就开创了娱乐性极强的电影特效时代。在这个时代中，影片的后期制作需要投入更大的精力，但仅仅有钱是不行的，因为要还原导演们梦想的情节还需要更多的硬件和软件。如果离开了戴尔的工作站、微软公司的三维动画创作系统，《重装上阵》也不会如此登峰造极。

而且，在电影中运用的数字技术，并不是好莱坞科幻大片制造特效的专属品，即使是国产片里那些看似平凡的镜头中，数字技术也无处不在。就是今天看来极其普通的电视剧和电视广告，没有数字技术也是无法完成的。

（二）互联网技术

硬件和软件相互依赖、相互支持，它们都是数字娱乐必不可少的技术支持。因此，在数字娱乐产业链上，硬件制造商和软件制造商都是最先获利的价值链环节。

在数字娱乐产业的技术支持中，最为关键的环节是互联网在软件和硬件方面的支持。在任何产业链条中，从制造到市场销售以实现商业价值都是一个关键环节，这个环节曾经被马克思称为面向市场"惊险的一跳"。在这个环节中，又可以分为传统销售和互联网营运。其中，互联网营运对现代数字娱乐产业发展的推动作用最为巨大。高速发展的互联网，不仅成为现代数字娱乐产业的加速器，而且成为各种数字娱乐活动的平台。据《经济日报》引述美国克里夫兰咨询公司最近发表的一份调查报告显示，高速互联网的普及，将使经营在线娱乐业的商家最先受益。

目前，休闲娱乐已经成为众多网民使用互联网的主要目的之一，在用户娱乐需求的驱动下，互联网已经涌现了一大批专门为网民们提供娱乐服务的网站，如在线游戏、在线音乐、在线影视等。互联网在飞入寻常百姓家，走向大众化的过程中，也在大众的影响下演化成为一个在线娱乐平台，而不仅仅是一个单纯的信息交互平台。

多媒体个人电脑的出现，使娱乐第一次出现了平台化概念，人们可以通过个人电脑玩游戏、听 CD 唱片、看 DVD 等等。而互联网则延伸了多媒体个人电脑的娱乐平台概念，使个人计算机的娱乐功能具有交互性，从"人—机"游戏发展到"人—人"游戏，可变因素更多，对抗更为激烈。在没有互联网的时候，玩家只能和计算机玩电脑游戏，按着电脑游戏程序设定的场景玩下去；在互联网出现后，玩家就可以通过远程联网，与多个玩家同时玩一个游戏。你的游戏对手不再是电脑，而是在距离你很远的电脑前的人。通过互联网你可以不出家门与远方的朋友下棋、聊天，可以收看网络电视或者广播，可以获得各种新闻、娱乐及体育信息，可以找一些自己喜欢的音乐来欣赏。互联网像一座巨大的游戏机，把全世界的玩家结合在一起，实现了人类的娱乐活动在全球规模上的一体化，这在人类的娱乐史上具有划时代的意义。

（三）硬件制造业的数字娱乐化与"家庭数字娱乐中心"概念

随着数字技术的普及和人们生活理念的改变，"娱乐"已不再是局限于特定的时间和空间的特殊行为，而是渗透于日常生活各个部分的日常状态的一种，这就是所谓的"数字娱乐无处不在"。这一发展趋势，已经明显地影响了传统硬件制造业的发展方向。

现代经济的发展，已经使以休闲娱乐为主的第三产业从过去的居于配角上升为支柱性产业。当人们开始富裕起来的时候，就会把更多的时间和金钱投入到休闲娱乐消费中。因此，我们可以看到，有战略眼光的企业家纷纷开始关注数字娱乐产业。微软、英特尔、美国在线、索尼等一大批企业已经进军数字娱乐业，从传统的娱乐业如唱片工业集团，到计算机硬件业、软件业及整个互联网业的巨头们都开始关注数字娱乐领域。有的业界人士甚至认为，未来互联网经济的发展，"最有发展前途的不会是 B2B 电子商务，不会是 B2C 电子商务，也不是什么 ASP、IDC 等这些泡沫概念，而在线'玩'经济——在线数字娱乐业"。每年数千亿美元的市场，正是这些业界巨头心动的原因所在。从在线游戏、在线音乐到网络媒体（门户网站、网络电视等），无不充满着业界巨头们的激烈大战。

三、数字娱乐产业的形态

（一）双倒三角模式与消费增值律

作为一种文化产业，数字娱乐产业的内容要素是比技术要素更加难以捉摸的东西。然而对于广大消费者来说，内容中的娱乐性，却是他们真正获得娱乐享受的重要价值之所在。单纯靠技术上的震撼效果是难以持久的，更难以支撑起巨大的市场。如果没有令人着迷的主角、没有引人入胜的故事情节，再多再好的技术手段也是不能充分满足人们的娱乐需求的。同样，如果没有动听的音乐，再新颖、再方便的网上音乐下载技术也没有了用武之地。因此，数字娱乐产业的竞争有时尽管表现为激烈的技术要素的竞争，表现为层出不穷、令人眼花缭乱的播放、搜索、下载工具和数字娱乐的技术平台产品的竞争，但数字娱乐产业最后的成熟一定表现为内容产业的发达，数字娱乐产业最后的决战一定会在内容产业领域中展开。

不过，我们也应该看到，技术形式的创造与内容的生产两者并不是可以截然分割的。在数字娱乐中，技术形式在制造视听震撼效果和逼真效果方面往往具有突出的娱乐价值。而且，由于软件的生产直接关系到人物形象造形、故事情节设置等内容要素，因此，软件生产环节在很大程度就是以技术手段使内容实现从创意到现实产品的环节，在此环节中，技术性软件编写人员与内容生产方面的策划创意人员必须有深入的交流和密切的合作。作为技术要素的软件部分，不仅离不开硬件制造，而且也离不开内容生产，三者之间相互依存、相互渗透而成为一体，共同构成了数字娱乐产业的一个"倒三角"产业链环节。在这个倒三角环节中，数字娱乐产品完成了初步的产生过程，从而向由"网络营运""传统销售"与"消费者"构成的下一个倒三角产业链环节过渡。

（二）数字娱乐内容生产的三种形态

数字娱乐产业所生产的内容产品，直接对应于人们的娱乐需求。人们的娱乐需求具有无止境地求新求变的特性，这就决定了数字娱乐产业所生产的内容也必须是无限丰富多彩、永无穷尽的。探讨人们娱乐需求的内在规律，从其千变万化的变异中寻求不相对稳定的娱乐需求结构，是我们将在第三章完成的工作。现在我们只是从生产形态的角度，对数字娱乐产业做一个大体的划分和描述，以便我们对数字娱乐产业内容的产业特征和规律进行认识。

所谓生产，其本质是对原材料的加工改造，使之发生形态变化，从而成为有价值的东西。数字娱乐产业的内容生产也不例外，也是对某种原材料的加工改造，使之成为具有娱乐价值的东西。在生产硬件设备方面，如电视机等的生产，数字娱乐产业与一般产业无差别，都是对自然材料的一种加工。然而，作为一种内容产业，它加工的却是"非物质"的精神文化类的材料。可以说，对非物质的精神文化内容进行数字技术加工，就是数字娱乐产业内容生产的本质。

与物质形态的原材料一样，非物质的精神文化"原材料"也具有形态上的区别。比如，有些是历史上保留下来的文化资源，有些则来源于灵感的创造，还有些则来自于已经成熟的内容产品，在这种情况下，所谓的生产其实就是对这些成熟产品进行数字化再处理，使之获得另一种形态。因此，我们可以按照数字技术所加工处理的对象来源和性质的不同，把数字娱乐产业内容生产划分为如下三种形态。

1. 文化资源的数字化

所谓文化资源的数字化，就是对现存的文化资源，如图书、文化、自然遗产等，进行数字化处理，使之便于存贮和消费。图书馆、博物馆、自然和文化名胜，都是现存的文化资源，在数字化技术出现以前，这些资源的消费只是现场性的，读者只有到图书馆才能借图书，观众只有亲临博物馆才能观赏其中的展品，游客只能到自然文化名胜地才能领略其风采。这不仅极大地限制了这些资源的文化价值的传播，不利于更多的人更方便地利用这些价值，而且也难以在保护这些宝贵的文化资源的前提下，对这些资源进行深度开采和价值转化。有了数字技术后，我们可以通过扫描、数字摄影、数字录像、录音等方式，把这些资源转化成数字信息，使保存和传播更方便；人们可以通过互联网、DVD 光盘等媒介方便地利用这些资源；还可以对这些数字化之后的资源进行深度加工，将其制造成其他新的产品。

2. 创意内容及其数字化

数字娱乐内容生产的第二种形态是创意内容及其数字化，其中包括两个方面：第一是对原创性的内容进行数字化处理，如把已经摄制成的模拟信号录像片转化为数字信号进行非线性编辑，把手工绘制成的动漫作品转化成数字信号以便做进一步加工或进行传播。第二是在创意过程中直接引入数字化手段，从而使数字化技术介入到创意过程之中。例如，三维动画电影片的制作，从最初的形象构思到动作设计、情节发展等，都由数字技术来完成，创意思维以数字技术为基础来展开，数字技术贯穿整个创意的全过程。

如果说，第一种内容生产形态还只是对现存内容进行数字化处理，相对属于技术性生产环节的话，那么，第二种形态则是创意过程本身的数字化。在此形态中，不仅整个生产过程贯穿着对原创性内容的追求，而且对艺术家也提出了必须运用"数字创意思维"的新要求。

所谓"数字创意思维"，就是运用数字技术手段来进行创造性想象、构思和设计的思维，对艺术家来说，数字创意思维就是运用数字技术手段来进行艺术想象和艺术构思。在数字时代的电影、电视作品中，为了剧情发展和人物塑造的需要，导演往往需要在适当位置加入一些特殊效果，因而也需要采用数字技术。在这种情况下，导演的艺术构思与特定的数字技术手段也是密不可分的。一定的艺术构思提出的依据往往就是特定的数字技术手段。而像《黑客帝国》《魔鬼终结者》等经典名片，则是通篇运用数字技术来进行艺术构思的成功典范。在这些影片里，一方面，没有特定的数字技术手段，就不会刺激出特定的艺术构思；另一方面，数字技术所产生的效果又往往会出人意料地丰富和强化导演的艺术构思。在这种情况下，艺术思维与数字技术手段已经形成了一个有机整体——数字创意思维，与过去那种艺术家完成艺术思维，技术人员专门做技术处理，两者分工沟壑森严的情况已经大不相同。

无数成功的经验和不成功的教训都提示我们：培养良好的数字艺术思维，已经成为数字娱乐时代新一代艺术家的必修课。与第一种内容生产的形态相比，这一形态的数字化内容生产更具有原创性，因此也更接近内容产业的核心——创意产业。

"创意产业"是指那些从个人的创造力、技能和天分中获取发展动力并通过对知识产权的开发，创造潜在财富和就业机会，以促进整体生活环境提升的产业。它通常包括软件开发、出版、广告、电影、电视、广播、设计、视觉艺术、工艺制造、博物馆、音乐、流行行业以及表演艺术这十三项产业。数字技术的发展，使创意产业获得了充分发挥想象的空间，为自由的创意提供了无限广阔的前景。数字创意思维是数字化时代原创性内容生产的源泉，培养一大批具有数字创意思维的创意人员，是提高民族原创能力，发展国家创意产业的必由之路。

3. 内容生产的产业化

数字娱乐内容生产的第三种形态是内容生产的产业化，即利用数字技术手段，实现特定内容的形态转化，生产衍生产品。

所谓形态转化，是指将相同或相似的内容翻制成不同的艺术形式，或实现同一题材在不同娱乐领域的改编。例如，《流星花园》从漫画到动画片，再从动画片到电视连续剧，就是形态的转化。电子游戏《三国演义》，就是对同名小说内容的形态转化。

对相似的内容进行形态转化，从来就是内容生产的一个重要方面，不独为数字娱乐时代所特有。从内容生产的数量上看，以形态转化的方式来进行生产的一般多于完全的原创。而且在很多原创性的内容中，也可以发现一定的形态转化因素；而在最"忠实"的形态转化生产中，也会因形态的改变而产生内容或多或少的变化。只是由于数字娱乐技术的应用，使内容形态转化现象更为突出，更为高效而已。

所谓衍生产品，是指利用品牌延伸的原理，使同一形象或题材向不同领域的产品发展，衍生为其他种类的产品，如动漫形象衍生为玩具，迪斯尼系列动漫作品《米老鼠与唐老鸭》衍生为主题公园、文化衫、童装品牌等。

内容生产的产业化在数字娱乐时代具有特殊的重要性。无论是内容的形态转化，还是衍生产品的开发，对于数字娱乐产业链的完善都是非常重要的。数字娱乐既然是一种产业，就会按照产业自身的规律来发展，不断提高生产效益、最大限度地占领市场、以最小的成本获取最大的利润，都是数字娱乐产业在内的文化产业所必须遵循的商业法则。

现代数字技术使内容生产的形态转化和衍生产品的开发速度大大加快，以类似于"复制"的方式推动着媒体融合和市场的变化。在数字娱乐时代，电子通讯运营商、内容提供商、服务提供商的概念正在取代传统意义上的纯粹报纸或电视。成功的媒体运作将不会是固守传统的媒介定位，而是顺应现代内容产业规律、能通过积极的形态转化和衍生产品方式进入内容产业链，或与内容生产形成积极互动的经营策略。成功的报纸、电视将会尽可能适应市场对不同内容的消费需要，从新的增值业务中获得更多的收入。其中包括：对内容进行再包装和营销，提供跨媒体、多种格式的丰富的数字内容，通过高效的形态转化和衍生产品的开发，为市场提供丰富的产品或服务，以最大限度地挖掘原创性内容的市场价值，延长特定内容产品和服务的生命周期。

第三节　数字娱乐产业的营销

一、产品的商品化和商品的符号化

在传统的营销理论中，E·杰罗姆·麦卡锡教授的"4P"理论因简洁、实效而具有广泛的影响。所谓"4P"就是依据四个 P 为思考框架，展开营销要素的分析。这四个 P 分别是：Product（产品），Place（地点），Promotion（促销），Price（价格）；其中首要的因素是"产品"。尽管当代的营销理论常常讲从"4P"向"4C"的转变，但"产品"或与"产品"类似的要素仍然具有重要地位。而 4C 分别是：消费需求（Consumer），消费成本（Cost），购买方便性（Convenience）和沟通（Communication）。这其中的道理很简单：

产品或商品是营销的内容，而凡是营销，就一定是特定内容的营销。如清水公一教授就认为，"4P"向"4C"的转变，首先就是 Product（产品）向 Commodity（商品）的转变。因此，我们对数字娱乐产业营销的分析，也从其商品开始。

当我们面对数字娱乐商品的时候，首先遇到的问题是产品的商品化和商品的符号化问题，以及与此相关的消费的网络化现象。

产品的商品化是发生在生产者为市场交换而生产的时候，而商品的符号化则是消费主义意识形态占统治地位的时代。这是同一过程的两个阶段。前一阶段指生产者为了交换而生产，以及由此造成的产品形态的改变；后一阶段指随着这一改变量的加大，符号价值随之加大的趋势。

在营销传播理论中，用品、产品、货物和商品应该有严格的区别，尽管它们常常可以用来指称同一个对象。"用品"是从对象的有用性来理解对象，是站在使用者角度的一种释义；"产品"则是站在生产者角度，把它释义为一种制造成品；"货物"往往从流通者的角度，把它释义为有交换价值的东西；而"商品"则不同，经济学用它专指为交换而生产的物品。在现代营销体系中，商品是多层次的价值链组合体，在广告符号学中，商品又是一种具有品牌附加值的符号。

（一）产品的商品化

现代商品社会的一个基本特征，就是消费者所消费的东西不再是单纯的"有用的物品"，市场交换也不只是剩余"产品"之间的交换，而是包含有更多社会意义的东西——商品。

清水公一教授曾经专门辨析过"产品"与"商品"的联系与区别，甚至把从"产品"到"商品"的变化，作为传统营销传播向现代营销传播转变的一个标志。在英语营销著作中，Goods（货物）、Product（产品）和 Commodity（商品）都是常用的词语，可以通译为"商品"，然而学者们在使用时，还是会对它们加以细致地区别。而且，在马克思《资本论》英文版

第一章"商品"中，使用的也是"Commodity"一词。

按照清水公一的分析，Product是被生产出来的东西，即"产品"。"Product"的构词法是Pro-（之前）加duct（被引导出来）的意思，由此可以想到的是从流水线上不断生产出来的大量产品。Product所代表的是经济高速增长时期高效的、标准化产品的形象，而Commodity是从Commodious一词转化而来的。Commodious意思是"共同方便的东西，共同幸福的东西"，可能源自古代山居住民和临海人家通过物物交换，方便彼此从而共享方便、丰富的生活。其"日用品"的含义正由此而来。所以，清水公一主张，在第三产业兴起，在服务商品化、品牌化的发展背景下，作为包含无形资产的东西，用Commodity（商品）比用Product（商品）更好。

"为交换而生产"只是从生产的主观目的来解释商品的。从这样的解释中，我们还是不容易看清楚商品与产品在形态上有什么不同。产品转化为商品，其实并不仅仅取决于生产者的主观意愿，更取决于消费者的消费意愿。在现代社会商品生产能力极大提高，物质极度丰富的条件下，生产者之间的竞争加剧，而消费者面对众多商品的选择也变得更加困难，技术越来越复杂的高价格耐用品的维护和保养也成为消费者担心的问题。这就使现代商品不再只是具有一种"使用价值"，而需要附加一种特殊的识别符号，作为质量和信誉的保证，同时还需要良好的售后服务体系。这就是说，一定的使用价值只有和一定的符号价值与延伸服务结合起来的时候，才能成为消费者愿意购买的东西。

（二）商品的符号化和数字娱乐商品的"非实物化"

一件"产品"变为"商品"，这一过程本身就包含了十分深刻而丰富的社会意义的变化，它本来就是一个符号化的过程。在市场细分的作用下，在消费主义意识形态的影响下，"你是什么人，就消费什么商品；你消费的商品决定了你是谁"的心理十分普遍。很多消费者不仅通过符号来选择商品，而且通过商品符号来定义自己，通过消费来实现社会认同。在此情况下，商品的符号价值也随之增加了更多的附加值：它是一种社会的身份和地位；一定的商品名称和商标图形，也不仅仅是一个质量和信誉的标志符号，而是一种身份地位的象征符号了。

在这一符号化过程中，商品不仅被广告附加了超出其物质功能的意义，而且在符号"换挡加速"作用的影响下，商品这个核心功能、符号价值和延伸服务三位一体的组合，在整体上也有符号化的趋势，它的三层结构本身变成了更大的一个符号的一部分，成为一个新的能指，指涉商品之外的一种社会意义，即罗兰·巴尔特所谓的"神话"意义。

数字娱乐商品的符号化不仅发生在这种神话符号学意义上，而且也发生在商品的核心功能层次。也就是说，在数字娱乐产业的商品中，其符号化的过程不仅发生在"符号价值"层，而且发生在商品的最内在的"核心功能"层。首先，从形式上讲，数字娱乐产业商品的"核心功能"已经数字化了。在数字娱乐产业的商品中，其"核心功能"并不像一般商品那样由物质来实现，而是由一定的"数码"来实现，抽象的数字取代了具体的实物。其次，从内容上讲，数字娱乐产业商品的"核心功能"已经精神化了。人们对数字娱乐产业商品的消费，即使在"核心功能"层面，也不是对物质的耗费，而是一种精神层面的对话、交流和创造。因此，这种消费不仅不会耗费商品的价值，反而会使其增值。网上的音乐不会因为某人的下载、试听而损失其内容，反而会因不同人的理解而丰富其内容，因大量的流通而增加其知名度。一款游戏并不因为玩家的增加和游戏量的增加而减少其价值，反而会因此而大大地增加价值。玩家的游戏积分本身就是一种再创造的产品，它既是玩家的财富，也是游戏本身的价值延伸。

(三) 消费的网络化

电子商务追求的是目标消费的网络化，即把传统上发生于现实时空中的消费行为转化到互联网的虚拟空间中。这一目标的充分实现，只有在数字娱乐商品这种非实物的商品形态出现以后，才成为可能。

尽管传统的商品也需要强大的物流系统，传统的售货渠道也是一种网络，即现实时空中的物流网络和销售网络。通过这样的网络，商品被分发到各个卖场。但从消费者的角度来看，购物或消费却总是发生在某个销售点上——那是具体的现实时空点上的"点式消费"。商品形态的实物化决定了"点式消费"的基本形态，购买商品、享受服务大多发生在销售或服务点上。

也许未来的某一天，电子商务的发展，将使传统的"点式消费"彻底转变为网络式的消费，但从目前互联网商务的发展来看，实物性越强的商品，如服装、大型家电等，就越难以网上购物的方式来推广。商品的实物形态决定了物流配送系统的存在，而实物商品在技术上的复杂性，也使消费者在商场购物更有安全感和选择的依据。与之相反，网上购物发展得最早、最快的，恰恰是图书、光碟等实物性较弱，甚至是非实物性的"内容"产品。对于这些看不见、摸不着的内容符号产品来说，消费者是否到现场挑选、验货，已经不太重要。

网上购物是消费网络化的雏形，因为它已经具备了消费网络化的两大特点。

1. 销售点概念的弱化

在传统的销售和消费模式中，销售点或者说卖场具有举足轻重的地位。商品进入黄金口岸的著名商场，往往是成功营销的必要条件。厂家往往会为了进入某些商场而付出可观的交易成本：入场费、展示费和维持与商场主管人员的良好人际关系都是必不可少的。这也是一种"渠道为王"。商场是消费实际发生的流通渠道，是所有消费者聚集的"点"。"渠道为王"说明了"点"的强势。

网上购物使销售点的概念大为弱化了。在网上购物的消费模式中，没有固定的卖场，没有消费者的现场集聚。不论是网上支付还是货到付款，其交易的地点都不是固定的，它们可能是消费者所在的任何一个地方：家庭、办公室、学校集体宿舍，甚至某宾馆的客房。交易场所的不定性打破了点式消费的模式，豪华、大型商场的强势被消解了。

2."一对多"的交流变成了"一对一"的交流

传统卖场式消费是一种"一对多"的交流，一个商家面对众多的客户，一个柜台营业员面对众多的消费者。卖场就像一个辐射点，不断地向有效辐射半径内的消费者发出商业信息，形成"一对多"的，而且往往是以单向为主的传播。在"一对多"的交流模式中，不仅消费者向商场的传达非常有限，消费者之间的沟通也大多局限在家人、亲戚、邻居、朋友等小圈子中，无法形成有规模的横向交流。

网上购物变商家与消费者的"一对多"传播为商家、消费者之间的互动式交流。每一个消费者都可以从容地向商家发送信息，提出要求，也可以在消费者之间交流和交易。在此模式中，没有中心，没有边界，每个消费者自己都是一个交易"点"，各"点"之间形成了"一对一"的网状交流。

由于数字娱乐商品的非实物化特征，使大规模的消费网络化成为可能。软件光碟、游戏机配件等极少量的实体物质使网络配送十分方便，而更多的内容符号则是通过"下载"和"在线消费"的形式来实现的。方便的充值卡、游戏点卡和越来越流行的网上银行，使支付和结算方式也非实物化了：现金越来越少见，货币由金属符号、纸币符号发展到现在已经更为抽象的"比特"（bit）符号。20年前人们预测的便捷的"网上购物"概念，现在不仅通过数字娱乐产业得到最好的实现，而且还以数字娱乐商品的非实物方式得到了进一步丰富和深化。

二、数字娱乐产业的投入与产出

投入是指用于组织生产和销售活动的全部资源，产出是指生产和销售所实现的价值。数字娱乐产业在投入和产出上既有一般产业经营的共性，又有自己的特点。由于它是文化产业的一种，本质上是一种符号生产，因此不同于普通产业；又由于它与高新技术的密切联系，比普通的文化产业有更多的技术含量，因此又不同于一般的文化产业。

（一）数字娱乐产业的投资主体

中国的文化产业经历了从产业到事业化，再到产业化的发展历程。在新中国成立以前，文化基本上是产业化的。即使是封建专制时代，除朝廷文化机构的精华文化生产具有"事业"性质，王公贵族家中专为家庭取乐的戏班具有家奴作坊性质而外，一般的文化生产都是由民间的投资主体自主投资、自主经营和自负盈亏的。新中国成立以后，基于对文化意识形态性质的高度重视和对社会主义文化生产的基本认识，文化生产的产业性质不被承认，基本上是按公益事业来对待的，因此投资主体转变为政府。中国加入 WTO 后，政府又出台了一系列允许外国资本进入文化产业的政策，中国的文化产业投资主体趋于多元化。

由于数字娱乐产业比一般文化产业有更多的技术性和娱乐性，意识形态性也较弱，因此国家投资政策相对宽松。目前，在中国的数字娱乐产业内，投资主体大体有如下三类。

1. 企业

与一般产业领域一样，数字娱乐产业中企业投资的主要形式是资金和技术设备资源投资。相对于其他文化产业国有企业较多的情况，在数字娱乐产业投资的民营企业比例略高，而且外资进入难度也相对较小。因此，一些外资企业通过技术投入和资金投入的方式，相继进入了各地的数字娱乐产业园区。

2. 政府

政府投资数字娱乐产业的形式主要是法律法规资源和产业政策资源，产业政策包括：税收、关税、许可证和各种管制措施。虽然在政企分开、建立服务性政府的改革背景下，政府直接投资数字娱乐产业的可能性已经非常小，但政府通过制定扶持性的法律法规和产业政策，间接投入到数字娱乐产业的资本仍然有一定数量。通常的投入方式是专门用于鼓励数字娱乐产业发展的公共平台建设费用投资、政府对数字娱乐产业的补贴、税收优惠和数字娱乐产业园区在租金等方面的各种优惠。

3.个人

数字娱乐产业的内容生产，需要大量有专业知识和专业技能的劳动者。他们的创意能力的投入是以脑力劳动的形式投入的，在知识经济的背景下，这种"知本"的投入数量和质量，对于发展数字产业来说往往具有决定性的意义。

上述三种投资主体，其投入的方式不尽相同，但对于发展数字产业来说，都是至关重要的。没有企业的资金和技术设备的大量投入，数字娱乐产业就不可能上规模、上档次，也就难以获得规模效益和先进的生产水平；而没有劳动者个人创意技能的"知本"投入，企业也就丧失了最具活力的生产力要素，发展数字娱乐产业就会成为一句空话。同样，政府的各种直接或间接的投入，都是对社会资源的调动和使用，政府的投资有时虽然不以资金的形式出现，但却是代表社会的含金量最高的投资方式。

（二）数字娱乐产业的成本控制

数字娱乐产业是一个高投入、高风险的产业，成本控制是保证企业赢利的重要环节。在有效地发挥各生产力要素潜力的情况下，尽量降低成本，是企业生存和健康发展的必要条件。一般生产型企业最大的支出可能是大型的厂房和设备、大量使用的原材料；但对于数字娱乐产业而言，尽管也有昂贵的技术设备投入，但在生产场地面积和原材料消耗方面的问题却相对不是最主要的。对于一个知识密集型产业来讲，人才的因素是第一位的，因此对成本和效益控制的重点首先在于人力资源的开发和人力成本的控制。对于市场发育尚不充分，产业链还不十分健全，市场环境还有待优化的中国数字娱乐产业而言，除了需要大量的专业技术人员外，还迫切需要高级策划和市场营销人才，而雇用这类人才的薪金报酬在总成本中所占的比例，明显大于普通产业中的相应比例。

大体而言，数字娱乐产业的成本控制包括如下 7 个方面的内容：

1. 员工创造的平均附加值

企业用于支付员工的费用之和，应该小于员工创造的附加值。这是雇用员工的前提条件。由于附加值是各种工序、各个岗位合作创造的，因此我们不能把一定岗位的收入直接等同于在这个岗位上的员工创造的附加值。为了对用于员工的成本总量进行控制，计算员工创造的人均附加值是必要的。

有了平均附加值的概念，就能更好地设定工作岗位，并任用具有相应能力的员工，使公司为特定岗位付出的报酬与这个岗位对企业赢利能力的贡献相适应。这是从工作实质上讲的。与此同时，每个员工的工作量，也应当大到足以证明其岗位设立的必要性。工作量不足，就意味着不必要的成本损失。

用于员工的支出，不应只考虑到直接支付给员工的工资和资金，还要考虑到为一定工作岗位创造的必要工作条件，包括舒适的工作环境。这部分成本使平均附加值降低，但没有这部分成本的合理支出，则会影响工作进度，降低公司利润。

由于数字娱乐产业是创意性强、知识密集度高的产业，员工管理应该有别于一般生产行业。严格的规章制度应该与合理的创意管理流程相结合，才能真正提高员工的创造积极性，从而提高人均附加值。员工的创造热情的提高，是企业成本控制的一个重要因素，对于数字娱乐产业来说，富于创造性和凝聚力的企业文化建设，是必要的成本开支。

2. 员工报酬

员工的报酬应亥公平，并具有市场竞争力。所谓公平，并不是指缩小差距，而是指员工的报酬应与员工创造的附加值相一致。所谓市场竞争力，是指付给员工的工资和奖金对相当的人才应该有吸引力，以免造成人才不合理的流失。

从心理学上讲，工资数量再高，对员工的激励作用也只能维持有限的时间。因此，合理地制定起点工资的水平，运用加薪、加班费等管理手段来周期性地激励员工，被认为是有效的。但是，这种手段的运用有一个难题，就是容易让员工误以为企业会定期地为大家加薪。如果员工习惯于定期加薪，其激励作用就会减弱；如果某一天员工没有得到加薪，便会产生怨恨情绪。

与此类似，周期性发放的奖金或分红也有双重效果。管理专家建议，资金和分红最好不要定期发放，它应该在给员工意外的喜悦中发挥更好的激励作用。一旦定期发放了，不仅激励作用会因心理疲劳而有所减弱，也会让一些员工有意无意地把它当成应得的福利。

定期收到的加班费也有类似效果，它会让员工觉得这是工资的一部分。一旦加班费没有了，就会产生工资减少的感觉。因此，有些管理人员宁可外聘临时兼职人员来应付短时超量的工作，也不愿意经常让员工加班。

3. 专业服务费用

数字娱乐产业涉及的专业十分广泛，为了既节约用人成本，又充分保证企业员工在这些工作上的专业水平，从而保证企业的市场竞争力，以"借外脑"和"用外体"的方式，量身订购专业服务，是最节约成本并保持高效的方式。

可以订购专业服务的工作内容有：

（1）市场调研，包括市场预测、消费者洞察、产品效果评估、竞争对手分析等。

（2）项目策划，包括新产品策划、脚本创作、营销传播、品牌建设等。借用外脑进行项目策划，不仅有利于解决企业策划能力不足的问题，使企业能够同时进行多个项目的论证和策划，而且可以降低项目开发的风险。

（3）会计和审计。财务、审计制度有越来越专精的发展趋势，如果花一定成本聘请一家会计师事务所完成日常的报税、审计工作，不仅能大大提高效率，利用专家减少不必要的损失，而且可以相对降低对公司内部财务人员的质量和数量要求，从而节约相应成本。

（4）法律顾问。数字娱乐产业中的大型公司往往聘请自己的法律顾问，但这需要较大的开支。根据数字娱乐产业目前面临的问题来看，主要的法律问题集中在版权维护和版权交易等方面。因此，中小型企业可以考虑几家公司合请一个法律顾问，或以合请一家律师事务所的方式来解决法律专业服务问题。

4. 设施和设备

中国数字娱乐产业领域的大多数企业选择以进驻高新技术开发区的办法来解决基本设施问题。因为购买土地和建设需要很高的成本，这种高额固定资产的投入不太适合灵活多变的高新技术行业，而租用场地的风险则小得多，可以省出大量的资金用于生产和营销。在中国鼓励高新技术发展和数字娱乐产业发展的产业政策下，多数省市都建立了高新技术开发区，甚至是配套设施齐全的数字娱乐产业园区。入驻园区的企业可以享受税收、租金等各种优惠政策。

数字娱乐产业对技术设备的要求比较高，购置高质量的技术设备，往往是数字娱乐厂商固定资源投资的重要部分。从效率和产业集群的角度讲，一些不常使用的设备最好是以租用为佳。租用不仅可以省下许多购置费和维护费，而且也减轻了设备升级换代快而带来的资金压力。只是现在中国的数字企业同质化程度高，即使是在产业园区内，这种设备上互补的优势也体现得不够充分。

5. 保险

中国的保险业还不够发达，因此数字娱乐产业实施项目保险的情况还不多见。但像动画这种高风险的产业，实施大项目的时候购买保险是降低风险的必要手段。相信随着 WTO 条款生效后，中国保险业的不断开放和中国数字娱乐产业规模的扩大，项目保险会逐渐增加。

目前，中国数字娱乐产业的保险成本主要来自于对员工的保险。《中华人民共和国劳动法》规定必须给雇员购买社会福利保险和医疗保险。企业可以制定一个完备的保险条款，针对贡献程度的大小，实施差别保险，这样既能控制保险成本，又有激励员工积极性和稳定员工队伍的作用。

6. 坏账

在数字娱乐企业经营项目比较单一的情况下，出现坏账的情况并不多。但随着价值链的延伸和生产规模的扩大，财务往来也会更加复杂。企业为了增强营销能力和增加创收渠道，以合资开发、植入式广告、冠名赞助、广告代表等形式进行联合经营的情况将会越来越常见。根本避免这类合作中的坏账的努力，往往会限制企业业务发展，使付出的成本比少量坏账还大。积极的办法是通过正规的付款程序减少坏账的风险，并对合作者的信誉进行考查。

7. 日常开支预算

日常开支的特点是每一笔数字都不大，但随时都在发生。这种数量小、频次高的特点，常常使日常开支成为一个成本控制盲点。为了既控制成本，又不影响工作人员的积极性，实行预算控制往往是必要的。预算控制就是对日常发生的费用总量进行分类控制，在预算范围内由部门主管签字报销。

需要预算控制的日常开支项目有：

（1）交通、通信费用。一些业务部门的员工要展开正常的工作，就会发生交通、通信费用，而这类费用的实际发生往往是难以预计的。但如果实行实报实销，又会形成较大的成本黑洞。因此，根据部门工作的性质和工作平均量实行预算控制，部门主管可以在预算控制内签字报销，既能守住上限，又给了部门以工作上的灵活性。

（2）差旅费。差旅费的报销应当有严格的制度。报销差旅费的办法和标准，除考虑到出差人的级别、与其工资待遇是否相称外，还可考虑以与项目成本挂钩的方式来控制总量。

（3）报刊资料费。数字娱乐产业的特点，决定了数字企业应该对企业全员开放报刊资料，这也会构成一定的成本。为了对此加以控制，建立专门的报刊资料订阅和管理制度，安排专人负责是必要的。为了保证有价值的资料用在最有价值的人手里，还要制定严格的分级借阅和归还制度。

（三）数字娱乐产业的产出

所谓产业化运作，其重要含义之一就是以获取利润为目的。利润就是产出与投入的差额。数字娱乐产业既有经济性的产出，也有社会公益性的产出。前者表现为一定的经济收入，后者表现为一定的精神和社会收益，如文化自信心的增加、国家"软实力"的壮大等。在这些方面，数字娱乐产业与一般的文化产业并无二致。但是由于数字娱乐产业本身的特殊性，其赢利模式却又同中见异。这种异，主要体现在它们的创意产业部分。

文化产业，包括文化产业中的数字娱乐产业，可以分为创意产业和一般产业两个部分。所谓创意产业，是指那些创造性强的产业，如影视制作、动画制作、游戏制作、图书出版、绘画、作曲、戏剧编导等内容生产的行业，一般产业则只涉及内容的传播、相关用品和设备的制造和销售。文化产业赢利模式的特点，主要体现在文化产业的创意产业部分，而文化产业的一般产业部分则与非文化产业没有太大差异。

具体来说，由于依托于数字技术，数字娱乐产业的创意产业与一般文化产业的创意产业在赢利模式上有如下既相一致又相区别的特点。

1. 重复使用与复制增值

所有文化创意产业的商品价值都不是一次性完成的，都可以在重复使用或复制中实现增值。这是因为创意生产出的精神内容并不会因为消费而损耗，反而会因为消费者的精神参与而增值。这一特点，尤其在杰出的艺术作品上表现得更为充分。达·芬奇的油画《蒙娜丽莎的微笑》并不会因为被参观者多看了几次而减少任何内容，小说《三国演义》也不会因多次再版而减少价值。即使是普通的流行歌曲，也不会因为歌迷们反复的跟唱而损失任何内容或价值，反而会在千百次的"消费"中不自觉地实现着"再创造"，无形中为歌曲增添价值。

在数字娱乐中也是这样。在网上免费或廉价下载歌曲、影视作品或其他艺术作品之所以成为可能，就是因为消费者对精神内容的消费具有再创造的作用。

创意产品在消费中的增值方式主要有两种：重复使用增值与复制增值。重复使用的增值方式是直接通过消费者的消费行为来完成的。上面提到的艺术品增值的例子，都是属于重复使用以实现增值的形式。重复使用的前提，是作品本身的物质保存不受破坏。如果达·芬奇的《蒙娜丽莎的微笑》因为保管不当而遭到永久性破坏，以至于根本无法再辨识，那么这种重复使用的增值方式就中止了。而歌曲的流传因为不受物理保存的限制，在理论上是可以无限地流传而不断增值的。但从商业利润的实现来看，这种无形内容的流传即使增值，也对企业赢利没有直接贡献。能为企业带来利润的歌曲，是具体到特定歌手或乐队的歌曲，这种特殊性会得到强调，同时被存储在一定的介质上，如唱片、CD、VCD、DVD或某个网站存储器上，使歌曲的流传成为一种可控制的过程，这样才能为企业带来收益。这就把我们引入了创意商品的第二种增值方式——复制。复制也是同一种内容的重复，但它是由生产者通过一定复制手段完成的。同一内容被复制到大量的物质载体上，一件作品就成了大量内容相同的商品。内容不会因此而减少，但商品数量却可以成万倍地增加，从而实现收入的增加。

传统的艺术生产观念认为，艺术的复制品由于在工艺细节上难以复原原作，而且没有原作的"唯一性"，因此其艺术价值是非常小的。这种艺术价值的微小也导致了复制品的商业价值的低廉。但是现代复制技术的发达，却可以使复制过程中的信息失真减小到最低限度，数字技术更使数字娱乐产品的复制在信息内容上与原作等值。这就使复制成为实现商品增值、增加企业赢利的主要手段。

一般而言，同一内容产品被有效复制的数量与这一产品的价值成正比。内容不变，复制越多，利润就越多。同一张 CD、同一部图书，发行量越大越好，其中每一张 CD、每一本书，都是内容等值的复制品，都会为企业增加收入。电视台播出的节目，通过发射装置在千家万户的电视机上显示出来，这是另一种复制。不论收看节目的电视机增加多少，都不会使电视节目内容有所损耗，在信号接收技术质量相同的条件下，接收到的内容也完全一样。这种复制往往以"收视率"的形式，为电视台带来丰厚的利润。复制得越多，收视率就越高，电视台的广告就可以卖更多的钱。

相对而言，由于数字技术在复制上的绝对优势，数字娱乐产品在增值方式上以复制见长。而由于一般文化创意产业相对于娱乐内容而言，有更大持久性，因此在增长方式上相对以重复见长。

2.时间积累与升级换代

时间的积累，是许多具有持久性内容的文化产业增值的方式。绘画中的名家名作、承载了历史见证内容的古董，会随着时间的积累而成为"文物"，从而使其商品价值大增。这一增值方式与重复使用的增值方式的不同在于，它是随着时间的积累、一定内容的"稀缺性"增加而增值的，与这段时间中被重复消费的次数没有直接的关系。

文物的价值一方面取决于它的符号内容，另一方面取决于它的稀缺性。这一特点，使文物的增值方式难以采取"复制"的方式。因为不论怎样完美的复制技术，文物随着时间积累而产生的符号价值都是难以复制的。文物的稀缺性也是不可复制的。利用时间积累而增加价值，是收藏业和博物业赢利的重要方式。

对于数字娱乐产品而言，其价值往往不仅不会随着时间的增加而增加，反而会因为时间的流逝而减少甚至丧失。因为娱乐价值是需要以一定的新奇性为基础的，它具有较强的时效性。时间的流逝则会损害这种新奇性和时效性。一种游戏再有趣，天长日久也有无趣的时候，一代一代地玩下去的可能性更小。即使是艺术性较高的动漫作品，只要是数字技术的产物，其价值随着时间的增加而增加的幅度也非常有限，更难成为收藏业追捧的对象。因为它的原作与复制品几乎没有内容上的判别，更谈不上稀缺性。

不过，虽然数字娱乐产品在通过时间积累来增值方面并不见长，但它却有另外一种快速增值的方式，即同一产品的升级换代。数字娱乐技术为其产品的升级换代打开了方便之门，其效益之高，是传统技术无法比拟的。在原作基础上做一些必要的改动，对原来的不足加以修补，增加一些新的内容，这对于数字娱乐产品的生产来说，是十分方便的，其成本与新产品的开发费相比，简直是微不足道的。但它在市场收益上，却与新产品不相上下，而且市场风险也小得多：所有低版本用户都是它的市场基础。

最典型、最经常的升级换代当然发生在电子游戏市场。但在以数字技术为基础的动漫领域，也有类似的升级换代的增值方式。那些上百集的动画片和漫画作品，都有相对稳定的消费人群。它们的连续不断的后续作品，其实就是前面各集的升级换代：形象不变、性格不变、矛盾冲突格局不变，甚至基本的审美要因也不变，要换的只是场景和具体的故事情节。这样的产品，用数字技术来加以生产，其成本也是非常低的，其赢利模式与游戏的升级换代相同。

三、数字娱乐产业的营销传播

生产与营销，是产业发展的两大基本问题。只有这两个问题同时都解决好了，才可能有企业的发展和产业的繁荣。因此，我们在深入研究数字娱乐产业生产规律的同时，还必须对其营销传播的规律进行深入的研究。

生产与营销两大环节在生产发展中常常是相互制约的，但这并不意味着它们两者之间是完全对等的关系。实际上，是以生产为主导，还是以营销为主导，是营销为了生产，还是生产为了营销，分别代表了两种不同的产业意识，从而区分出"生产中心论"和"营销中心论"这两种不同理念。在工业时代，生产能力是产业发展的主要矛盾，供给总体上小于市场需求，只要生产出好的产品，就不愁卖不出去，这是"生产中心论"形成的历史条件。而在科学技术水平极大提高的新经济时代，生产力有了极大的发展，市场竞争更为激烈，在大众市场上总体呈现出供给大于需求的情况，于是"生产中心论"开始让位于"营销中心论"。

"营销中心论"的实质就是按需生产，以市场为导向来决定生产的内容和数量。这就需要我们抛弃原来那种先生产，再营销的工作方式，以市场的实际需求作为企业生产计划和生产活动的出发点，营销先行，按需生产。在此情况下，营销传播与品牌建设等工作的重要性就上升到事关一个企业能否生存、发展和繁荣的层次。

（一）数字娱乐产业营销传播的基本内容

营销与传播本来是相互关联的两部分工作内容。营销是指以提高收益为目的，以促进销售为中心的市场经营行为；而传播则是指信息沟通行为。营销也被称为"行销"，它并不是指简单的销售或单纯的促销，而是指围绕销售这一中心工作展开的一系列活动的总称，它包括了市场调查、营销定位、传播与促销等各种市场行为。由于人们越来越意识到成功的营销离不开成功的传播，而成功的传播总是以营销的成功为标志，传播与营销已经成为同一过程中密切关联、互为表里的两个方面，因此就有了"传播即营销，营销即传播"的说法。与此同时，"营销传播"这一新的合成概念也开始流行起来，并成为一个正式的学术概念。营销传播的基本含义是：以市场营销为目的的各种形式的沟通活动。

数字娱乐产业领域中的企业千差万别，不同的企业应该有内容不尽相同的营销传播活动。但从其营销传播活动的侧重点来看，可以把数字娱乐产业领域中的企业分为"内容提供商""营运商"和"生产营运综合商"三大类。所谓内容提供商，是指以生产内容产品为主的企业，其营销的方式是向营运商或消费者提供内容产品，如音像出版社、动漫制作企业、影视制作集团等。所谓运营商是指在自己的销售平台上出售内容产品的企业，如互联网站、电视台动漫频道以及传统的商场、批发、零售企业。生产营运综合商是上述两类企业的综合，如一些经营网络游戏的企业，既生产游戏产品，又有自己的游戏网站，实行内容提供与营运平台的综合服务。另外，节目制作与节目播出尚未分离的电视台或电视频道，也具有生产营运综合商的性质。内容提供商、营运商和生产营运综合商的营销传播活动在市场调查、营销定位、传播与促销等阶段的具体内容都不尽相同。现在，将对这三者分别加以论述。

1. 内容提供商的营销传播

内容提供商的营销传播活动所针对的对象是终端消费者和市场营运商，主要包括以下两个方面的内容。

（1）市场调查。

市场调查是为制订营销传播计划而进行的背景研究，是营销传播活动的前提和基础。内容提供商的市场调查一般包括：

①消费者的人口统计特征、消费心理、消费行为形式、消费成本、信息交流模式等方面的分析；

②市场上已经有的相关内容产品及其满意度研究；

③其他内容提供商近期将会推出的产品计划及其特征；

④运营商对市场的预期及合作意愿。

（2）营销定位。

营销定位指根据市场需求和企业在内容生产方面的竞争优势来确定营销的原则和策略。其主要包括：

①具有竞争优势的商品定位策略，其目的是突出自己的内容特色，寻找竞争压力小的市场空间。商品定位策略的制订需要与企业层和生产部门

沟通协调。

②价格定位。一定的价格策略不仅关系到企业的赢利空间，而且也是一种符号指标，划定了目标消费者。因此，这部分定位工作应该与目标消费者研究结果进行对照，尤其要参考目标消费者所愿意支付的平均消费成本。

③渠道策略及合作运营商的选择计划。制订渠道策略的目的是最大限度地保持内容产品与目标消费人群的便捷接触，以最小的渠道成本把内容生产送到终端消费者那里。因此，渠道策略的制订往往与合作运营商的选择相关联。

④传播策略。它包括传播的主要诉求点、营销宣传口号、传播形式（广告、宣传手册、传单、视频宣传短片等）、传播渠道选择、传播费用预算、传播效果检测、与产品上市推广相配合的传播实施计划。传播计划的实施，应该在商品王式上市营运之前的数月展开，以收提前造势之效。因此，传播策略的制订应该在营销定位其他部分基本定型后就尽快完成。

⑤促销计划。为了增加消费积极性，扩大试用人群，最好有一系列配合市场推广和传播活动的促销活动，如组织竞赛、赠送礼品、价格优惠活动、对运营商和营销人员的奖励办法等。促销计划书应该包括各种活动的具体目标、详细的活动安排、需要生产部门和传播部门的哪些具体支持，以及详细的经费预算。

2. 营运商的营销传播

营运商的营销传播活动所针对的目标主要是终端消费者。以互联网为平台的营运商的营销传播活动，也包括广告商或广告客户，具体内容有：

（1）目标消费者的消费需求及满足情况调查；

（2）同类营运商的营运情况研究；

（3）广告来源研究；

（4）根据上述三项做出的内容采购；

（5）对采购到的内容产品进行集成和再包装；

（6）产品上市前的造势和广告位置销售；

（7）产品上市后的管理和营销传播效果评估。

3.生产营运综合商的营销传播

生产营运综合商的营销传播活动，要视情况而定。如果生产的内容产品仅在自己的营运平台上推广，同时自己的平台又只限于推广自己生产的内容产品，那么其营销传播活动的内容只需要把上面介绍的内容提供商和营运商的营销传播活动加以综合，删除相互针对的内容即可。但是，从生产潜能的充分利用和商业资源的充分开发角度来看，只为自己的平台生产和只经营自己生产的内容，是一种低效的经济模式。在这种模式中，本来具备的综合优势反而因小作坊式的自产自销模式窒息了，本来的生产优势成为不合理的负担，成为额外的成本，其效益必然低下。

因此，绝大多数生产营运结合商都立足于综合优势，产能对外开放。在保证自己营运平台竞争优势的前提下，为其他运营商提供内容产品，充分发挥内容生产能力的赢利能力，同时又充分开放自己的营运平台，把自有营运平台的创收能力发挥到极致。这样的企业需要做的营销传播工作，实际上应该包括内容提供商和营运商所要做的全部工作。其中，产品生产部门和平台营运部门可以视为相对独立的两个营销传播主体，相对独立地开展工作。但同时，加强两个部门之间的内部沟通也是十分必要的。

（二）7C 罗盘与数字娱乐产业的营销传播策划

营销传播工作需要面对瞬息万变的市场，处理千头万绪的工作。如果不能抓住要害，事无轻重缓急，工作没有条理，就会出现顾此失彼的情况，从而使失误的概率大大增加。为了避免这种情况的发生，减少失误，营销传播学理论家们创造了各种营销传播模型，来帮助营销传播人员把握营销传播要素及其相互关系，使思维更有条理，工作更有头绪。

7C 罗盘（7Cs COMPASS MODEL）是一种综合了众多营销传播专家智慧

的营销传播策划工具，其功能是帮助策划人员全面把握营销传播的各种要素，正确理解和处理各要素之间的相互关系。7C 罗盘具有简明、实月、使用方便的特点，对于数字娱乐产业的营销策划具有重要的参考价值。

在主流的营销理论中，发生了一个从 4P 到 4C 的转变过程。所谓 4P，是指由产品、价格、销售渠道和促销四个要素构成的营销理论模型。所谓 4C，则是者由消费需求、消费成本、购买方便性和沟通四个要素构成的营销理论模型。从 4P 到 4C 的转变，反映了市场从生产中心时代转向了消费者中心时代，企业关注的中心从自己的生产转向了消费者的消费需求。1993 年，美国西北大学舒尔茨教授等人在批判 4P 理论的时候，正式提出了 4C 理论。他们认为：

第一，应该先忘掉自己的产品，多关注消费者的消费需求。制造、销售的产品观念已经过时，消费者的需求、欲望才是最重要的。

第二，应该先忘掉自己的价格策略，转而关注消费成本，包括消费者付出的商品购入成本和因此花费的时间成本。

第三，先忘掉自己的渠道策略，转而研究消费的方便性。

第四，先忘掉自己的促销，转而实行与消费者的沟通。营销并不是强卖，而是传播沟通、与人交流。

由此，我们可以看出，4C 模型的精神实质，是始终坚持以消费者为中心，以满足消费者为目的，以方便消费者为条件，以与消费者之间的沟通为手段来展开营销活动。清水公一教授在坚持这一基本精神的基础上，又加上了企业、商品和市场环境三个要素，构成了七要素模型。

现在，我们就以这个模型为工具，根据数字娱乐产业的自身特点，来阐述数字娱乐产业的营销传播要点。

从 7C 罗盘中我们看到，大的市场环境决定了消费者的消费愿望，而消费愿望则决定了企业（包括竞争企业）的商品、渠道、成本和沟通。明白了这种关系之后，具体的分析过程既可以是从里向外的，也可以是从外到里的。现在，我们就按清水公以自己的习惯，采取从里到外的顺序来叙述。需要说明的是，我们的分析将尽量忠实这个模型的操作规范和基本精神，但在具体的叙述和分析运用中，则不一定完全按照清水公一先生的用词习惯。这样做一是为了照顾中国人的思维和表达习惯，使我们的表达尽可能简要、明白；二是为了适应数字娱乐产业的客观情况。

1. 企业

一个数字娱乐企业要做好自己的营销，需要做到对自己的情况心中有数，因此对企业的相关情况做一番清理是非常必要的。而7C罗盘则提示我们，企业的分析也包括了对竞争企业的分析。因此，企业分析应该包括以下五个方面：

（1）企业历史。数字娱乐产业是一个新兴的行业，中国数字娱乐产业的发展历史相对更短一些。然而，不同的企业有一定的创业、发展历史，这些历史都会成为影响营销执行和效果的因素，需要在营销分析中预先加以考虑。以中国数字娱乐产业的发展情况看，有些企业的前身是广播电视集团，在电子传媒运作方面有相当多的经验，但由于中国大众传媒长期在计划经济体制下运作，在市场营销的观念和经验上都有一定局限。另外一些企业原来从事房地产、烟草、医药等行业，因为看到了数字娱乐产业的发展前景而投资到这个产业中来。这类企业的长处是资金雄厚，市场经验丰富，但对文化产业的特殊规律了解不多，企业的人员配备中，具有良好文化传播素养的骨干也相对缺乏。因此，在营销策划中，每个企业就应该充分考虑到本企业的特点，注意扬长避短，取长补短。

（2）业界地位。由于不同的企业规模不一样，核心竞争力不一样，因此它们在业界中的地位也不一样。业界地位的不同，不仅关系到政府扶持力度的不同，而且直接与营销战略相关。只有选择适合自己企业实力的营销战略，才是正确的战略。

（3）竞争企业。企业营销工作往往有两大可以选择的目标：一是与同类企业竞争，争取更大的市场份额；二是扩大市场整体规模，在市场份额变动不大的情况下，与竞争企业分享产业发展的成果。中国的数字娱乐产业属于高成长的产业，市场处于发育的快速成长期，因此选择第二种战略模式，往往对整体产业发展有更大的好处，也更利于自己的企业降低市场风险，分享成长性市场的利益。在某些情况下，分析竞争企业，目的并不是为了强化竞争，而是为了寻找"竞合"的企业，从而更好地定位自己的市场目标。

（4）企业识别系统。企业识别系统即所谓 CI 系统，包括企业的理论识别（MI，如企业哲学、经营方针等）、企业行为识别（BI，如企业的行为规章，企业仪式，企业特有的公关、交际规范等）和企业视觉识别（VI，以企业的标准图形、标准字和标准色为主要内容的企业标志、商标、声音等）三大部分。由于中国数字娱乐产业刚刚兴起，大多数企业进入产业的时间都不长，因此相对于其他行业，数字娱乐产业的企业识别做得少一些，表现出整体上处在探索中的产业特点。随着产业的成熟，CI 战略的重要性一定会显示出来。因为视听符号是数字娱乐产业的一大主要产品，所以数字娱乐企业的 CI 战略，显得比一般企业更为重要。

（5）企业的营销目标。企业的营销目标包括长期、中期和短期目标。一般的营销策划应以实现中、短期目标为主，同时瞄准长期目标。由于数字娱乐产品往往周期偏长，一部动画片、一款游戏，从立项到产品上市往往少则三五年，多则六七年时间，因此即使是短期的营销策划，在执行上也需要一个较长的周期。

2.商品分析

进行商品分析是为了掌握商品性能、特点、改良点、包装、品牌形象、商品使用情况，以及本公司商品的档次和占有的市场份额。即使是同一题材的动画片或同一类型的网络游戏，由于美术风格、叙述方式、对白、音效等方面的细微差别，也会影响到接受度、市场定位和受众接受方式等方面的变化，因此，在营销方式上也应该有所调整。国内的数字娱乐产业一般都较为重视商品分析，但在研究的系统性、科学性和深入的比较方面做得还不够。相信随着数字娱乐产业的成熟，这些方面一定会得到明显的改善。

3. 沟通

所谓沟通，就是一般所谓的信息传播，包括广告、促销、人员销售、公关、宣传、公司内沟通等。以中国数字娱乐产业的现状来看，沟通活动往往都占有重要地位，但问题是许多企业的沟通缺乏科学性和系统性。在沟通的成本核算上缺乏科学的依据，各种沟通活动之间的权重比例和配合协调也有待加强。

在7C罗盘中层的四个C（Commodity，Communication，Channel，Cost）虽然处在同一层面，但它们之间的关系并不是独立的，而是相互对应和影响的。例如沟通，就有针对商品的沟通，即把商品特有的定位及其信息传达给各相关人群；针对商品通路的沟通，即为商品流通渠道的畅通而做的广告、公关、宣传等；还有针对成本的沟通，即对商品和营销成本信息的沟通（成本沟通）和全部沟通活动的成本核算（沟通成本）。从这一要求来看，中国的数字娱乐产业在沟通方面确实有大量可做的工作。

4. 通路

通路即商品流通渠道。对一般商品而言，通路问题就是指对物流渠道的分析和管理，如对运输、保管、零售店的商品库存、商品周转率、商品陈列、零售业的服务信息等方面内容的分析、管理。

对数字娱乐产业而言，商品的实物性因素大大弱化，运输、保管、库存等问题并不是难以解决的大问题。但是，这并不是说通路问题就不重要。由于在内容生产与营运平台之间常常会有脱节的情况，通路问题往往以其特有的尖锐性表现出来。

例如，作为内容提供商的动画片制作企业，与作为营运商的动画片播出频道之间，就存在着一个通路难题。动画片的制作计划与电视频道动画片的选购计划，在基本目标上是一致的，即都追求受市场欢迎、具有高收视率的"好片"。但是，由于制作者与播出频道对具体商品质量的判断常常不一致，因而在选购什么、如何定价等问题上常常会出现分歧。选片不准或定价太高，影响到电视频道的利益；片子落选或定价太低，又会影响制作者的利益。尽管现在按收视点定价的方式，已经使商品定价出现了客观化的倾向，但频道选片机制仍然是一大问题。

其原因在于，一般而言，频道的选片员代表了"市场"的反应，他们来决定什么是好的或不好的，决定广大观众喜爱什么或不喜爱什么。这种选片机制，本身就蕴含了巨大的风险：错选的情况时常发生，从而导致内容提供商与营运商之间利益分配不公。与此同时，动画交易会上的选片，本身又是给内容提供商的一种暗示，它常常成为代表"市场需求"的信号。如果选片不准，实际上又会给众多内容提供商发出错误的市场信号。我们不妨假设一个极端的情况：选片人员以自己的偏好，选了含有很多暴力情节的产品，这就会给生产厂商提供一个市场偏好于接受暴力产品的假象。而由于市场上大量供应的都是暴力产品，生产厂商和电视频道的调查员又会得出结论说：目前的观众大多有看暴力动画片的倾向，从而强化这种错误的市场信号。这就是通路出了问题。在营运体制发达的数字娱乐产业中，营运商的商品订货或选购机制，常常造成通路中的问题，需要各方面共同去解决。

5. 成本

成本管理是所有企业管理的一大核心。数字娱乐产业投入高、风险大，成本管理问题也更加突出。如上所述，根据中层四个 C 的相关性，成本既指商品的生产成本，也包括消费的成本、渠道的成本和沟通传播的成本。就一般情况而论，企业往往乐意压缩不合理的成本，而在合理增加必要的开支方面反应相对迟钝。以中国许多数字娱乐企业来看，有效的营销、沟通成本支出往往不足，在生产环节的成本控制方面做的工作相对到位，而在无实效的社会交往方面的成本则控制不够。

6. 消费者

在 7C 罗盘中，消费者是包围着其他 5 个 C 的重要决定因素，因此消费者研究是营销决策中极其重要的一环。不管是大企业还是小企业，完全不做任何形式的消费者研究的是极为少见的。只是一些企业的消费者研究存在着过分依赖经验、过分依赖少数人主观感觉的问题，从而会使企业的经营活动带有极大的风险。

数字娱乐产业营销理论中的消费者，既包括现有的和潜在的消费者，也包括与数字娱乐及其他文化产业相关的人群。现在的营销理论界，消费者研究的理论和实践都已经十分丰富完备，出现了数不胜数的各具特色的研究模式。一般而言，完整的消费者研究应该包括：目标消费者的地理、人口统计资料，消费者的生活方式，消费者对广告的反应模式，消费者的品牌认知，购买动机，购买频度，使用情况和对消费信息的接受情况等。

7. 环境要素

环境是指企业进行生产和营销的大背景，它是影响消费者和企业整体营销活动的自然和社会条件。在 7C 罗盘中，它包括其他 6 个要素。

根据 7C 罗盘的提示，环境要素也可以分解成 N、W、S、E 四个子要素，其中 N 是 National and International，即国内及国际环境；W 是 Weather，即气候条件；S 是 Social and Cultural，即社会、文化环境；E 是 Economic，指经济环境。

由于数字娱乐产业具有非实物性和符号性，因此它与社会、文化环境和国内国际政治的联系相对更为密切，而与自然气候变化的联系，则不那么直接。一个国家政治局势的变化、产业政策的变化会影响到数字娱乐产业的营销行为，法律、法规对数字娱乐业营销的影响也远比其他行业直接。这些都是数字娱乐产业在国际竞争的背景下必须加以重视的。

第四节　数字娱乐的消费需求与"内容生产"

一、符号：数字娱乐产业研究的逻辑起点

（一）符号消费与内容生产

以人们的娱乐需求为研究的逻辑起点，这意味着我们首先需要了解：人们为什么需要娱乐？为什么一些娱乐形式总会让一些人沉迷其中？把这样的问题转化为文化产业的学术问题，就是：在娱乐中，人们消费了什么？

按照一般的理解，所谓消费往往就是对一定物质对象的消费。"消费"一词的词典定义就是"为了满足生产和生活的需求而消耗物质财富"。

然而，在娱乐中，我们却很难看到对物质财富的消费。数字娱乐产业与其他文化产业一样，即使有物质的因素，往往也只是作为一定精神内容的载体而存在，人们真正消费的不是光碟、电视机、游戏机和电脑，而是消费这些物理载体上所传达的非物质性的内容。因此，不论是数字娱乐产业还是一般的文化产业，内容产业都是核心。

有人认为，内容产业就是特定精神内容的创造；还有人认为内容产业就是生产出能够投放市场的"内容"的生产环节。这两种观点，都未能抓住内容产业的本质。

第一种观点虽然说明了内容产业的精神性和创造性，但对"内容产业"中的"内容"与文化事业中的"内容"未做划分，未能把哲学、艺术、科学等内容生产与产业化的内容生产区别开来，这不仅容易导致概念上的混乱，在实践中也会遇到极大的困难。实际上，精神内容的生产既有产业化的部分，也有非产业化的部分。如果是产业化的部分，就应该按产业规律，

以市场的消费为导向；如果是非产业的部分，则应该以人类的知识积累和智慧增长为目标，而不应受到市场的干扰。我们必须对这两部分加以严格的区别，否则既会损害文化事业的发展，也不利于文化产业中的"内容产业"的发展。

第二种观点虽然考虑到了市场因素，但由于以"内容"来定义"内容"，犯了循环定义的错误，所以仍然未能揭示文化产业所生产的"内容"与哲学、艺术等文化部门所生产的"内容"有何不同。

我们认为，文化产业中的"内容产业"，是以文化消费为导向的符号生产；而所谓娱乐中的消费，实际上就是对符号的消费。理解这一定义，必须掌握如下两个要点：

第一，创造和使用符号，是人类文化的共性，但文化事业的符号，其价值相对侧重于符号的"所指"，即严格意义上的"内容"；而文化产业所生产的符号，其价值则相对侧重于符号的"能指"，即符号形式本身。哲学、艺术等文化事业的精神生产尽管也离不开符号，但其侧重点并不在符号形式本身，而在于一定符号所承载的精神的内容。相对而言，哲学、艺术等文化事业的生产更注重符号的"所指"，它导向对严密的知识探讨和严肃的人生意义探索；而文化产业中的"内容"生产则更注重符号的"能指"，它导向符号"能指"的娱乐性的消费。这可以视为哲学、艺术等严肃文化与作为文化产业的娱乐文化的一个分水岭，也是两种"内容生产"相互转化的临界点。在哲学、艺术的发展中，一旦某一流派放弃了严肃的意义追求，成为"能指的狂欢"的时候，也就具有了娱乐性质，并开始向广义的游戏转化；而一旦某种娱乐形式承载了哲学或艺术性质，就上升为艺术。

例如，中国历史上流传了一千多年的"木兰替父从军"的故事，当其作为民间故事流传的时候，其主要功能是娱乐大众，人们消费的"内容"主要是一个传奇的叙事符号。这个符号作为一种文化资源，既可以开发为

《木兰辞》这样的诗歌艺术，把人们引向对社会、人生、性别等问题的严肃思索，也可以开发为美国动画片《花木兰》这样的作品，使之具备鲜明的娱乐性特征。作为诗歌艺术的《木兰辞》以语言符号为基础，其意义却并不止于语言本身的娱乐，而在于符号之外的精神内容，即所谓的"意在言外"。

其中的语言符号，包括语言符号所创造的"意象"符号和它们带给人的形式上的美感，都是为符号的"所指"服务的，都是通向"所指"的桥梁。而美国动画片《花木兰》作为产业化的产品，则偏向于对中国文化中的符号形式的开发，中国的长城、烽火、农耕、纺织、战马、皇室等文化元素通通成了《花木兰》的符号组成部分，它们的价值主要不是引导人们对中国文化进行深度的思考，而是作为纯粹的符号形式组合来娱乐大众，让人消费。因此，《花木兰》中的众多的符号组合，典型地体现了能指大于所指的文化产业特征，恰到好处地对应于人们的娱乐需求，方便市场的传播。

第二，文化产业的符号生产，一方面是各种符号系统的组合，另一方面又与工业制造相互联系。因此，它不仅有赏心悦目的娱乐效果，而且方便产业价值链的延伸，从而形成了巨大的市场。严肃的艺术生产也创造独特的符号体系，但它们基本上从属于一个意义的深度模式。在严肃的艺术作品中，任何符号都必须有助于艺术主旨的发展和深化，任何游离于主题之外的符号，都会作为有害于艺术的冗赘而被剔除。

在韩剧《大长今》里，流光溢彩的服饰、餐饮、医药、建筑、礼仪、宫廷，都有意识地集各种不同的符号系统之大成。这些符号的作用并不仅仅是为推动情节、探讨人性服务的，它们既让人赏心悦目，又与特定的服饰文化、餐饮文化、游戏文化及其相应的工业化制造相联系，能够方便地进行文化产业的产业链延伸。由于这样的文化产业链能够迅速地向日常生活领域延伸，因此它尽管立足于娱乐，反而能收到文化传播与经济利益的双重效果。反观中国生产的大量历史剧，尽管生产者也有强烈的市场意识，渴望得到较高的收视率，得到市场的认可，但其内容生产的重心却主要局限在导演和演员的做戏，其符号的使用仍然有很大的局限性，缺乏"能指的狂欢"的大气，缺乏创意经济的产业研发与扩大符号再生产的延伸能力。我们的许多历史剧，从秦、汉到明、清，往往都做成了情节剧、人情戏，就是难以做成产业链完整的文化产业。其重要原因之一，就在于没有真正把握符号生产的本质和规律。我们有一支强大而优秀的文化艺术队伍，却缺少足够的文化产业的内容生产和开发人才。因此，我们往往会自觉或不自觉地忽略文化艺术与文化产业两种内容生产的区别，往往在正确地关注了剧情演绎和人物塑造时，却错误地忽视了符号价值的开发和扩大再生产。思想苍白，而符号供给又严重不足，因此导致了中国影视剧既不叫好又不叫座的局面。这种局面不改变，我们就很难看到中国文化产业的繁荣。

通过上述分析，让我们再回过头来面对我们在本节开头部分提出的问题：

"在娱乐中，人们消费了什么？"

现在我们可以给出明确的答案：在娱乐中，人们消费了符号。在第一章中，我们说一切通过数字技术为人们"提供娱乐"的产业都可以称为数字娱乐业，而没有按通常的说法，称之为"制造快乐"的产业，是因为"快乐"是一种主观感受，而主观感受是既不能制造，也不能交换的。娱乐产业能够制造和交换的是符号，而符号的消费则让人产生快乐的主观感受。

以这种符号消费的观点来看整个数字娱乐产业，我们就会发现，符号的生产，其实正是数字的基本特征，而符号本身，则是隐藏在各式各样数字娱乐产业背后的"产业基因"。那么，符号又是什么？数字娱乐产业生产了哪些符号？人们为什么需要这些符号？

（二）视听符号、叙事符号与符号的组合

什么是符号呢？所谓符号，就是代表另一事物的事物，换言之，一切能表示自身之外的事物或意义的东西，都可以称为符号。符号构成了人类的意义世界，正如物质构成了人类的物理世界一样。法国哲学家马旦坦说过："没有什么问题像与符号有关的问题那样对人与文明的关系如此复杂和如此基本的了。符号与人类知识和生活的整个领域相关，它是人类世界的一个普遍工具，正像物理自然世界中的运动一样。"符号是人类创造的一种普遍工具，它具有如下三种基本功能：

一是认知功能。认知是人类创造符号的最初动机。为了在人的头脑中反映客观世界及其规律，以精神的方式把握世界，人类就必须对客观世界加以"命名"，即用一定的符号来表征具体的对象，把看不见、摸不着的规律或意义，表示为可见可听的物质形式，从而使它们变得"可知"。人类的认知活动实际上是一种以"指代功能"为基础的编码行为，即用相对简约的事物来表征相对复杂的对象，从而把对象信息化，便于将其储存于大脑中。

二是传播功能。传播包括人们各式各样的信息交流，而信息交流也就是传信人的"编码"和受信人的"解码"这种符号操作过程。没有符号，任何传播都难以实现。

三是娱乐功能。在符号的传播功能中，已经包含了认知信息的交流和情感信息的交流，因此在特定条件下能够唤起人们的审美愉悦。而当符号的思想含量和情感含量趋于稀薄，仅仅以其符号的形式特征引起人们愉快的感受时，我们称之为符号的娱乐功能。娱乐功能与审美功能一样，都是"无利害而生愉快"的。

所谓"视听符号"就是具有具体的视觉或听觉形象的符号。影视作品中构成镜头画面的各种符号，如人物形象、环境外观，动漫作品中的各种形象，游戏中的角色符号和环境属于视觉符号；而对话、旁白、音乐、音响则属于听觉符号。总之，凡是作用于人的视觉的符号都是视觉符号，凡是作用于人的听觉的符号则是听觉符号，视听符号是这两类符号的统称。

数字娱乐中的视听符号与现实世界中的人们使用的视觉符号有一个重大区别，就是它们被有意识地抽去了现实工具性，从而强化了娱乐性。所谓工具性，主要指其现实功利性功能，即认识功能与传播功能。当这两种功能被抽离，或大大弱化之后，符号的娱乐功能就凸显出来。这有点像人们把野鸡的羽毛拔下来以后的情形：羽毛本来以保护野鸡身体，维持野鸡正常的生命活动为基本功能，其主要功能是现实功利性的；而它在人们眼中的审美功能只是次要功能。但当它从野鸡的身体上被拔下来之后，其维持生命活动的功利性功能就蜕化了，被抽离了，于是其审美功能就被凸显出来。人类世界的视听符号本来具有认识功能、传播功能和娱乐审美功能，数字娱乐产业所生产的视听符号有意识地使符号的认识功能和传播功能被抽离、弱化，从而得到更强烈的娱乐功能，得到所谓的"纯粹视听享受"。

所谓叙事符号，是指把人物、事件等名词性符号故事化的符号。所谓故事化，也就是把它们编排到一定的时间顺序中，从而虚拟出一个生活世界。叙事符号往往是一些时间标记，如"很久很久以前，有一个国王……"这一符号串中，就存在着一个时间标记"很久很久以前"。在数字娱乐中，时间的标记不一定以语言文字的形式出现，也可以用阳光的明暗变化、镜头的淡入淡出、划入划出等方式来完成。

叙事符号在数字娱乐中的重要功能是"虚拟性"，它通过时间的组合，虚拟出一个不同于现实世界的虚拟生活世界，使符号的现实工具性进一步弱化，从而达到增强符号娱乐功能的作用。甚至同样的一个事件，如致命的自然灾难、疾病、战争，如果发生在我们的现实生活中，一般而言很少有什么娱乐性，它们对于我们只是灾难和不幸。而如果出现在虚拟世界中，发生在"很久很久以前"的"一个不为人知的世界"，那么其中的一些符号，如洪水、雷电、救护车、红十字、手术台、各种战车、武器等，就会以纯符号的形式作用于人们的视、听神经，表现出其特有的娱乐性。

按照唯物主义原理，任何虚构的艺术世界和娱乐世界，都以一定的现实世界为基础。但是，叙事符号的作用，就在于对日常生活进行符号化叙事，即按照不同于现实逻辑的符号逻辑来进行故事。增加虚拟性，弱化现实性，减少实用功利性，是数字娱乐产业符号生产的一个基本规律。不幸的是，我们的国产数字娱乐产品，如国产动漫作品却常常违背这一基本规律。相对于一般的影视作品，动漫作品的特点就是长于虚拟性，短于现实性，而我们的制作者却往往强人所难，偏要在其中增加现实性、功利性的东西。国产动漫的质量问题，首先就在于不懂符号生产的规律。

所谓符号要素的重新组合，是指跨媒介符号的相互借用和符号产品在不同生产领域中的产品延伸。符号要素的重新组合是数字娱乐产业创造高附加值，实现产业链整合的重要手段，对此我们将在本章第三节中进行更详细的阐述。

（三）数字娱乐中的类象符号、标记符号与象征符号

至此，我们已经明白，娱乐消费的基本内容是符号消费，符号的生产是数字娱乐产业内容生产的主要任务。于是，符号的特征在相当程度上决定了数字娱乐产业的基本特征，符号是数字娱乐产业的"基因"。因此，我们有必要对符号这种数字娱乐产业的"基因"特性加以更深入的讨论。

我们的讨论将首先以视听符号为对象展开。由于人的信息输入的最重要渠道是视觉和听觉，而视听享受不仅是数字娱乐带给消费者的重要快感，同时也是其他快感形式的基础。

依"符形"与"符号对象"之间关系的不同，视听符号可以参照皮尔士的三分法，分为类象符号、标记符号和象征符号三种。"符形"就是符号的物理形式，代表其一事物；符号对象就是被代表的那个事物，是符形所指的对象。除了符形和符号对象而外，"符义"也是构成符号的重要组成部分。所谓"符义"，即符号传达的意义，又译为"符号解释"，也称为解释项。"符形""符号对象"和"符义"被合称为符号构成的三要素，理解这三个要素，对我们解剖娱乐需求和数字娱乐产业的内容生产有很大的帮助。

　　类象符号是以相似性关系使符形与符号对象结合在一起的符号。绘画和摄影作品所创造的符号是最典型的类象符号。电影镜头中的人、物、环境，也都是类象符号。需要注意的是，不仅现实事物可以有自己的肖像符号，虚幻的对象也可以有。寺庙中的菩萨雕塑，动漫作品中的"七个小矮人"、机器猫，电子游戏中的各种各样的角色等等，它们同人们头脑中的虚幻对象也具有肖似性，所以也属于肖像符号。

　　肖似性是类象符号区别于标记符号和象征符号的主要特征，但肖似性又并不是必然的、固定不变的一种关系。在符形与符号对象之间是否存在肖似性，要受到符号使用者知觉系统和符号使用情境的制约。因此，符号形体与符号对象之间的关系不可能是简单的一一对应的相似关系，它具有表现的多元化和程度差异性的特点。所谓"肖似性的多元化"特点主要表现为一形多用和多形一用。一个圆圈，不同的人可以用它来表征不同的符号对象：司机用它表征方向盘，地理教师用它表征地球仪，人在饥饿时，可以"画饼充饥"，用圆圈来表征大饼，如此等等。所谓"多形一用"，是指同一符号对象在不同的主客观因素的影响下，可以用不同的符号形体来表征，因为它们与不同的符号形体具有肖似性。同样是表征"楼"这一符号对象，画家可能会用一幅画为符形，依据的是某一视角的外形相似；建筑师可能采用设计图纸为符形，依据的是内部结构的类同；而售楼人员则可能以模型作为符形，其依据是立体的相似性。

　　标记符号是指符形与符号对象之间存在着因果或邻近性的联系，使符形能够指示或索引符号对象的存在的符号。标记符号的对象往往是一个确定的、与时空相关联的实物或事件。例如，动物园里的关于动物名称的标牌，就是那些动物的标记符号。当我们看到一个标有"熊猫"的笼子时，就会知道里面关的是熊猫。一些高层建筑物屋顶上的指示灯，也是标记符号，它们示意夜航的飞机注意这里有建筑物。施工现场的"前方施工，请绕行"的牌子，以及路标、站牌、风向标、商标、招牌等都是相关事物的标记，都属于标记符号。另外，雷电产生时，人们一般总是先看到闪电，后听到雷声，虽然闪电和雷声没有因果关系，人们还是把闪电作为雷声的标记符号。可见，只要某物能够预示或标志某时、某地、某物或某事的存在或曾经存在，它就可以被看作标记符号。

符号学理论根据标记符号中符形与符号对象之间因果或邻近关系形成的方式，把标记符号分为自然标记符号和人工标记符号两类。自然标记符号是指符号形体与符号对象之间的因果、邻近关系是自然形成的，是通过人们经验性的观察而获得的符号。例如，"朝霞"与"晚霞"是雨的自然标记符号（即所谓"朝霞不出门，晚霞行千里"），闪电是雷鸣的自然标记符号，恐龙化石是恐龙的自然标记符号等等。人工标记符号是指符号形体与符号对象之间的因果、邻近关系是人为约定的符号。例如，路标是道路的标记符号，招牌是商店的标记符号，红、绿灯是车辆停止或通行的标记符号等。

任何符号都是符形、符号对象和符义三者的统一体，标记符号也不例外。在标记符号中，符形与符号对象之间的因果或邻近关系，只有经过推理才能获得，因而推理构成了标记符号"符义"的重要特征。推理是标记符号的认知方式，"示记"就意味着推理。

标记符号的这一特点，使它在数字娱乐产业中具有十分广泛的运用范围。在影视作品、动漫作品中，标记符号被大量用于情节的推动、悬念的设置或者被作为破案的线索；在游戏中，不仅各种窗口式"工具盒"或"装备栏"是标记符号的运用，而且玩家寻找的"宝贝"、破关的线索也都是重要的标记符号。因此，标记符号的成功运用，在数字娱乐中往往是带来娱乐的关键性因素。

象征符号的符号形体与符号对象之间没有肖似性或因果相承的关系，它们之间的联系仅仅建立在约定俗成的基础上。例如，语言就是典型的象征符号。语言与它所表征的对象之间没有什么必然的联系，用什么样的语言符号来表征什么事物，仅仅建立在一定社会团体约定俗成的基础上。不同民族可以有各自不同的约定，从而形成不同的语言符号系统。例如，汉语、英语、日语等自然语言符号，手语、旗语、鼓语等特殊语言符号，都属于象征符号。

象征符号在艺术和数字娱乐产业中具有重要的作用。特别是一些抽象的概念、情感等，本来就很难找到可以模仿或直接联系的感性特征，因此也多用象征符号来表征。例如，玫瑰花是爱情的象征，鸽子是和平的象征，红色是喜庆的象征，白色是纯洁的象征，国旗是国家的象征，城徽是城市的象征，图腾是氏族的象征等等。其他诸如姿势、表情、动作、衣着、服饰，以及方位、数字等等，只要把它们与另一事物人为地约定在一起，并得到一定社会群体的认可，它们都有可能成为象征符号。

象征符号的符形与对象之间的关系是一种主观约定，其间没有肖似关系或因果邻近的关系。因此，人们可以自由地创造象征符号，使它们代表我们想要代表的东西，传达任何可以想象到的内容。

玫瑰花是爱情的象征符号，而玫瑰与爱情之间关系的建立，来源于西方文化的约定，两者之间并不存在客观的必然联系。作为爱情的象征符号，人们完全可以有不同的约定。《诗经》中的"投桃报李"（"投我以木桃，报之以琼瑶""投我以木李，报之以琼玖"），"木瓜""木桃""琼瑶""木李"等各种瓜果都被作为爱情的象征符号，其中"琼瑶"还成为当代爱情小说作者的笔名。唐代诗人王维的诗歌"红豆生南国，春来发几枝。劝君多采撷，此物最相思"，把红豆作为爱情的象征符号，直到现在红豆的爱情象征意义还在汉文化社会中发挥效用。这些都是中国数字娱乐产业可资开发的宝贵符号资源。

需要说明的是，类象符号、标记符号和象征符号三种符号的划分，只是符号学理论的一种单纯的逻辑划分，而在数字娱乐产业的运用中，往往会出现三者交叉、重叠的现象，需要我们灵活运用其特点和规律。在符号世界中，同一符形，因人、因时、因地而有不同的解释，因而归属不同的符号类别，这就给了符号运用者以巨大的自由创造空间。例如，大雁南飞，是秋天将要来临的标志，应该属于标记符号；而在一些动画作品中，制作者却通过情节的设置和感情的寄托，把大雁创作为象征符号或标记符号。还要注意的是，符形的构成可以是单一的，也可以是由若干单一符号构成的复合体。以类象符号为例，它的符形可以简单到是一个声音，也可以复杂到是一座建筑物或一个战争场面。这些都提醒我们符号学分类的复杂性，只有在实践中深入地掌握具体的符号规律，才能在符号的创造中得心应手。

二、叙事符号与媒介叙事

如前所述，叙事符号是指把人物、事件等名词性符号故事化的符号，其重要功能是"虚拟性"。它通过时间的组合，虚拟出一个不同于现实世界的虚拟生活世界，使符号的现实工具性进一步弱化，从而达到增强符号娱乐功能的作用，使之以纯符号的形式作用于人们的视、听神经，表现出其特有的娱乐性。

叙事符号按照不同于现实逻辑的符号逻辑来对视听符号进行编码，使符号增加虚拟性，减少实用功利性，是数字娱乐产业符号生产的一个基本规律。在本节中，我们要探讨叙事符号与民族风格的作用，以及与之相关的媒介叙事与日常生活之间的关系，从而加深对符号消费与符号生产规律的理解。

（一）叙事符号与民族风格

欧美的动漫作品和网络游戏与日本的相比，在风格和精神上有明显的不同。这种风格上的个性化和精神上的独特性，是其符号生产成熟的一个标志。这种个性就像一个醒目的品牌，吸引着不同的数字娱乐产品消费者。

不同的风格和精神个性，显示着不同的精神力量，它既是一种商业力量，为相应的市场利润提供保证，又是一种符号力量，发挥着文化的"软实力"。因此，要发展中国的数字娱乐产业，就必须大力提倡中国作风和中国精神的数字产品；否则，中国庞大的数字娱乐产业，就可能沦为其他国家的加工基地。

现在人们谈论数字娱乐产品的民族风格和文化个性，大多局限于作品的题材和主题，其谈论的深度，往往也只涉及视听符号层面。似乎只要在视觉上采用中国造型，在听觉上采用中国音乐素材，就一定是中国风格和中国精神了。

在这种观念指导下，美国动画片《花木兰》的成功，似乎也可以看成是中国文化的一种胜利，似乎是好莱坞为中国文化做了义务的宣传。

然而，《花木兰》真的是中国作风和中国气派吗？否！恰恰相反，《花木兰》虽然取材于中国文化资源，采用了中国式的视觉造型，但无论从艺术风格、精神内涵上讲，还是从审美要因上讲，《花木兰》都是地道的美国货。所有取材于中国的视听符号，都不过是为美国文化所做的装饰。在美国好莱坞式的叙事模式中，中国符号的内涵被抽离了，只剩下符号空洞的能指系统，其作用是给观众带来纯粹的视听享受。

可见，单纯从造型、声音系统去看民族风格和民族精神问题，抓住的恰恰是非常表面的东西。从符号生产的角度来解释这种"内容生产"现象，我们就会发现，上述看问题的方式只停留在视听符号这个层次上，而根本忽视了更深的符号逻辑层次，即忽视了叙事符号的作用。

视听符号固然是民族风格的一种体现，但它毕竟只是一种外在的体现，它们可以表征特定的民族精神，也可以成为单纯的外在装饰，为其他民族的精神服务。而它们具体表现了什么样的精神内涵，则只有其被叙事符号按一定的符号逻辑组织起来之后才能确定。

例如，自《春秋》的"一字褒贬"以来，一直到《红楼梦》，中国叙事符号都是以价值评价相对隐晦、含蓄的模糊逻辑来展开的。经过这样的叙事符号处理的人物和事件，往往具有意在言外、回味无穷的特点。又如，中国的叙事符号展开方式往往是"仁、智、忠、勇"四维式的，因此在《三国演义》众多人物中特别突显的是，"仁"的符号刘备，"智"的符号诸葛亮，忠义的符号关羽，"勇"的符号张飞；而在《水浒传》中才恰恰有了相应的宋江、吴用、林冲和李逵；《西游记》中唐僧师徒四人，不过是这一叙事逻辑的童话式变形。这一四维模式在中国叙事文学史上长盛不衰，一直影响到当代。在姚雪垠的作品《李自成》中，我们仍然可以看到它的影子。这说明叙事符号在组织故事方式方面具有重要作用。中国的叙事符号虽然并不都像人们所熟悉的"欲知后事如何，且听下回分解"那么明显可辨，但在表现民族精神，体现民族风格上却起着内在的规定性。

再看美国动画片《花木兰》，它不仅在故事组织的时间要素方面完全是美国式的叙事，而且在角色的安排上，也是受难的主角、滑稽的帮助者、王子式的英雄这种逻辑模式，与《狮子王》等美国动漫片并无两样，主要是欧洲《灰姑娘》《丑小鸭》《白雪公主》叙事符号的北美式变种。

（二）媒介叙事与日常生活

数字娱乐产业与传统的高雅艺术有一个重要区别，就是它的大众性和通俗性。它不是高高在上的存在，没有神圣的光圈，也不是有别于大众日常生活之外的一种东西。它与家用电器一样，就是日常生活的组成部分。因此，当我们研究数字娱乐产业的符号生产，探讨叙事符号的规律和作用时，也不能离开大众日常生活和大众传播媒介。数字娱乐产业的叙事符号与日常生活和大众传播媒介中的叙事符号，基本上遵循着同一种符号逻辑在运行。

大众传播媒介构成了我们的信息环境和延伸的神经，塑造着我们的生活形态，同时，一种受大众欢迎的成功媒介本身也是大众生活形态的一种表征，是大众心灵结构及其需求的一种符号化的表现。大众传媒每天也在生产符号，供大众消费。这些符号与大众的符号消费需求具有同构对应性。

受大众喜爱的大众传播媒介就是较好地满足了大众信息需要的媒介，它运用的符号模式必然与大众的信息/符号消费模式相对应。根据这两种对应性，我们就可以通过某一成功媒介成功的符号运用，来描述大众的深层结构。成功的传媒不只是成功地赚取了大众眼球的符号生产机构，同时也是我们透视大众日常生活和大众心理结构的最直接的窗口。

（三）日常生活的三重结构

麦克卢汉有一个著名的基本论点：媒介是"人的延伸"。为了真正弄清人们为什么每天都会像消费米饭一样消费符号，弄清数字娱乐的玩家们为什么会像嗜酒者一样沉迷于符号消费，那么我们必须从作为人的延伸的媒介，回溯到人本身，在符号学的层面上将两者更密切地联系起来观察。

传媒研究的唯意志论者常常以"议题设置""文化霸权"的论题方式，把传播的宣传作用看成是万能的，尽管在宣传和广告中，他们会常常碰壁：他们会发现他们投入巨资的广告是无效的，他们的宣传是不受欢迎的。

信息可以影响人，但只能影响那些需要这种信息并具有这种受影响特质的人。广告可以说服或打动人，但也只能说服和打动那些适合被说服和打动的人。只有当符号生产能够满足人们的符号需求时，传播才是有效的。这就是说，传播效果的实现，不仅需要一定的信息到达量，更需要受众需要结构与信息结构的同构对应。用符号学的术语来说，还需要传播所用的符号成为受众或消费者内心欲望的象征性指涉——它需要成为一种巴尔特意义上的"神话"。

这一广告符号学的结论得到了精神分析和现代文化理论的支持。著名文化理论家杰姆逊说："如果要想使形象起作用，就必须在消费者那里存在着欲望，同时，广告形象必须与这个欲望相吻合。但广告又不能只是对直接的欲望说话。不是说我这会儿正好没有烟抽，看见了一幅香烟广告，便跑过去买包烟。广告不是这样起作用的，广告的作用在于当我看到'万宝路'广告之后，我决定要买一包'万宝路'，也就是说广告必须作用于更深一层的欲望，甚至是无意义的需要，有些还和性欲有关。某些饮料广告便有这个特色，宣传说你只要喝这种饮料，不仅会有妙龄女郎依偎着你，而且你会感到生活极其美好，充满了浪漫的色彩，诸如此类的夸张。这样，直接的欲望和深层的无意识的需求都得到了满足……这些广告正是在悄无声息地告诉你，难道你所渴望的不正是这种乌托邦式的对世界的改造吗？……在这种无意识的欲望中，最强烈、最古老的愿望仍然是集体性。"

媒介既然只是人的延伸，那它就只能延伸人本身就具有的东西。研究表明，大众媒介符号具有的象征性、现实性与"真实域"三种属性，按照同构对应的规律，大众的日常生活也应该具备象征性、现实性和"真实域"，而且，媒介符号的三种属性，应该是日常生活属性的表征和延伸。理解这一点，对我们把握数字娱乐产业内容生产规律具有重要意义。

那么，什么是人的现实基础和象征空间？什么是日常生活的"真实域"？

不难理解，由于人是灵与肉的统一，因而人类的生活也就相应地由与"灵"的意义领域相对应的"象征界"和与"肉"的现实基础相对应的"现实基础"构成。而一般大众的"日常生活"则覆盖于"象征界"与"现实基础"之间的"真实域"之上，沿着"时间之矢"展开。

参 考 文 献

[1] 崔耕地.数字金融能否提升中国经济韧性 [J].山西财经大学学报，2021，43（12）：29-41.

[2] 李拯.把发展数字经济作为战略选择 [N].人民日报，2021-10-29（5）：2.

[3] 马蓝，王士勇，张剑勇.数字经济驱动企业商业模式创新的路径研究 [J].技术经济与管理研究，2021（10）：37-42.

[4] 孙德林，王晓玲.数字经济的本质与后发优势 [J].当代财经，2004（12）：22-23.

[5] 邵春堡.新时代数字经济的价值创造 [J].中国井冈山干部学院学报，2021（5）：22-30.

[6] 潘一豪.加快推进数字经济法治建设 [N].人民邮电，2021-10-29（1）.

[7] 张毅.数字化及智能制造数字化转型进入新阶段：从政策角度看企业数字化转型发展趋势 [J].起重运输机械，2021（11）：28-29.

[8] 张新红.数字经济：中国转型增长新变量 [J].智慧中国，2016（11）：22-24.

[9] 邢成冰.共享时代数字经济发展趋势与对策探究 [J].商业经济，2019，（10）：133-134.

[10] 杨炎 . 国际对比视角下我国数字经济发展战略探索 [J]. 科技管理研究，2019，39（19）：33–42.

[11] 刘菲 . 关于数字经济发展趋势的探讨 [J]. 现代经济信息，2019，（20）：305–307.

[12] 段伟伦，苒晓露 . 全球数字经济战略博弈下的 5G 供应链安全研究 [J]. 信息安全研究，2020，6（1）：46–51.

[13] 许丹丹，王晓霞，崔羽飞，等 . 运营商在 5G 时代数字经济的机遇和挑战 [J]. 信息通信技术，2020，14（1）：46–52.

[14] 孙德林，王晓玲 . 数字经济的本质与后发优势 [J]. 当代财经，2004（12）：22–23.

[15] 逄健，朱欣民 . 国外数字经济发展趋势与数字经济国家发展战略 [J]. 科技进步与对策，2013（8）：130–134.

[16] 何枭吟 . 数字经济与信息经济、网络经济和知识经济的内涵比较 [J]. 时代金融，2011（29）：49.

[17] 刘荣军 . 数字经济的经济哲学思维 [J]. 深圳大学学报（人文社会科学版），2017，34（4）：97–100.